Über dieses Buch Nach Meinung von Fachleuten hat zum Verständnis der Magersucht (Anorexia nervosa), einer der rätselhaftesten Krankheiten dieses Jahrhunderts, niemand mehr beigetragen als die 1984 verstorbene amerikanische Psychotherapeutin Hilde Bruch, die fast ihr gesamtes Berufsleben der Erforschung menschlicher Eßstörungen gewidmet hat. Dieses ihr letztes Buch, kurz vor ihrem Tod fertiggestellt, faßt einerseits ihre Erkenntnisse über das Entstehen der Magersucht zusammen, zeigt andererseits anhand ausgewählter Fallbeispiele die therapeutische Meisterschaft Hilde Bruchs im Umgang mit Patientinnen. Die eingängige, auch Laien verständliche, Sprache zeugt von souveränem Wissen, aber auch von Weisheit und Menschlichkeit.

Die Autorin Hilde Bruch (1904–1984), in Deutschland geboren, seit 1941 amerikanische Staatsbürgerin, war zuletzt Professorin für Psychiatrie am Baylor College of Medicine in Houston (Texas). – Weitere Titel von Hilde Bruch im Programm des Fischer Taschenbuch Verlags: ›Der goldene Käfig; Das Rätsel der Magersucht‹ (6744) und ›Grundzüge der Psychotherapie‹ (42295).

Hilde Bruch

Das verhungerte Selbst

Gespräche mit Magersüchtigen

Herausgegeben von
Danita Czyzewski und Melanie A. Suhr

Aus dem Amerikanischen
von Willi Köhler

Fischer
Taschenbuch
Verlag

Deutsche Erstausgabe
Veröffentlicht im Fischer Taschenbuch Verlag GmbH,
Frankfurt am Main, Mai 1990
Titel der amerikanischen Originalausgabe
›Conversations With Anorexics‹
Erschienen 1988 im Verlag Basic Books, Inc., Publishers, New York
© 1988 The Executors for the Estate of Hilde Bruch
Für die deutsche Ausgabe:
© 1990 Fischer Taschenbuch Verlag GmbH, Frankfurt am Main
Umschlaggestaltung: Buchholz / Hinsch / Hensinger
Gesamtherstellung: Clausen & Bosse, Leck
Printed in Germany
ISBN 3-596-10167-0

Inhalt

Vorwort
von Theodore Lidz [*]

Das Vorwort zu diesem posthum erscheinenden Buch von Hilde Bruch schreibe ich mit Gefühlen der Trauer und der Freude – der Trauer, weil die Welt eine große Lehrmeisterin und einen großartigen Menschen verloren hat, und der Freude, weil ihre wertvollen Beiträge zum Verständnis und zur Behandlung der *Anorexia nervosa* in diesem ausgezeichneten Buch fortleben werden. Als eine der großen klinischen Forscherinnen und Lehrerinnen auf dem Gebiet der Psychiatrie hat Hilde Bruch nicht nur einen weitreichenden Einfluß auf die Psychiatrie und die Innere Medizin gehabt, sondern sie besaß darüber hinaus auch die Gabe, ihr Wissen mittels engagiert geschriebener Bücher an wissenschaftliche Laien weiterzugeben. Sie war gesegnet mit dem, was Nietzsche die »Tugend des Gebens« genannt hat. Ihre Neugier und ihr Gespür für die menschliche Natur waren so groß, daß ihr Wissen vom Menschen und seinen Schwierigkeiten auf andere überströmte und sie aufklärte. Dr. Bruch hat sich in erster Linie mit ihrem Werk über Eßstörungen einen Namen gemacht, mit einem Werk, das neue Einsichten in das Wesen der Fettsucht und der *Anorexia nervosa* vermittelte. Aber sie war auch eine Autorität auf dem Gebiet der Behandlung schizophrener Zustände; diese Kenntnisse und Fertigkeiten trugen zu ihrem Erfolg bei der Behandlung anorektischer Patienten bei.

Hilde Bruch war meine Freundin. Meine Frau Dr. Ruth Lidz und ich fühlen uns geehrt, daß sie uns zu ihren engsten Freunden zählte. Wir sind ihr zum erstenmal an der *Phipps Clinic* in Baltimore begegnet, wo Ruth und ich den familiären Hintergrund schizophrener Patienten erforschten und Dr. Bruch ihr Studium der Familienumwelt fettsüchtiger Kinder abschloß. Uns verband also ein Interesse an den familiären Zusammenhängen, in denen Patienten aufwuchsen, ein Thema, auf das vor dem Zweiten Weltkrieg nur wenige andere Psychiater (wenn überhaupt) ihre Aufmerksamkeit richteten. Über die Jahre hin blieben wir, persönlich wie beruflich, eng mitein-

---

[*] Dr. Theodore Lidz, emeritierter Professor für Psychiatrie an der *Yale University*, hat zahlreiche Bücher und Aufsätze zum Thema der Schizophrenie veröffentlicht.

ander verbunden und tauschten zum wechselseitigen Vorteil unsere Forschungsergebnisse und unsere Vorstellungen freimütig aus.

Obwohl Hilde Bruch während ihrer letzten Lebensjahre durch die Parkinsonsche Krankheit schwer behindert war, ließ sie sich von der Immobilität, die ihre Laufbahn als Therapeutin beendete, in ihrer Lehrtätigkeit nicht stören. Die am *Baylor College of Medicine* tätigen Psychiater schätzten sie als Supervisorin in Psychotherapie und waren glücklich, sie zwecks Rat und Anleitung zu Hause aufsuchen zu können. Dr. Bruch wollte dieses Buch unbedingt zu Ende bringen und besprach mit ihrer immer schwächer werdenden Stimme unermüdlich ein Diktiergerät, bis sie schließlich einem Herzanfall erlag. Als ich wenige Tage vor ihrem Tod mit ihr am Telefon sprach, gab sie mir mit kaum noch hörbarer Stimme zu verstehen, sie wisse, daß ihr Ende nahe, »aber«, sagte sie voller Stolz, »bevor ich ins Krankenhaus gehe, habe ich das Buch zu Ende diktiert«. Ich glaube, diese große Frau hätte nicht sterben können, ehe sie nicht zu Papier gebracht hätte, was sie als Lehrerin zu sagen hatte. Diejenigen unter uns, die Hilde Bruch schätzten, fühlen sich erleichtert, daß ihr reiches und fruchtbares Leben verlosch, ehe die zunehmenden Behinderungen unerträglich wurden.

Hilde Bruch promovierte 1929 an der Universität Freiburg zum Doktor der Medizin und absolvierte anschließend in Kiel eine physiologische und sodann in Leipzig eine pädiatrische Ausbildung. Sie stand in Deutschland durchaus am Anfang einer Karriere in pädiatrischer Physiologie, doch als Hitler an die Macht kam, verließ sie ihr Geburtsland beinahe sofort und suchte in England Zuflucht. Ehe sie in die Vereinigten Staaten emigrierte, verbrachte sie ein Jahr an einer heilpädagogischen Beratungsstelle in London. Sie erhielt in New York eine Anstellung am Kinderkrankenhaus des *Columbia-Presbyterian Medical Center*, wo Professor Rustin MacIntosh, der Direktor der Abteilung, auf ihre brillanten Fähigkeiten aufmerksam wurde und ihr bald darauf vorschlug, eine pädiatrisch-endokrinologische Klinik einzurichten. Während manche klinischen Forscher berühmt werden, weil sie eine neue Krankheit oder ein neues Syndrom entdecken (das anschließend nach ihnen benannt wird), erlangte Dr. Bruch 1939 zum erstenmal Bekanntheit, als sie ein berühmtes, aber rätselhaftes Syndrom aus der Welt schaffte. Die Fröhlich-Krankheit – schwerwiegende Fettsucht, Trägheit und kleine Genitalien bei Jungen – war bis dahin einer unbekannten Dysfunktion der Hypophyse zugeschrieben worden. Dr. Bruch wies nach, daß die Jungen infolge übermäßigen Essens und Bewegungsmangels fett werden und daß ihre Genitalien eine normale Größe besitzen, die einfach deswegen als zu klein erscheinen, weil sie von Fettpolstern verdeckt werden. Der Befund hatte eine epochemachende Schrift zur Folge: »Obesity in Childhood; V: The Family Frame of Obese Children«, die Hilde Bruch gemeinsam mit Grace Touraine verfaßt hat. Darin stellt Dr. Bruch eine Beziehung her zwischen kindlicher Fettsucht und Reaktion der Mutter auf ein unerwünschtes Kind; statt Liebe gibt die Mutter dem Kind Nahrung und behält es bei sich zu Hause, weil sie befürchtet, es könne sich beim Spielen mit anderen Kindern verletzen. Für gewöhlich war das Verhalten der Mutter mit ihrer eigenen entbehrungsreichen Kindheit und mit der Passivität des Kindsvaters in Verbindung gebracht worden. Die genannte Untersuchung gehörte zu den ersten, die eine Beziehung herstellte zwischen einer psychiatrischen oder physiologischen Störung und der Familienumwelt, in der ein Mensch aufgewachsen ist. Die frühen Untersuchungen sind charakteristisch für die Skepsis, die Dr. Bruch etablierten, aber unbewiesenen Konzepten entgegenbrachte, eine Skepsis, die für ihre ganze berufliche Laufbahn kennzeichnend war.

Ihre Einsicht in die Bedeutung emotionaler und innerfamiliärer Faktoren auf die Ätiologie und die Behandlung von Krankheiten veranlaßte Hilde Bruch 1941, eine psychiatrische Ausbildung aufzunehmen. Sie begann ihre Ausbildung unter Dr. Adolf Meyer an der *Henry Phipps Psychiatric Clinic* am John-Hopkins-Krankenhaus in Baltimore. Dr. Meyer war nicht nur der bekannteste amerikanische Psychiater seiner Zeit, sondern auch ein Pionier in der psychosomatischen Medizin; auch war er einer der wenigen Psychiater, die ernsthaft in Erwägung zogen, schizophrene Störungen könnten das Ergebnis kritischer Abweichungen in der Persönlichkeitsentwicklung und folglich der Psychotherapie zugänglich sein – eine Auffassung, die von Dr. John Whitehorn geteilt wurde, dem Nachfolger von Adolf Meyer, der sein Amt antrat, während Hilde Bruch dort ihre Ausbildung absolvierte. Am Johns-Hopkins-Krankenhaus arbeitete Dr. Bruch auch mit Dr. Leo Kanner auf dem Gebiet der Kinderpsychiatrie zusammen und untersuchte mehrere Kinder, die Kanner als »autistisch« bezeichnet hatte; mit einigen der Vorstellungen Dr. Kanners über den Ursprung dieses Zustandes stimmte sie nicht überein, doch das Studium psychotischer Kinder sollte für Hilde Bruch ein Thema von großem Interesse bleiben.

Während ihrer Tätigkeit in Baltimore begann Dr. Bruch eine

psychoanalytische Ausbildung; ihre Analytikerin war Dr. Frieda Fromm-Reichmann. Ebenfalls Emigrantin aus Hitlers Deutschland, konnte Dr. Fromm-Reichmann sehr gut verstehen, welches Trauma Dr. Bruch erlitten hatte, als sie ihr Geburtsland hatte verlassen müssen und den größten Teil ihrer Familie im Holocaust verloren hatte. Zu den am *Baltimore-Washington Institute* tätigen Ausbildungsanalytikern zählten so hervorragende wie Harry Stack Sullivan und Lewis Hill wie auch Dr. Fromm-Reichmann. Diese drei Wissenschaftler gehörten zu den wenigen Analytikern auf der Welt, die ernsthaft an der Analyse schizophrener Patienten interessiert waren. Sie bemühten sich darum, die psychoanalytischen Techniken entsprechend den Bedürfnissen dieser Patienten zu modifizieren. Hier machte Hilde Bruch die Erfahrung, daß psychotherapeutische Arbeit mit schizophrenen Patienten zu Einsichten in Grundprobleme menschlichen Verhaltens führen konnte, zu Einsichten, die aus der Behandlung neurotischer Patienten nicht so ohne weiteres erschließbar waren. Hier auch erwarb sie die Beharrlichkeit, die notwendig war, um anorektische Patienten erfolgreich zu behandeln. Ihre Zusammenarbeit mit Dr. Fromm-Reichmann führte zu einer dauerhaften Freundschaft, die für beide Frauen professionell anregend und persönlich gewinnbringend war.

1943 kehrte Dr. Bruch nach New York zurück, um hier eine eigene psychoanalytische Praxis zu eröffnen. Sie schloß sich dem *Columbia Psychoanalytic Institute* an und wurde Mitarbeiterin des Kinderberatungsdienstes am Psychiatrischen Institut des Staates New York, das sie später, von 1954 bis 1956, auch leitete. Obwohl sie sich während dieser Jahre in erster Linie auf die Fettsucht und die *Anorexia* konzentrierte, hatte sie weiterhin ein unvermindertes Interesse an schizophrenen Störungen, die sie in Beziehung setzte zu den von ihr erforschten Gewichtsstörungen. Sie beschäftigte sich mit den Kommunikations- und Denkstörungen von Patienten aus beiden Bereichen, untersuchte ihren familiären Lebensrahmen und gewann – in Zusammenarbeit mit Dr. Stanley Polombo – Einsicht in die Art und Weise, wie die Vorstellungen, die Eltern von den Bedürfnissen ihrer Kinder haben, dazu führen können, daß ein Kind die Körperempfindungen und physiologischen Signale (wie Hunger) und auch die elterlichen Wünsche mißdeutet und durcheinanderbringt. Dr. Hilde Bruch erkannte, daß die besten Absichten scheitern können, und so suchte sie die Eltern zu verstehen, statt ihnen Vorwürfe zu machen.

Im Laufe der Zeit bemühte sich Dr. Bruch auch immer stärker, den Gedanken einer präventiven Medizin und Psychiatrie durch Unterrichtung von Nicht-Fachleuten zu fördern, eine Aufgabe, für die ihre klare und präzise Art zu schreiben geradezu ideal geeignet war. Ihr erster Ausflug in diesen Aufgabenbereich war das Buch »Don't be Afraid of Your Child; A Guide for Perplexed Parents« (»Haben Sie keine Angst vor Ihrem Kind; Ein Leitfaden für verunsicherte Eltern«). Das 1952 veröffentlichte Buch sollte helfen, die Verwirrungen hinsichtlich der Kindererziehung abzubauen, Verwirrungen aufgrund dogmatischer Ratschläge, die Kinderanalytiker in den Jahren nach dem Zweiten Weltkrieg in Umlauf gesetzt hatten und die sowohl widersprüchlich wie angsterregend waren. Diesen Ratschlägen zufolge konnte die Persönlichkeit eines Kindes dauerhaft beeinträchtigt werden, wenn ihm eine natürliche Geburt, zärtliches Kuscheln, die nährende Mutterbrust, richtiges Sauberkeitstraining usw. vorenthalten würden. Im Gegensatz dazu war Dr. Bruch der Auffassung, die Spontaneität der Eltern und ihr gesunder Menschenverstand im Umgang mit dem Kind seien weit wichtiger als die äußerst spezifischen Richtlinien von Experten. Auch ihr nächstes Buch für den allgemeinen Leser (»The Importance of Overweight«, 1957), das sich mit der »Bedeutung des Übergewichts« beschäftigte, fand wiederum große Resonanz und weite Verbreitung.

1964 folgte Dr. Bruch der Einladung von Dr. Shervert Frazier, Professorin für Psychiatrie am *Baylor College* zu werden. In auffälligem Gegensatz zu ihrer gewöhnlich bescheidenen Lebensweise traf sie in Houston (Texas) in einem Rolls Royce ein. »Ich wollte keinen Kotau vor den texanischen Cadillacs machen«, sagte sie mir. Der Umzug nach Houston erwies sich für die älter werdende, alleinstehende Frau als großer Glücksfall. Sie fühlte sich in der warmherzigen, geistesverwandten Atmosphäre zu Hause, und sie empfand es als sehr anregend, daß die jungen Psychiater begierig zu ihrer Supervision drängten.

Über die Jahre hin lernte Hilde Bruch sehr viel über die Persönlichkeitsmerkmale und die Entwicklungsprobleme, wie sie charakteristisch sind für Patienten, die an *Anorexia nervosa* leiden. Als diese in früheren Zeiten seltene Störung bei jungen Frauen häufiger wurde, ja fast epidemische Ausmaße erreichte, war Hilde Bruch aufgrund ihrer Vertrautheit mit dem Zustand in der Lage, Arbeitsbündnisse mit Patientinnen herzustellen, die nicht bereit waren, bei anderen eine Behandlung aufzunehmen oder sinnvoll in einer Therapie

11

mitzuarbeiten. Sie galt bald als höchste Autorität auf diesem Gebiet; sie erhielt aus allen Teilen der Welt Überweisungen und wurde mit zahllosen ratsuchenden Briefen eingedeckt. Sie war als Vortragsrednerin, Lehrerin und Aufsatzschreiberin für wissenschaftliche und populäre Zeitschriften sehr gefragt. In dem Bemühen, ihre Kenntnisse möglichst weit zu verbreiten, verfaßte sie das Buch »Eating Disorders; Obesity, Anorexia, and the Person Within« (1973), das sich mit »Eßstörungen«, mit Fettsucht und *Anorexia* beschäftigte und die Aufmerksamkeit weniger auf die manifeste Störung als vielmehr auf die Person in dem ungestalten Körper lenkte, auf die Person, die »schreiend« nach draußen zu kommen begehrt. Diesem äußerst kenntnisreichen und nützlichen Band folgte 1977 das Buch »Der goldene Käfig« (Fischer Taschenbuch 6744), das den allgemeinen Leser ansprechen sollte, vor allem anorektische Patienten und deren Eltern.

Das vorliegende Buch setzt diese Tradition in schreibgewandter Weise fort und macht den Leser zum Zeugen der therapeutischen Transaktionen zwischen Therapeut und Patient. Ich vermute, daß Dr. Bruchs Entschlossenheit, trotz ihrer schwerwiegenden Behinderung das Buch zu vollenden, zum Teil von ihrem Wunsch herrührte, der wachsenden Neigung entgegenzuwirken, Anorektiker nur mittels Verhaltens- oder Familientherapie zu behandeln und den tiefsitzenden emotionalen Störungen, unter denen die meisten dieser Patienten leiden, wenig oder gar keine Beachtung zu widmen. Hilde Bruch hatte reichlich Gelegenheit, die auf solche Weise verabreichten »Kuren« zu beobachten und das fortgesetzte Unglück der solcherart behandelten Patientinnen zu verfolgen, und so betont sie in diesem Buch die Notwendigkeit, sich mit den seit langem bestehenden, schwerwiegenden Persönlichkeitsproblemen dieser Patientinnen zu beschäftigen. Natürlich schreibt sie nicht über heranwachsende Mädchen und junge Frauen, die für kurze Zeit magersüchtig gewesen sind oder die sich womöglich einer Mode anschließen und aufgrund eines ansteckenden Einflusses von Bekannten zeitweilig Beschwerden haben. Hilde Bruch beschäftigt sich mit Patientinnen, die übermäßig untergewichtig sind und bei denen verschiedene Formen von Therapie nicht angeschlagen haben. Auch übersieht Dr. Bruch nicht den Einfluß schwerwiegenden Gewichtsverlustes auf die emotionalen und intellektuellen Funktionen. Sie ist der Auffassung, daß Patientinnen, die ein so auffälliges Untergewicht haben, bei einer Psychotherapie nicht richtig mitarbeiten können, und sie besteht darauf, daß solche jungen Frauen so lange hospitalisiert werden, bis sie wenigstens 80 Pfund wiegen, und erst dann ambulant behandelt werden. Die Patientinnen stehen häufig unter einem starken Zwang, und ihre Unfähigkeit, ihren lebensbedrohlichen Zustand zu erkennen, hat fast etwas Wahnhaftes.

Hilde Bruch macht wiederholt auf den abgrundtiefen Mangel an Selbstwertgefühl bei diesen Patientinnen aufmerksam – und auf seinen Ursprung in der wohlmeinenden, aber höchst aufdringlichen Fürsorge seitens ihrer Eltern –, und sie ist der Meinung, daß der Therapeut diesem Mangel sorgsam, aber beharrlich entgegenwirken muß. Die meisten dieser Patientinnen hatten das Gefühl, sie müßten ihren Eltern unbedingt gefallen und die ehrgeizigen Vorstellungen, die diese gegenüber ihrer Tochter hegten, unterstützen, auch wenn die elterlichen Wünsche in Konflikt lagen mit ihren eigenen Sehnsüchten und Bedürfnissen. Sie waren unfähig, die starke Wut zu äußern oder auch nur zu erkennen, die durch die realen oder bisweilen phantasierten Forderungen ihrer Eltern in ihnen hervorgerufen wurde. Hilde Bruch demonstriert auch auf geschickte Art und Weise, wie wichtig es sowohl für die Patientin wie für die Eltern (zumindest aber für die Patientin) ist, die von den Eltern ausgehenden indirekten und verwirrenden Kommunikationsformen zu erkennen, denen die Patientin gewohnheitsmäßig unterworfen war. Lebhaft erzählt sie, wie es ihr gelang, mit diesen schwierigen Patientinnen eine sinnvolle Beziehung herzustellen, indem sie sich direkt und offen für ihre Lebensschwierigkeiten interessierte, statt sich nur auf ihre Eßstörungen zu konzentrieren. Der Leser erfährt, wie positiv diese Patientinnen auf Therapeuten reagieren können, die sich für sie als Individuen interessieren statt einfach als faszinierende Beispiele einer Krankheit.

Der ungewöhnliche Wert dieses Buches für Therapeuten, Patienten und Familien liegt in dem, was der (amerikanische) Titel (»Conversations With Anorexics«) andeutet – in richtig modellhaften Beispielen für das, was sich zwischen einer Meistertherapeutin und ihren Patientinnen abspielt. Das Eingangskapitel beschreibt die schweren Probleme, mit denen sich diese Patientinnen herumplagen, und die Schwierigkeiten, mit denen die Therapeuten rechnen und die sie zu überwinden trachten müssen; der Rest des Buches bringt klar beschriebene Beispiele dafür, wie Dr. Bruch mit solchen Schwierigkeiten fertig wird. Der Text vermittelt dem Leser ein unverfälschtes Bild von den Gefühlen der Patientinnen, die sich trotz –

13

oder wegen – der großen Besorgnis ihrer Eltern um sie für ein unerwünschtes Kind halten, von ihren Anstrengungen, ihr weibliches Geschlecht zu verleugnen, das heißt die Körperform, die es festlegt, und von dem hoffnungslosen Mangel an Selbstwertgefühl, der die Patientinnen dazu veranlaßt, mit der Selbstzerstörung zu liebäugeln – von denen manche Erfolg haben.

Hilde Bruch hatte ein erfülltes Leben, ein Leben, das ihrem Beruf, ihren Studenten und vor allem ihren Patienten gewidmet war. Sie war immer damit beschäftigt, die Probleme, die auf sie zukamen, zu lösen. Sie ist nun von uns gegangen, doch sie hat ein reiches Erbe hinterlassen, das weiterhin Einfluß haben wird auf Kollegen sowohl aus der Medizin wie aus der Psychiatrie, genauso wie auf Patientinnen von heute wie künftiger Generationen. Ihre Kollegen haben ihre vielen wissenschaftlichen Beiträge uneingeschränkt geschätzt; sie haben ihr viele angesehene Ehrungen eingetragen, darunter den *Joseph B. Goldberger Award in Clinical Nutrition*, eine Auszeichnung der *American Medical Association*, die niemals zuvor an einen Psychiater gegangen ist, und – was Hilde Bruch besonders erfreut hat – den »Goldenen Doktor«, ein seltenes Sonderdiplom ihrer Alma mater, der Universität Freiburg.

Die diktierte Fassung eines Werks kann nur selten als Buch veröffentlicht werden. Danita Czyzewski und Melanie Suhr haben sich hingebungsvoll der schwierigen Aufgabe unterzogen, das Manuskript von Hilde Bruch ohne Hilfe durch die Autorin in das vorliegende bedeutende Buch zu verwandeln.

New Haven, Connecticut
September 1987

Vorwort der Herausgeberinnen

Als Hilde Bruch gegen Ende 1984 starb, hatte sie ihr Diktat für dieses Buch beendet. Das Manuskript enthielt eine Fülle von kommentierendem und klinischem Material, das Dr. Bruchs Einsichten in das Wesen der *Anorexia nervosa* beleuchtete und die therapeutischen Techniken darstellte, die sie in den Jahrzehnten ihrer Erfahrung mit anorektischen Patientinnen entwickelt hatte. Doch da es sich bei dem Manuskript um einen frühen Entwurf handelte, hatte Dr. Bruch noch keine Gelegenheit gehabt, Wiederholungen und Redundanzen zu beseitigen, ihre Gedanken in eine optimale Ordnung zu bringen oder die Übergänge zwischen den Gedankengängen abzuklären. Das *Department of Psychiatry* am *Baylor College of Medicine*, Dr. Bruchs Arbeitsplatz seit zwanzig Jahren, legte Wert darauf, daß ihr letztes Manuskript zur Publikation vorbereitet wurde, und wir wurden gebeten, an dieser Edition mitzuarbeiten. Unser Interesse an Dr. Bruchs Werk beruhte nicht nur auf professioneller Bewunderung für ihre Beiträge, sondern auch auf unserer Mitarbeit an einem Programm gegen Eßstörungen wie auch auf der Tatsache, daß wir Dr. Bruch als Lehrerin während unserer Klinikausbildung erlebt hatten. So waren wir über den Auftrag erfreut und fühlten uns auch in der Lage, die Verantwortung für die editorische Arbeit zu übernehmen.

Als Herausgeberinnen hatten wir die Aufgabe, Redundanzen zu beseitigen und innerhalb jedes Kapitels eine logisch strukturierte Darstellung des Textes herzustellen. Das Anmerkungs- und Fallmaterial beleuchtet spezifische Probleme der Dynamik und der Behandlung der *Anorexia nervosa*. Einiges von diesem Material haben wir neu geordnet, um das Thema des jeweiligen Kapitels besser herauszustellen und bei den längeren Fallgeschichten ein Bild von der Entwicklung der Patientinnen zu geben, von den Verzerrungen ihrer Erfahrungen und Wahrnehmungen, die der *Anorexia nervosa* vorausgingen und sie begleiteten, und von der schließlichen Erkenntnis und der Lösung der tiefliegenden Schwierigkeiten. Zwei in jedem Kapitel vorgestellte Patientinnen lassen den Leser nachvollziehen, wie die gleichen Themen sich bei unterschiedlichen Patientinnen manifestieren.

Wir haben nichts unversucht gelassen, den Stil, die Worte und natürlich die Gedanken von Dr. Bruch zu erhalten. Häufig jedoch mußten wir zusätzliche Sätze und Absätze hinzufügen, um die dargestellten Konzepte besser zu beleuchten, und wir verzichteten bei einer Fallstudie auf eine kleine Menge Textmaterial, weil wir es für irrelevant hielten für das Thema des Buches und den Grund für die Hereinnahme des Textes nicht entdecken konnten. In einigen wenigen Fällen, in denen wir weder auf der Grundlage des übrigen Buchinhalts noch unserer Kenntnis der früheren Werke Hilde Bruchs inhaltliche Klärungen beisteuern konnten, haben wir die Gedanken Hilde Bruchs so belassen, wie sie diktiert worden waren.

Zu Dr. Bruchs Unterlagen über die Patientinnen haben wir weder Zugang gehabt noch gesucht. Wir wußten, daß sie in früheren Büchern wie auch dem vorliegenden die Identität der Patientinnen verschleiert hatte, indem sie Namen und persönliche Merkmale änderte und auch zusammengesetzte Fälle benutzte. Um das Risiko zu vermeiden, bereits unkenntlich gemachte Fälle zu demaskieren, haben wir daher keinen Versuch unternommen, die Merkmale der Patientinnen in diesem Text zu verändern.

Die Fallstudien in diesem Buch sind weit ausführlicher als die im früheren Werk Dr. Bruchs, vor allem in jenen Büchern, die sich an Nicht-Fachleute richteten. In diesem Buch erhält der Leser einen seltenen Einblick in den Arbeitsstil von Dr. Bruch und erfährt viel über die Art und Weise, wie sie ihre Patientinnen aktiv in einen therapeutischen Dialog verwickelt, in einen verstehenden Dialog, der für die Lösung ihrer anorektischen Probleme von zentraler Bedeutung ist. Die Einzelheiten der Fallgeschichten ermöglichen es dem Leser, sich die Eigenarten dieser jungen Frauen, die allesamt in der *Anorexia nervosa* eine Lösung für ihre Schwierigkeiten fanden, besser und vollständiger vor Augen zu führen. Während all diese Patientinnen die gleichen Probleme hatten, nämlich Leistungsmängel, Verzerrungen des Körperbildes und Fehlwahrnehmung von Gefühlen, läßt Hilde Bruch den Leser auf anschauliche Weise den Übergang von gleicher Selbstdarstellung zum Aufblühen vieler individueller Persönlichkeiten im Verlauf der Psychotherapie mitverfolgen.

Houston, Texas
August 1987

Danita Czyzewski
Melanie A. Suhr

Gespräche mit Anorektikerinnen

Die Fallgeschichten in diesem Buch beruhen auf aktuellen therapeutischen Situationen und bilden die Probleme, wie sie von der *Anorexia nervosa* hervorgerufen werden, genau ab. Doch alle in diesem Buch erwähnten Namen und die jeweils besonderen persönlichen Merkmale sind verändert worden, und in manchen Fällen wurden gemeinsame Merkmale so miteinander kombiniert, daß zusammengesetzte Porträts entstanden.

1. Kapitel:
Die Aufgabe der Psychotherapie

Die *Anorexia nervosa* ist als klinisches Krankheitsbild seit mehr als einhundert Jahren im medizinischen Denken lebendig. Es sind viele Anstrengungen unternommen worden, ihr Auftreten zu verstehen und konstruktive Wege zu ihrer Beeinflussung zu finden. Dieses Buch handelt von meinen Bemühungen, die *Anorexia nervosa* zu verstehen, und von dem psychotherapeutischen Prozeß, den ich entwickelt habe, um den Patientinnen dabei zu helfen, eine weniger schmerzliche Lebensweise anzunehmen.

Die *Anorexia nervosa* ist eine rätselhafte und komplexe Krankheit. Trotz der allgemeinen Übereinstimmung, daß viele Faktoren zusammenwirken, um das Gesamtbild hervorzubringen, scheint sich die Zahl der ungelösten Fragen bezüglich der *Anorexia* nicht zu verringern. Zum Beispiel wird die früher nur sehr selten auftretende *Anorexia nervosa* heute mit zunehmender Häufigkeit beobachtet. Einst eine originelle Entdeckung vereinzelter, zerquälter junger Mädchen, hat sie sich heute eine geradezu modische Reputation erworben und ist zu einem Gegenstand des Wetteifers geworden. Es ist nicht ungewöhnlich, von jungen Mädchen zu erfahren, daß sie ein Interesse daran bekunden, »es zu versuchen«, nachdem sie einen Film über *Anorexia* gesehen haben oder wenn sie im Rahmen ihrer Studien mit einem wissenschaftlichen Projekt in Biologie zu tun bekommen. Dies ist ein blasser Abglanz jener *Anorexia* vor zwanzig Jahren, deren Ziel es war, einzigartig zu sein, und läßt vermuten, daß soziale Faktoren die Verbreitung der Störung beeinflussen.

Mit zunehmender Erfahrung ist eine neue psychodynamische Auffassung von der Entstehung der *Anorexia nervosa* formuliert worden, denn man hat eingesehen, daß die dem Krankheitsgeschehen zugrunde liegenden Störungen weit umfangreicher sind, als das traditionelle psychoanalytische Denken angenommen hat. (Ursprünglich war man der Auffassung, die Krankheit liege in Konflikten über die Sexualität und in Angst vor oraler Schwängerung begründet.) Störungen im Selbstkonzept und in der Art und Weise, wie Erlebnisse wahrgenommen und begrifflich verarbeitet werden, spielen bei der Störung eine gewichtige Rolle. Die Patientinnen leiden unter schwerer Unzufriedenheit mit sich selbst und ihrem Leben und übertragen diese Unzufriedenheit auf ihren Körper. Der Körper wird anschließend behandelt, als sei er etwas Fremdes, das davor geschützt werden müsse, »fett« zu werden, und das erreichen die Patientinnen durch exzessive Disziplin und übermäßige Kontrolle. Mängel in der Gesamtentwicklung finden ihren Ausdruck in einer Ungenauigkeit der Wahrnehmung und Kontrolle körperlicher Empfindungen, in einer Konfusion der emotionalen Zustände, in einer Fehlerhaftigkeit der Sprach- und Begriffsentwicklung und in großer Angst vor sozialer Mißbilligung. Das unaufhörliche Streben nach Dünnsein läßt sich verstehen als ein Bemühen, diese grundlegenden Probleme zu verschleiern.

In früheren Überlegungen stellte ich drei Merkmale als charakteristisch für die anorektische Krankheit heraus: die beinahe wahnhafte Fehlwahrnehmung des Körpers (gestörtes Körperbild), Konfusion hinsichtlich körperlicher Empfindungen und ein alles umfassendes Gefühl von Unzulänglichkeit. Nunmehr neige ich dazu, diese Merkmale unter einem allgemeineren Stichwort zusammenzufassen und darzustellen, nämlich als Ausdruck eines defekten Selbstkonzepts, der Angst vor innerer Leere oder Schlechtigkeit, vor etwas, das unter allen Umständen verborgen bleiben muß. Magersüchtige sind bei diesem Verbergen außerordentlich erfolgreich, weil sie gegenüber den Wünschen anderer über willfährig sind. Perfektionistisches Verhalten findet die Zustimmung von Eltern und Lehrern, die das potentiell anorektische Kind für ungewöhnlich gut und tüchtig halten. Einige der ernsteren Störungen des Selbstkonzepts lassen sich zurückführen auf diesen Pseudo-Erfolg, der darin besteht, für vorgetäuschtes gutes Verhalten gelobt und anerkannt zu werden. Das Lob verstärkt die Angst der Anorektikerin davor, sich spontan und natürlich zu geben, und beeinträchtigt ihre Entwicklungskonzepte, verhindert vor allem ein Vokabular für ihre echten Gefühle und blockiert sogar die Fähigkeit, Gefühle zu identifizieren.

Es scheint, daß die Fassade der Perfektion und die Belobigung für diese Vortäuschung während der Kindheit und häufig sogar bis in die Adoleszenz hinein ein Gefühl von Sicherheit vermitteln. Doch diese Fassade ist nicht stark genug, Ängste und Panikgefühle abzuwehren, sobald die Pubertät und veränderte soziale Rollen und Erwartungen andere Verhaltensweisen und Anpassungsmechanismen erfordern, zu denen solche jungen Frauen, weil völlig unvorbereitet, nicht in der Lage sind: In dieser Zeit setzt die zwanghafte Beschäftigung mit dem Körper und seinem Gewicht ein. Der exzessive Ehrgeiz, das grandiose, völlig unrealistische Erwartungsniveau, das die Eltern zum Ausdruck gebracht oder das die Kinder aus dem elterlichen Stolz ihnen gegenüber herausgelesen haben, ist nun verinnerlicht worden und repräsentiert ihre eigenen Ziele.

Die im Verlauf psychotherapeutischer Untersuchungen rekonstruierten ausführlichen Fallgeschichten lassen erkennen, daß viele der jungen Leute, darunter auch ganz junge, sich fast bewußt entschlossen haben, niemals etwas anderes außer einem Verhalten zu zeigen, für das Zustimmung zu finden sie sicher sind. Künftige Anorektikerinnen werden beschrieben als ernst, frühreif in ihrem Verantwortungsgefühl, vertrauenswürdig und als fähig, sich wie Erwachsene zu unterhalten. Für all diese Eigenschaften ernten sie Lob für besondere Reife. Wenn das Aufrechterhalten dieser Fassade zu mühselig wird, protestieren sie schließlich und äußern ihre tiefsitzende Frustration, indem sie das besagte Verhalten aufgeben, ein Verhalten, das sie selbst als »Täuschung« bezeichnen. Da sie übergepaßt und überwillfährig waren und so getan haben, als wären sie viel erwachsener, als sie wirklich waren oder sich fühlten, ist der Verhaltensumschwung so bestürzend, daß er völlig mit negativen Begriffen belegt wird und als feindselig und gemein gilt.

Durch meine Arbeit mit vielen Patientinnen ist mir nachdrücklich klar geworden, daß das ganze Leben einer Anorektikerin auf bestimmten falschen Vorstellungen beruht, die in der Therapie zutage gefördert und korrigiert werden müssen. Tief im Innern ist jede Anorektikerin davon überzeugt, daß sie im Grunde unzulänglich, schwach, mittelmäßig, minderwertig und für andere verächtlich ist. Sie lebt in einer Phantasiewelt und in der eingebildeten Realität, die sie glauben läßt, daß die Menschen um sie herum – ihre Familie, ihre Freunde und die Welt ganz allgemein – mit mißbilligenden Blicken auf sie herabschauen und jederzeit bereit sind, sie mit niederschmetternder Kritik einzudecken. Das Bild menschlichen Verhaltens und Umgangs, das eine Anorektikerin sich in ihrem äußerlich wohlfunktionierendem Elternhaus zurechtlegt, setzt sich aus überraschendem Zynismus, aus Pessimismus und Verbitterung zusammen. All ihre Bemühungen, ihr Streben nach Perfektion und exzessivem Dünnsein sollen den fatalen Makel ihrer fundamentalen Unzulänglichkeit verbergen.

Individuelle Psychotherapie kann nur ein Aspekt der Behandlung sein, wie sie eine anorektische Patientin benötigt. Der Hungerzustand selbst wirft psychologische Probleme auf, die eher biologisch und weniger psychodynamisch determiniert sind und die kritischen Faktoren verdecken, die der Störung zugrunde liegen. Es ist wichtig, zwischen dem toxischen Zustand schweren Hungerns und der psychologischen Zwangsbeschäftigung mit exzessivem Dünnsein genau zu unterscheiden. Eine gewisse Wiederherstellung der Nahrungsaufnahme ist notwendig, wenn eine psychotherapeutische Exploration möglich und sinnvoll sein soll. Damit soll nicht gesagt sein, daß das Gewicht auf »normal« gebracht werden muß. Nach meiner Beobachtung beginnen Patientinnen, wenn ihr Gewicht, je nach individuellem Körperbau, eine Größe zwischen 80 und 85 Pfund erreicht, in der Regel psychologisch gemäß ihrer Persönlichkeit und nicht ihrem Hungerzustand zu funktionieren. Sobald die Ernährung dieses Niveau erreicht hat, sind die psychologischen Auswirkungen des Hungers weniger störend, und das Akzeptieren eines normaleren Körpergewichts fördert das Bemühen der Patientin um Selbst-Akzeptanz.

Hinzu kommt, daß die Behandlung anorektischer Patientinnen sich nicht in einem interpersonalen Vakuum abspielt. Im Gegenteil, diese jungen Leute leben in einer engmaschigen Beziehung mit ihren Eltern und ihrer Familie. Oberflächlich betrachtet, scheint die Beziehung zu den Eltern angenehm zu sein; tatsächlich jedoch ist sie zu eng, zu sehr von Einmischung geprägt und läßt die notwendige Trennung und Individuation vermissen. Diese Harmonie, wie sie sich vor Ausbruch der Krankheit darstellt, wird durch exzessive Konformität auf seiten des Kindes hergestellt. Wenn die Krankheit hingegen einige Zeit bestanden hat, bricht sich grelle Feindseligkeit Bahn. Unvermeidlich muß die familiäre Interaktion verändert werden. Bei Patientinnen, die jünger sind als fünfzehn oder sechzehn, scheint Familientherapie eine wirksame Methode zur Lösung von Problemen darzustellen. Familientherapie reicht jedoch als Behandlung nicht aus, wenn die Krankheit bereits für längere Zeit bestanden hat oder wenn die Patientin alt genug ist, um das Haus verlassen zu können. Während in solchen Fällen die Familie ihre eigene Rolle in der Entwicklung des magersüchtigen Kindes einsehen und verstehen sollte, bedarf die Patientin selbst der individuellen Hilfe, wenn sie die Fähigkeit erwerben soll, ein auf Selbstachtung beruhendes individuelles Leben zu führen, dem es nicht an Freude und selbstbestimmter Identität mangelt.

Therapie umfaßt die komplexe Aufgabe, Patientinnen dabei zu unterstützen, aus einem geschlossenen Kreis destruktiven Denkens, Erlebens und Verhaltens auszubrechen. Im Prinzip wehren sich anorektische Patientinnen gegen eine Behandlung und stehen der Therapie für lange Zeit teilnahmslos gegenüber. Sie beklagen sich nicht über ihren Zustand; im Gegenteil, sie glorifizieren ihn. Es widerstrebt ihnen, die »Sicherheit« ihrer leichenhaften Existenz aufzugeben. Sie haben das Gefühl, mit ihrer extremen Magerkeit die perfekte Lösung all ihrer Probleme gefunden zu haben, und glauben, ihr Zustand verhelfe ihnen dazu, sich besser zu fühlen und den Respekt und die Bewunderung zu erlangen, nach der sie sich zeit ihres Lebens gesehnt haben. Nur widerwillig beschäftigen sie sich mit den irrigen Annahmen, die ihrem Zustand zugrunde liegen und die als Voraussetzung für die auf Selbsttäuschung beruhende Pseudo-Lösung anzusehen sind.

Die therapeutische Aufgabe besteht darin, der anorektischen Patientin bei ihrer Suche nach Autonomie und selbstbestimmter Identität zu helfen, indem der Therapeut die Wahrnehmung für Impulse, Gefühle und Bedürfnisse, die in ihr selbst wurzeln, zu schärfen versucht. Die Behandlung muß sich notwendigerweise auf die Mängel im Selbsterleben der Patientin konzentrieren, auf die defekten Mittel und Konzepte zur Organisierung und Äußerung von Bedürfnissen und auf die Verwirrungen im Umgang mit anderen Menschen. Therapie stellt den Versuch dar, die begrifflichen Defekte und Verzerrungen zu beseitigen, das tiefsitzende Gefühl von Unzufriedenheit und Hilflosigkeit aufzuheben und die Überzeugung ins Wanken zu bringen, ihr eigenes Selbst sei leer und unvollkommen und sie sei daher aus Hilflosigkeit zur Unterwürfigkeit verdammt.

Therapie hat zum Ziel, die Patientinnen von den verzerrenden Einwirkungen ihrer früheren Erfahrungen zu befreien und sie zu ermutigen, ihre eigene Entwicklung in realistischer Weise zu betrachten. Unsere Patientinnen brauchen Hilfe bei der Aufdeckung von Irrtümern, die sich in ihren Überzeugungen eingenistet haben, damit sie die Entdeckung machen können, wieviel Substanz und Wert sie besitzen und wie wenig sie auf Last und Not einer Superstruktur künstlicher Perfektion angewiesen sind. Dies ist eine schwierige Aufgabe, denn die falsche Realität, mit der sie sich eingerichtet haben, stellt ihre einzige Möglichkeit dar, überhaupt Erfahrungen zu machen, und die Patientinnen klammern sich folglich an die verzerrten Vorstellungen und lassen nur langsam und widerstrebend von ihnen ab. Bei meinem therapeutischen Vorgehen konzentriere ich mich unmittelbar auf den Versuch, den Patientinnen dabei zu helfen, sich ihrer eigenen, von ihnen ausgehenden Gefühle, Gedanken und Verhaltensweisen bewußt zu werden.

Dieses Buch handelt von den Einzelheiten dieses therapeutischen Prozesses, von dem fortlaufenden Gedankenaustausch zwischen Therapeut und Patientin und von dem allmählich erwachenden Bewußtsein der Patientin für ihre eigene geistige Aktivität und psychologische Kraft. Indem ich den Prozeß als »Gespräche mit Anorektikerinnen« bezeichne, möchte ich zum Ausdruck bringen, daß die Patientin selbst aktiv erkunden und verstehen muß, was in ihr vorgeht. Als ich anfing, mit magersüchtigen Patientinnen zu arbeiten, bemerkte ich rein durch Zufall, daß diese aktive Exploration den psychologischen Zustand der Patientin verbessern kann. Anfangs sah ich meinen Versuch zu erkunden, wie die Patientin ihre Entwicklung und ihre Symptome einschätzt, als Vorspiel für die Entwicklung einer Alternative zur traditionellen psychoanalytischen Behandlung an, die bei anorektischen Patientinnen offensichtlich zum Scheitern verurteilt ist. Wie sich herausstellte, besteht der effektive Unterschied zwischen dem Klima der Erfahrung, wie es während der frühen Kindheit herrschte, und der therapeutischen Erfahrung genau in diesem methodischen Vorgehen, das der Patientin gestattet, sich an der Exploration auf signifikante Weise zu beteiligen, und ihr die Gewißheit vermittelt, daß man ihr zuhört, nicht nur als Person, die Ereignisse berichtet, sondern die auch aufgerufen ist, Schlüsse zu ziehen.

Dieses Buch behandelt im wesentlichen die individuellen psychotherapeutischen Behandlungsaspekte, und der (Unter-)Titel »Gespräche mit Magersüchtigen« soll andeuten, daß Krankheitseinsicht nur gewonnen werden kann, wenn man dem, was die Patientin zu sagen hat, sorgfältig zuhört, und nicht durch Spekulation oder durch Versuche, die Probleme der Patientin in den Rahmen einer abgeschlossenen Theorie zu pressen. Mit dem Fortschreiten der Behandlung und der Anhäufung von Erfahrungen kommen zwangsläufig gewisse gemeinsame Merkmale bei den Patientinnen ans Licht. Diese gemeinsamen Merkmale können einerseits Aspekte der individuellen Entwicklung der Patientin sein, andererseits Aspekte der Techniken, die sich bei der Art und Weise, wie die Gespräche geführt werden, als hilfreich oder hinderlich erweisen können. Da die meisten Patientinnen, mit denen ich zu tun hatte, zuvor in psychiatrischer oder psychoanalytischer Behandlung gewesen waren, habe ich viel Mühe darauf verwandt, herauszufinden, was an den früheren Therapie-Ansätzen nützlich oder antitherapeutisch gewesen ist. Bei der Entwicklung meiner eigenen Konzepte habe ich mich direkt von den Reaktionen der Patientinnen leiten lassen. Meistens haben sogar jene Patientinnen, die nur zur Konsultation kamen, in der einen oder anderen Weise zu erkennen gegeben, daß die Erfahrung des Angehört- und Verstandenwerdens ihnen ein Gefühl großer Sicherheit gegeben habe.

Obwohl der Unterschied zwischen dem von mir beschriebenen Ansatz und den derzeitigen psychoanalytischen Praktiken nur gering ist, galt die Methode in den 50er Jahren, als ich sie zum erstenmal formulierte, als deutliche, beinahe häretische Abweichung. Für mich ist es ein wunderliches Problem, daß viele Patientinnen, die mich während der späten 70er und der frühen 80er Jahre aufsuchten, immer noch einer passiven Form psychoanalytischer Behandlung unterzogen wurden. Eine Studentin, die bei einem Analytiker in Behandlung war, von dem bekannt war, daß er mit Anorektikern arbeitete, erklärte mir: »Er war kalt und abweisend, sagte nie etwas, außer ›was es bedeutete‹. Ich hatte nicht das Gefühl, daß er mich verstand.« Die Patientin reagierte gut auf meine Kommentare, die auf die Schwierigkeiten abgestellt waren, die ihrer Störung zugrunde lagen; selbst während der Konsultation akzeptierte sie die Notwendigkeit ihrer aktiven Teilnahme an der Behandlung.

Eine andere Patientin berichtete dem überweisenden Psychiater in allen Einzelheiten, was sie während der Konsultation bei mir erfahren hatte. Der Psychiater zeigte sich beeindruckt von der Tatsache, daß sie tatsächlich alle Themen, die während der Konsultation offen und direkt erörtert worden waren, verfolgt hatte. Diese Tatsache stand in genauem Gegensatz zu ihren Reaktionen, die sie früher in der Therapie gezeigt hatte. Die junge Frau war zweimal ins Krankenhaus eingeliefert worden, um an Programmen zur Verhaltensmodifizierung teilzunehmen. Bei beiden Krankenhausaufenthalten hatte sie jedesmal Gewicht zugelegt, das sie nach der Entlassung prompt wieder verloren hatte. Mehr noch, diese Patientin hatte in der Psychotherapie fast nichts gesagt, außer daß sie monotone Proteste von sich gegeben hatte, sie fühle sich schuldig, wie angeklagt, wann immer sie über sich spreche. Während der Konsultation hatte sie das Gefühl, sie sei an der Situation beteiligt, ja, sie sei in der Lage, den Gedanken »laut auszudenken«, daß viele ihrer Symptome dem

Zweck dienten, eine »Invaliden-Haltung«, die sie daran hindere, ein normales Leben zu führen, für immer beizubehalten.

Psychotherapie mit Anorektikern ist schwierig, nicht nur für die Patientin, sondern genauso für den Therapeuten. Es ist nicht einfach, mit den Patientinnen zu arbeiten, weil sie abstreiten, an einer schweren Krankheit zu leiden, und steif und fest behaupten, sie könnten die Auszehrung ihres Körpers nicht erkennen oder sie verspürten keinen Hunger, wenn sie keine Nahrung zu sich nehmen. Ich glaube, daß einige der Behandlungsschwierigkeiten mit dem häufig ungeprüften Verdacht des Therapeuten zu tun haben, die Krankheitsleugnung der Patientin deute auf Unehrlichkeit hin. Therapeuten neigen dazu, mit dieser Unehrlichkeit so umzugehen, als könnten die Patientinnen diese Haltung durch einen Willensakt verändern. Aus diesem Grund sind manche Therapeuten gegenüber anorektischen Patientinnen kritisch eingestellt und behandeln sie mit einer gewissen Vorsicht und mit Vorurteilen, ja selbst mit offener Mißbilligung. Diese Einschätzung, die Patientinnen seien unehrlich und heuchlerisch, ist oft Gegenstand von Konsultationswünschen, die ich erhalte.

Häufig wird übersehen, daß diese jungen Leute unter Bedingungen aufgewachsen sind, die ehrliche und tatsächliche Erfahrungen verhindern. Nach der üblichen Annahme, vor allem von Eltern, äußert sich in der von Willfährigkeit geprägten Entwicklungsphase etwas Gutes und Wünschenswertes und deuten die Veränderungen, das heißt, wenn der Gewichtsverlust einsetzt, auf Täuschung hin. Doch nach meiner Beobachtung sind die unerwünschten Eigenschaften das Ergebnis verzerrter früher Erfahrungen. Diese Verzerrungen sind ohne weiteres erkennbar im Umgang der Anorektikerinnen mit ihren Körperbedürfnissen, die auf konfuse, unangemessene Weise organisiert worden sind. Verfälschte Wahrnehmungen von Hunger und nicht verläßliche Kontrolle der Eßfunktionen sind die Folge dieses unangemessenen, falschen frühen Lernens und scheinen Vorbedingungen für die Entwicklung der *Anorexia nervosa* zu sein. Wenn man die Untersuchung in dieser Richtung weiterverfolgt, ist es nach meiner Erfahrung auch ohne Mühe erkennbar, daß die sogenannte gute oder musterhafte Phase im Leben der späteren Anorektikerin der Zeitraum ist, in der sie etwas erfährt, was man als systematisches Training in Unehrlichkeit bezeichnen kann. Als Kind wird sie gelobt und mit Anerkennung für ihr »Gutsein« belohnt, wenn sie ein lächelndes und freundliches Gesicht aufsetzt. Keine Aufmerksamkeit zollt man der tiefsitzenden schmerzlichen Not, die ihr auch selbst kaum bewußt ist.

Therapeuten müssen nicht mit etwas einverstanden sein, was sie für unrealistisch halten – wenn sie es tatsächlich täten, wäre das unwürdig; doch Therapeuten müssen die Meinung und die Erfahrung der Patientin respektieren und akzeptieren, und wenn nur zeitweilig. Die Behauptung, sie fühle sich gut, ja in gehobener Stimmung wegen ihres Gewichtsverlustes, mag widerspiegeln, was sie wirklich empfindet, auch wenn es Therapeuten schwerfallen mag, solchen Äußerungen Wohlwollen entgegenzubringen. Wahrscheinlicher ist, daß sie sich ungläubig abwenden.

Es ist relativ einfach, zu erklären, warum Magersüchtige ihre Körperempfindungen und ihre Erfahrungen falsch verstehen und fehldeuten. Während ihrer Kindheit sind Anorektikerinnen nicht ermuntert worden, in ihrer verbalen Kommunikation oder in ihrer Weltanschauung ehrlich und genau zu sein. Statt dessen wurden sie durch Belobigung ermutigt, eine künstliche Fassade vorzuzeigen. In Übereinstimmung mit diesen Früherfahrungen beschreiben die Patientinnen ihre Selbstgefühle, ihre Körper und ihre menschlichen Beziehungen auf ehrliche, aber ungenaue Art und Weise. Therapeuten, die sich über das frühe Training der Patientinnen und ihre Erfahrungen nicht im klaren sind, haben sich auf die »Täuschung« und die unrealistischen Äußerungen konzentriert, statt sich zu vergegenwärtigen, daß die Kommunikation der Patientinnen ihre Erfahrungen ehrlich widerspiegelt. Eine sinnvolle therapeutische Beziehung kann nur dann hergestellt werden, wenn die Therapeuten sich einstimmen in das, was die Patientinnen äußern und erleben. Die magersüchtige Patientin kann entscheidende Fortschritte auf dem Weg machen, eine weniger schmerzliche Lebensweise für sich zu finden, wenn sich zwischen ihr und dem Therapeuten eine warmherzige, menschliche Beziehung entwickelt und wenn ihr verbaler Austausch die Offenheit und Direktheit der gewöhnlichen Konversation annimmt. Daher der (Unter-)Titel »Gespräche mit Magersüchtigen«.

2. Kapitel:
Einschätzung: Die Person in der Patientin entdecken

Die Beobachtungen in diesem Buch beziehen sich auf Patientinnen, die seit Veröffentlichung meines Buches *Eating Disorders* (1973) bei mir Psychotherapie oder Konsultation gesucht haben. In dieser Zeit haben über 500 Patientinnen oder Familien eine ausführliche Korrespondenz mit mir begonnen, und ich sah rund 350 von ihnen in meinen Konsultationsstunden. Die Patientinnen stammen zwar aus vielen Teilen der Welt, doch sie stellen eine schwierigere Gruppe von Anorexie-Patientinnen dar, denn sie waren zur Beurteilung oder, wenn möglich, zur Behandlung überwiesen worden, nachdem viele Jahre der Krankheit verstrichen waren und alle therapeutischen Bemühungen keinerlei Besserung gebracht hatten. Mit diesem Ausbleiben einer Besserung waren in früheren Therapien häufig ein fortschreitender Gewichtsverlust wie auch eine psychologische Verschlimmerung einhergegangen. Demographisch gesehen, waren die meisten der Patienten, die eine Konsultation wünschten, Heranwachsende weiblichen Geschlechts; sehr wenige nur waren männlichen Geschlechts, viel weniger als die fünf bis zehn Prozent Krankheitsfälle, von denen gewöhnlich in der Literatur zu lesen ist. Im Laufe der Zeit nahm das Alter der Bewerber zu; das höchste Alter zu Krankheitsbeginn betrug 49 Jahre. Nur ganz wenige waren noch in der frühen Pubertät.

Tausende von Anfragen per Telefon oder Brief erreichten mich aus allen Teilen der Vereinigten Staaten, aber auch aus vielen anderen Ländern, darunter Iran, Ägypten, Australien, Südafrika, Rhodesien, Türkei, Frankreich, Jugoslawien, Spanien und aus vielen Ländern Mittel- und Südamerikas. Wann immer es möglich war, überwies ich Patientinnen an erfahrene Therapeuten in der Nähe ihres Wohnorts. Doch viele bestanden darauf, zur Evaluierung, das heißt zur Beurteilung ihrer Krankheit, und/oder Behandlung nach Houston zu kommen.

Aus dem Wunsch heraus, nur jene Patientinnen zu sehen, denen eine Konsultation in Houston eine sinnvolle Gelegenheit bieten würde, etwas Konstruktives zu erarbeiten, stellte ich zur Vorbereitung des Beratungsgesprächs gewisse Routinehandlungen zusammen. So verlangte ich ein vom Arzt ausgestelltes Überweisungs-schreiben und forderte jeden Elternteil auf, mir zu schreiben, wie sie oder er die Entwicklung des kranken Kindes erlebt hatte, welchen Nutzen oder Nachteile frühere Behandlungen gehabt hatten und was sie sich von einer Konsultation erwarteten. Auch die Patientin-nen wurden gebeten, einen Brief zu schreiben; anderenfalls bestand die Möglichkeit – wie es mehrmals geschah –, daß eine Patientin es ablehnte, nach Houston zu kommen, obwohl bereits alle Vorberei-tungen für eine Konsultation getroffen worden waren. Die Weige-rung einer Patientin, der Aufforderung, einen Brief zu schreiben, nachzukommen, konnte Ausdruck schwerer Angst, negativisti-scher Gefühle oder auch des Protestes gegen die Überweisung von einem Arzt zum anderen sein.

Nach der Vorauswahl mit Hilfe der Korrespondenz setzte die wirkliche Evaluierung ein, zu der die Patientin und ihre Familie nach Houston reisten. Eltern oder andere signifikante Personen (immer häufiger Ehemänner) wurden in die Konsultation einbezo-gen. Nur in wenigen Ausnahmefällen kam eine Patientin allein, ohne Verwandte oder Freunde. Diese Fälle zeigten gewöhnlich eine weitgehende Isolierung und einen Mangel an menschlicher Gesel-ligkeit an. Aufgrund meiner vorsorglichen Vorauswahl kannte ich die »Fakten und Figuren« der Krankheitsentwicklung, so daß ich mich bei meinem ersten Kontakt mit der Patientin und ihrer Familie auf Lebensprobleme, auf die Familie und die sozialen Verhältnisse und andere bedeutsame Ereignisse konzentrieren konnte, welche die Krankheit beschleunigt oder aufrechterhalten hatten.

Viele der Patientinnen, die bereits seit beträchtlicher Zeit krank gewesen waren und sich in unterschiedlichen Stadien der Unter-ernährung befanden, bedurften einer Evaluierung ihrer Krankheit sowohl vom organischen wie vom psychologischen Standpunkt aus. Ganz häufig war ihr Ernährungszustand so mangelhaft, daß eine sinnvolle psychologische Beurteilung erst nach einer Korrektur der schlimmsten Ernährungsdefizite möglich war. In solchen Fällen gab ich einer Einweisung in eine *medizinische* Einrichtung den Vorzug, in der ein Internist die Gewichtszunahme überwachte. (Ich versu-che zu verhindern, daß Patientinnen an psychiatrische Einrichtun-gen überwiesen werden, vor allem an solche, in denen die Grundbe-handlung aus einem Programm rigider Verhaltensmodifizierung zum Zwecke der Gewichtszunahme besteht. Zum Glück sind solche Einrichtungen heutzutage seltener als früher.)

Besonderen Wert lege ich darauf, allen Patientinnen die Wechselbeziehung zwischen ernsthafter Unterernährung und psychologischen Reaktionen zu erläutern. Die meisten von ihnen sind ständig mit Drohungen gequält worden, man werde sie zwingen, zuzunehmen, damit sie eine »normale« Figur bekommen. Sie und ihre Familien müssen darüber in Kenntnis gesetzt werden, daß es zwei Phasen des Gewichtsverlustes gibt; die eine steht in Beziehung zu psychologischen Problemen, die möglicherweise in einer Psychotherapie erschlossen werden können; die andere geht zurück auf die Unterernährung selbst, die eine unselige Neigung zur Selbstverewigung besitzt. Nach Eintreten eines gewissen Gewichtsverlustes, gewöhnlich wenn das Gewicht unter 80 oder 90 Pfund sinkt, tritt ein ganz neuer Einfluß der Fehlernährung in Erscheinung, nämlich eine Beeinträchtigung psychologischer Funktionen. Solange das Gewicht sich auf gefährlich niedrigem Niveau bewegt, kann eine stichhaltige psychologische Evaluierung nicht geleistet werden. Nach meiner Erfahrung sind die meisten Magersüchtigen in der Lage, diese Erklärung zu akzeptieren, und werden, wenngleich in unterschiedlichem Maße, bei einem Gewichtszunahme-Programm zur Erreichung eines nicht-toxischen Zustandes mitarbeiten.

Nicht jede Kosultation führte zu extensiver Behandlung. Zuweilen war die Klärung der häufig konfusen und widersprüchlichen Verhaltensweisen hilfreich und erleichterte eine zukünftige Behandlung. Wenn der vorhergehende Kontakt konstruktiv war, gab ich der Patientin den Rat, zu dem überweisenden Psychiater zurückzukehren, der das Ergebnis der Evaluierung und Vorschläge für eine weitere Behandlung erhalten würde. Doch ich habe häufig festgestellt – wenn auch heute weniger häufig als noch vor zehn Jahren –, daß die therapeutischen Bedürfnisse von Anorektikern in ihrer bisherigen Gemeinschaft nicht angemessen berücksichtigt werden können.

Ob ich eine Patientin für eine längerdauernde Therapie akzeptiere oder nicht, hängt von einer Anzahl von Umständen ab: von ihrer Bereitschaft, das Gewicht auf einem ungefährlichen Niveau zu halten; ob sie in der Lage ist oder nicht, sich in einer neuen Gemeinschaft sozial und arbeitsmäßig zu behaupten; und der wichtigste Umstand, ihre psychologische Bereitschaft zur introspektiven psychotherapeutischen Arbeit. Anorektische Patientinnen sind in der Regel davon überzeugt, daß ihre Reaktionen und Verhaltensweisen richtig sind, und sie haben das ziemlich starke Gefühl, daß sie überhaupt keine Behandlung brauchen und schon gar keine Psychotherapie. Nach meiner Meinung muß die Patientin, wenn sie motiviert sein soll, sich dem Psychotherapieprozeß zu unterziehen, sich des verleugneten oder verdrängten Schmerzes, ihrer Verwirrung oder der Verzweiflung, die ihrer Krankheit zugrunde liegen, bis zu einem gewissen Grade bewußt sein. Wenn die Patientin alles als richtig hinstellt und sich über nichts beklagt, dann besitzt sie keine Motivation oder gar Fähigkeit zur Änderung; ohne alle dies ist keine Besserung oder Genesung zu erreichen. Was sie bereit ist, als schmerzlich oder verwirrend oder als änderungs- und klärungsbedürftig zu bezeichnen, das ist von einer Patientin zur anderen höchst unterschiedlich. Sobald die Patientinnen offen erklären, daß sie Schmerz und Verwirrung empfinden, haben sie und ihr Therapeut eine viel festere Grundlage erreicht, von der aus sie das Unbekannte erkunden und effektive Veränderungen anregen können. Es ist wichtig, darauf zu achten, wie die Patientin ihre unerfreulichen Erfahrungen definiert, wenn man ihre Einstellung insgesamt verstehen will. Gleich bei der ersten Begegnung sollte der Therapeut betonen, daß die Therapie zum Nutzen der Patientin durchgeführt wird, zur Steigerung ihrer Lebensfreude (oder wie immer man es formulieren will) und nicht zur Erfüllung elterlicher Forderungen.

Über die Jahre hin habe ich in Houston rund 50 Patientinnen in intensiver Psychotherapie gehabt. Die Therapie fand auf ambulatorischer Grundlage statt; wenn der Zustand der Patientin es erforderte, wurde sie, freilich nur für kurze Zeit, an eine medizinische Einrichtung zur stationären Behandlung überwiesen. Manche Patientinnen beendeten die Behandlung vorzeitig, meistens aus äußerlichen Gründen, aber auch aus Schwierigkeiten, die in der Behandlungssituation lagen. Andere hielten durch, bis die Probleme, die der Krankheit zugrunde lagen, gelöst zu sein schienen. Die größte Gruppe, die in Therapie blieb, waren Patientinnen im Studienalter, die in Wohnheimen lebten.

Mit Zustimmung der Patientinnen wurden die Konsultations- und Behandlungssitzungen auf Tonband aufgenommen; ein großer Teil der in diesem Buch dargebotenen Informationen beruht auf diesen Tonbandaufzeichnungen. Viele der Tonbänder, wenn auch keineswegs alle, wurden transkribiert. Es liegen Transkripte von mehr als 90 Individuen vor, doch die Zahl der für jede Person transkribierten Sitzungen variiert erheblich. Bei der Verwendung der Transkripte wurden die Namen und andere der Identifizierung dienenden

Daten verändert. Die Informationen wurden wegen ihres Inhalts benutzt, um etwa in diesem Kapitel zu zeigen, wie unterschiedlich Anorektikerinnen ihre Sicht der zugrunde liegenden Probleme beschreiben, und um in den späteren Kapiteln zu demonstrieren, wie diese Sicht sich im Verlauf der Behandlung allmählich ändert.

Annette: »Simple« Selbstvernichtung durch Hungern

Für eine ausführliche Diskussion habe ich als Beispiel den Fall einer jungen Frau ausgewählt, die unter einer Krankheit litt, die ich als einen simplen Fall primärer *Anorexie* bezeichnen möchte. Ihr Gewichtsverlust war einzig auf Nahrungseinschränkung und Überaktivität zurückzuführen; soweit mir bekannt, benutzte sie zur Erzielung eines größeren Gewichtsverlustes niemals Abführ- oder harntreibende Mittel und auch nicht die Praxis des künstlich herbeigeführten Erbrechens.

Annette war das jüngste Kind in einer großen Familie; sie war acht Jahre jünger als ihre nächstältere Schwester. Sie wuchs in der Hauptstadt eines westlichen US-Bundesstaates auf, wo ihr Vater eine gesellschaftlich führende Rolle spielte. Bis kurz vor Annettes Geburt hatte er hohe Regierungsämter inne und war nunmehr an Bank- und anderen Geschäftsunternehmungen beteiligt.

Annette war ein gesundes Kind gewesen; die Unterlagen des Kinderarztes enthielten Angaben über ihre Größe und ihr Gewicht. Obwohl sie von sich selbst sagte, sie sei im Alter von zehn Jahren »mollig« gewesen, ließen die Angaben des Arztes auf ein Normalgewicht während all der Jahre schließen. Die erste Menstruation hatte sie im Alter von 13 Jahren, zu einer Zeit, als sie an Größe rapide zunahm. Der Pädiater vermerkte, ihre Gewichtszunahme sei im Vergleich zu ihrer Größe ein wenig knapp gewesen, ein Umstand, der nach seiner Meinung in Verbindung zu sehen war mit dem schlanken Körperbau der ganzen Familie. Annette erreichte ihr höchstes Gewicht, nämlich 97 Pfund, im Alter von 15 Jahren und bei einer Größe von damals 168 Zentimeter. Ihr Gewicht nahm zunächst langsam und dann rapide ab; bei der Entlassung von der High School hatte sie ein Gewicht von 76,5 Pfund, und es fiel im ersten Jahr an einem angesehenen College im östlichen Teil des Landes auf 63 Pfund. Sie nahm aus medizinischen Gründen einen Studienurlaub, lebte daheim und besuchte ein örtliches College. Sie war in Behandlung bei einem Internisten wie auch bei einem Psychiater, mit dem sie, wie sie später erklärte, nichts Sinnvolles erörtert habe.

Sie nahm ein wenig an Gewicht zu und kehrte im vorletzten Jahr vor ihrer Graduierung an ihr College zurück. In gewisser Weise war dieses Jahr für sie angenehmer als das erste Jahr, als sie krank vor Heimweh und isoliert gewesen war, doch ihr Gewicht ging wieder auf 63 Pfund zurück. In dieser Zeit erging an mich die Bitte um Konsultation. Annette war jetzt 22 Jahre alt.

Mehrere Familienmitglieder kamen der Forderung nach Informationen über Annette nach und machten Angaben über ihr frühkindliches Leben und über die Entwicklung ihrer Krankheit. Nach ihrer Beschreibung war das Zuhause von Annette in seiner Perfektion beinahe ideal. Doch einige Familienmitglieder merkten auch an, daß es in diesem Heim für ein junges Mädchen schwierig gewesen sei, sich als ein Mitglied zu fühlen, das zum gemeinsamen Leben etwas beisteuern könne. Eine von Annettes Schwestern gab zu bedenken, sie sei möglicherweise unfähig, sich emotional auf eine Psychotherapie einzulassen. »Sie könnte vielleicht Interesse daran haben, sich an einem wissenschaftlichen Versuch zu beteiligen – und sich irgendeinem Institut, das ihre Krankheit erforscht, als ›Versuchskaninchen‹ anzudienen.«

Annettes eigener Brief spiegelt eine intellektuelle Haltung wider: »Es ist mir bisher nicht gelungen, meine Einstellung zu Nahrung und Essen und meinen Umgang mit diesen Dingen zu verändern; ich habe das Gefühl, dies ist ein Kampf, den ich allein bestehen muß... Eng verbunden mit den Problemen der Essenszeiten sind für mich die Aufstellung oder wertmäßige Beurteilung von Nahrungstypen und die Auferlegung von ›Pflichten‹ hinsichtlich der Menge, die ich essen ›sollte‹... Ich versuche mit der Aufgabe zurechtzukommen, eine ausgewogene Diät zu mir zu nehmen, von der ich nach meiner Feststellung am meisten abhängig bin, und in der Rebellion gegen meine Eltern, in erster Linie gegen meine Mutter... fühle ich mich als Versagerin und habe das Bedürfnis nach Kontrolle... und ich ringe mit dem Problem der Abhängigkeit und der Unabhängigkeit... Äußerlich betrachtet, gebe ich unumwunden zu, daß ich dünn bin, erschöpft, physisch unattraktiv und daß ich an Gewicht zunehmen sollte, doch wenn es dann um praktische Aufgaben geht, gewinnen emotionale Reaktionen in der Regel die Oberhand.«

Annette war in einem jämmerlichen Zustand. Ihr Körper wirkte wie ein Leichnam, ihr Gesicht sah skelettháft aus, jeder Knochen war zu erkennen. Auf ihrer Nase war der Übergang zwischen Knorpel und Knochen deutlich sichtbar. Sie räumte ein, schnell erschöpft zu sein und leicht zu frieren (im warmen Juli in Houston), und sie war außerstande, längere Zeit auf einem Platz zu sitzen. Sie war höflich und freundlich, aber zurückhaltend in allem, was sie sagte, und sie beantwortete Fragen angemessen, aber wenig entgegenkommend, und gab zu erkennen, sie wisse schon, daß ihr Gewicht zu gering sei und daß sie liebend gern zunehmen würde.

Dieses Eingeständnis ist ungewöhnlich. Charakteristischerweise streiten Anorektiker ab, daß sie zu dünn sind, und weigern sich, zuzunehmen. Wie sich herausstellte, war Annettes Eingeständnis ein Ausdruck ihres Wunsches, sich das »Image« einer angenehmen, kooperativen Frau zu geben. Drei oder vier Jahre später, als sie einige der basalen Probleme des anorektischen Zustandes zu lösen begonnen hatte, beschrieb sie die schreckliche Anspannung und das Dilemma jener Zeit auf lebhaft anschauliche Weise: »Ich hatte das Gefühl, an einem völlig toten Punkt angelangt zu sein, an einem Punkt ohne Aussicht auf eine Zukunft. Wir hatten alles versucht (mehrere medizinische Konsultationen und Anläufe für eine psychiatrische Behandlung), und ich fühlte mich wie in mir selbst und in der Situation gefangen. Die Umstände, die diese Situation verlängerten, verschlimmerten sich stetig. Es gab absolut nichts, was ich hätte tun oder was andere hätten tun können, um mich aus diesem Zustand zu befreien.«

Später erinnerte ich sie daran, daß das Bild, das sie im ersten Konsultationsgespräch geboten hatte, fast das Gegenteil war: »Sie waren nett und kooperativ, lächelten fortwährend und versprachen, Sie würden nichts unversucht lassen, um zuzunehmen, doch von den darunter liegenden Gefühlen der Verzweiflung kam nicht das Geringste zum Vorschein.« Sie erklärte, sie hätte unmöglich darüber sprechen können, weil es ihren Eltern Kummer bereitet hätte: »Das war schon ein Elend, in dieser Weise gefangen zu sein und es nicht zu verstehen, nicht zu wissen, warum und wie. Ich sah keinen Weg, auf dem ich mich daraus hätte befreien können. Es war, als wäre ich gefangen in den Umständen, wie sie ein Krieg mit sich bringt, oder ein Autounfall oder sonst etwas, wo man ganz plötzlich keine Kontrolle mehr hat und nicht weiß, warum all diese gräßlichen Dinge überhaupt passieren. Ich hatte solche Gefühle schon, als ich noch in der Schule war, und ich denke, sie sind einer der Gründe, warum ich jetzt von meiner Angst vor dem Alleinsein spreche, von dem Gefühl, verlassen zu werden, so etwas zu sein wie eine hilflose alte

Frau, verbraucht, eine Frau, der nichts geblieben ist. Dies ist eine Projektion des gleichen Gefühls von Verzweiflung, der gleichen Erfahrung. Ich sah überhaupt nicht, was ich hätte gewinnen können, wenn ich darüber gesprochen hätte, wie verzweifelt ich war, denn ich fühlte mich hilflos und hoffnungslos.«

Sorge um das Wohlergehen der Eltern und das Bemühen, ihnen alle unangenehmen Neuigkeiten zu ersparen, sind ganz charakteristisch für die Haltung einer Anorektikerin. Bei Annette war diese Haltung besonders ausgeprägt, und praktisch jede Erinnerung, die ihr in den Sinn kam, enthielt dieses Element. Auch heute noch sind ihre Gedanken und Pläne zutiefst von der Frage beeinflußt: »Wie wird es sie berühren?« Bei anderen Aktivitäten, die ihre Eltern nicht betrafen, war sie im Innern von der Frage aufgestört, ob ihr Interesse daran wirklich echt sei oder nur eine Imitierung dessen, was andere taten.

Um ein Beispiel zu geben: Sie schloß sich einer Wandergruppe an und begann sich für das Beobachten von Vögeln zu interessieren. Sie schien großes Vergnügen daraus zu beziehen, doch zur gleichen Zeit empfand sie Zweifel daran, ob sie dies wirklich tun wollte und ob ihr Vergnügen tatsächlich echt sei. Sie war unsicher, ob sie es selbst als erfreuliche Tätigkeit ansah oder ob sie sich nur daran beteiligte, weil andere es taten. Mehrere Jahre später sprach sie von ihrer echten Freude am Vogelbeobachten; unabhängig vom Ursprung dieser Freude verspürte sie tiefes Interesse.

Während der Konsultation äußerten Annettes Eltern tiefe Besorgnis und höchste Verwirrung über die Veränderung bei ihrer früher so glücklichen und anstelligen Tochter. Sie machten sich sorgenvolle Gedanken über die Rolle, die sie gespielt haben mochten. Wie bereits gesagt, war Annette das jüngste Kind, und die Mutter hatte das Gefühl, sie sei die natürlichste, die ungezwungenste von allen Kindern gewesen, einschließlich der Enkelkinder. Voller Stolz und mit einer gewissen Belustigung schilderte sie eine Szene, in der Annettes glückliche und sorgenfreie Anpassung sich gezeigt habe: Gehorsam habe sie sich schlafen gelegt und dann in ihrem Bettchen geduldig gewartet, bis sich jemand ihrer erinnert habe; niemals habe sie geweint oder verlangt, man solle sie hochheben. Danach gefragt, erklärte Annette, sie könne sich, selbst heute, nicht vorstellen, daß ein Kind die Kühnheit besitze, den Erwachsenen Unannehmlichkeiten zu bereiten.

Die ganze Familie war sich darin einig, daß Annettes Kindheit frei von Kummer gewesen sei, und alle Familienmitglieder erinnerten sich belustigt an eine Szene während eines feierlichen Abendessens, wo die Kinder sich nach Meinung des Vaters besonders schlimm aufführten, und er hatte eingreifen müssen. Jeder erinnerte sich, daß Annette damals, ohne daß jemand wußte, warum, vom Tisch entfernt worden war (wahrscheinlich ging sie noch nicht zur Schule). Ein Erwachsener nahm sie auf den Arm und trug sie in ihr Zimmer. Annette habe niemals wieder einen Anlaß geboten, auf diese Weise mit ihr zu verfahren. Eine Demonstration der väterlichen Macht genügte, und sie fügte sich schweigend. An weitere Unstimmigkeiten erinnerte man sich nicht. Der Vater erwähnte noch, die Familie habe sich während des Essens stets über Themen allgemeinen Interesses unterhalten und sich nicht in gewöhnlichem Tratsch oder in »Frauen-Kram« ergangen. Voller Stolz bemerkte er, Annette habe sich an diesen Diskussionen beteiligt und sei über alle Vorgänge in der Welt wohlinformiert gewesen.

Der Mutter ging allmählich auf, daß Annette sich zu sehr abmühte und nicht wie andere Teenager rebellierte, und glaubte, darin ein Problem zu sehen. Dies war während der Unruhen an Schulen und Universitäten (gegen Ende der sechziger Jahre), und die Eltern versicherten sich, daß Annettes Verhalten in vielfacher Hinsicht ohne Tadel sei, daß sie nicht wie die anderen auffälligen Teenager war, die Rauschmittel nahmen und sich sexuell betätigten.

Wie in allen anderen Fällen erklärte ich ihnen, die Anorexie, das Nichtessen, sei ein sehr spätes Symptom in der Gesamtentwicklung, und wir müßten Ausschau halten nach früheren Manifestationen extrem gefügigen Verhaltens. Paradoxerweise ist das exzellente, ja überlegene Verhalten, von dem Eltern mit so viel Stolz reden, häufig ein Indiz dafür, daß ein Kind in Not und nicht nur nicht selbstbewußt genug war.

Die Mutter bestätigte meinen Kommentar, Annette sei nicht selbstbewußt genug gewesen. Als Beispiel erwähnte sie Annettes unterwürfige, über einen längeren Zeitraum bestehende Beziehung zu einer ungewöhnlich dominierenden Freundin. Die Mutter war sehr erleichtert gewesen, als dieses Mädchen zu einer anderen High School gegangen war; sie hatte sich hilflos gefühlt und nicht gewußt, wie sie Annette vor diesem Einfluß hätte schützen können.

Nach einer Woche der Evaluierung, in der ich Sitzungen mit Annette wie auch mit ihren Eltern gehabt hatte, kamen wir alle vier zusammen, um uns über verschiedene Behandlungspläne zu unterhalten. Wir erörterten, ob das frühere Therapieprogramm eine Erfolgschance gehabt habe. Annette und ihre Eltern waren sich einig, daß dies nicht der Fall gewesen sei. Eine andere Frage war, ob Annette die Dienste eines stationären Behandlungszentrums für Langzeittherapie benötigte. Als wir erkannten, daß Annette in der Lage und willens war, sich an psychologischer Exploration zu beteiligen, gaben wir diesen Plan auf. An diesem Punkt reisten die Eltern wieder ab, und Annette wurde an eine medizinische Einrichtung zur Gewichtszunahme und zur weiteren Evaluierung überwiesen. Dort machte sie gute Fortschritte. Zu jener Zeit waren in der medizinischen Einrichtung mehrere andere magersüchtige junge Frauen, und Annette pflegte geselligen Umgang mit ihnen und mit den auszubildenden Krankenschwestern. Sie erhielt eine umfassende, wohlausgewogene Diät, und die Teller verließen ihr Zimmer ohne Essensreste.

Doch ihr Gewicht nahm nur langsam zu, langsamer jedenfalls als das anderer, die um das Essen oder das Nicht-Essen viel Aufhebens machten. Das Personal argwöhnte, daß sie Nahrungsmittel beiseite schaffte, doch es trat auch keine Änderung ein, als das Badezimmer abgeschlossen und der Abfalleimer nach ungegessenen Nahrungsmitteln untersucht wurde. Die anderen magersüchtigen Patientinnen gaben ihr den Rat, nicht mit faulen Tricks zu arbeiten. Annette war traurig und enttäuscht, daß selbst ihre Freundinnen ihr mißtrauten. Viel später gab sie zu, sie habe ein Tagebuch geführt, in dem sie ihre Wut darüber, daß man ihr Täuschung unterstellte, offener zum Ausdruck bringen konnte, doch zu jenem früheren Zeitpunkt brachte sie diese Gefühle niemals in eine Sitzung ein. Annette erklärte auch, die Verdächtigungen und die Sonderüberwachung hätten dazu geführt, daß sie nicht zugenommen habe; denn wenn sie anschließend zugenommen hätte, wäre das ein Beweis dafür gewesen, daß sie zuvor geschwindelt hätte – folglich habe sie sich gezwungen, nicht mehr Essen zu sich zu nehmen. Ihr Internist kam schließlich zu der Schlußfolgerung, sie benötige mehr Kalorien, als ihr zunächst angeboten worden seien. Nach drei Monaten konnte sie die medizinische Einrichtung verlassen; sie wog 78 Pfund, hatte also das Ziel von 81 Pfund noch nicht erreicht. Die Erfahrungen in der Klinik hatten ihr Freude bereitet. Sie berichtete, sie habe viele Freundinnen gewonnen, nicht nur unter den magersüchtigen Patientinnen, sondern auch unter anderen Menschen, und einige dieser Freundschaften erwiesen sich als dauerhaft.

In den Therapiesitzungen war Annette gehemmt, was ihre Kommunikation betraf, doch als ihr Ernährungszustand sich besserte, wurde sie ein wenig freier und spontaner in ihren Äußerungen. Die Aufgabe eines Therapeuten besteht darin, der Patientin dabei zu helfen und sie zu ermutigen, ihre Gefühle zu äußern, und dazu hatten die früheren Lebenserfahrungen Annettes – so wenig wie die anderer Magersüchtiger – kaum beigetragen. Die Sitzung vor Annettes Entlassung aus der Klinik war lebendiger und spontaner als jede frühere und auch als viele, die später folgten. Sie war erfreut darüber, daß sie in der Lage gewesen war, ein eigenständiges Leben zu führen, in einer neuen Gemeinschaft und ohne irgendwelche Bindungen an ihr Zuhause. Sie erklärte: »Nun, ich habe es versucht, und es hat geklappt. Das Positive an dieser Situation war, daß ihr alles, was früher ablief, völlig fehlte, so daß alles neu für mich war und ich nichts aus den Gründen tat wie früher (nämlich ihren Eltern zu gefallen und zu tun, was sie erwarteten). Die Mahlzeiten waren nicht mit irgendwelchen früheren Gedanken verbunden, die mich niedergedrückt oder eingepfercht hatten. Da waren alle Optionen offen, und es gab keine Routine, kein Schema, nach dem früher alles abgelaufen war.«

Annete sprach auch über ihr Eßverhalten, über den Stolz, den sie empfinden würde, wenn sie ihren Eltern mitteilte, daß sie eine Menge essen müsse, um ihren guten Ernährungszustand beizubehalten. Die gute Nachricht war, daß sie essen und Freude dabei verspüren konnte. Ich beendete die Sitzung mit dem Hinweis, sie solle vorsichtig sein, denn trotz all ihrer optimistischen Gefühle und trotz des Fortschritts, den sie gemacht habe, sei sie noch weit davon entfernt, völlig gesund zu sein: »Die Zeit hier hat die Tatsache ans Licht gebracht, daß es bei Ihnen Entwicklungsbereiche gibt, die nicht abgeschlossen sind, und in dieser Richtung müssen Sie weiterarbeiten. Intensive Therapie braucht ihre Zeit, doch für Sie ist es wichtig, daß Sie in die Lage kommen, etwas Wertvolles für sich selbst zu tun.«

Annette hatte ganz entschieden Nutzen aus ihrer Hospitalisierung gezogen, und mit der Psychotherapie war ein Anfang gemacht. Sie faßte den Plan, ans College zurückzukehren und wieder in die Therapie zu kommen, wenn sie das Studienjahr mit Erfolg abgeschlossen hatte. Ihr Körpergewicht lag nunmehr außerhalb der Gefahrenzone, doch es bestand keine Möglichkeit, vorherzusagen, ob es ihr am College gelingen würde, das Gewicht zu halten.

Ähnliche Arrangements wurden mit mehreren anderen Patientinnen getroffen, das heißt, die Fortsetzung der Therapie wurde hinausgeschoben, bis ein wichtiges Ziel, in den meisten Fällen der High School- oder College-Abschluß, erreicht worden wäre. Dieses Vorgehen ist nur dann ratsam, wenn die Patientin ihr Gewicht auf einem vernünftigen Niveau zu halten vermag und wenn die psychologischen Probleme sich auf Fragen der Entwicklung beschränken und nicht in Depressionen oder Suizidgedanken übergegangen sind.

Ida: Ein zögerlicher Anfang

In Idas Fall wurde der erste Kontakt von der Mutter hergestellt; auf Anraten ihres Internisten bat sie telephonisch um einen Termin. Die Mutter äußerte Besorgnis nicht nur über das niedrige Gewicht Idas, sondern auch über Änderungen in ihrem Verhalten. Sie sei immer ein rücksichtsvolles, kooperatives und geselliges Mädchen gewesen, doch nun sei sie trotzig, reizbar und extrem verschlossen, ja zuweilen heimtückisch und erkennbar unehrlich geworden. Ida hatte auch eine ganz und gar gekünstelte Art des Sprechens und Diskutierens angenommen. Sie verhielt sich so, als spiele sie eine Rolle und nähme nicht wirklich am Leben teil.

Ida war ein aktives und athletisches Kind gewesen, das man für ungewöhnlich gesund angesehen hatte. Sie hatte sich an den Spielen und sportlichen Aktivitäten ihres sechs Jahre älteren Bruders und seiner Freunde beteiligt. Im Alter von vierzehn Jahren hatte sie ihre endgültige Größe von 1,55 Meter erreicht und wog rund 100 Pfund. Frühreif in ihrer Entwicklung, hatte sie ihre erste Menstruation im Alter von zehn Jahren und von da an regelmäßig gehabt, bis sie im Alter von sechzehn Jahren an Gewicht verlor. Idas Gewohnheit, Abführmittel, Diuretika und andere Medikamente zu nehmen, »um dem Gewichtsverlust auf die Sprünge zu helfen«, verschlechterte das Krankheitsbild. In dem Bundesstaat, in dem sie wohnte, gab es keine Behandlungseinrichtungen, und für die Konsultation stellte sich die zentrale Frage, ob Ida sich behandeln lassen könnte, während sie zum College ging, oder ob sie in einem Behandlungszentrum stationär behandelt werden müßte. Zu jener Zeit war Ida fast achtzehn Jahre alt und würde in Kürze die High School abschließen.

Als Ida in Begleitung ihrer Mutter zur Konsultation kam, hatte ihr Gesicht etwas Skelettartiges, und wenn sie sprach oder lächelte, konnte man sehen, wie sich die Muskeln spannten. Über ihren Gewichtsverlust sprach sie ganz offen. Er hatte während einer Europa-Reise zwei Jahre zuvor eingesetzt. Während dieser Reise war sie zunächst bei ihrer Familie geblieben, wie ihre Mutter es arrangiert hatte, doch dann hatte sie sich entschlossen, allein weiterzureisen. Sie stellte fest, daß Restaurants und Museen etwa während derselben Stunden geöffnet hatten, und so ließ sie häufig Mahlzeiten ausfallen, weil sie lieber in ein Museum ging. Sie machte die Entdeckung, daß sie über Tage hin ohne Nahrung sein konnte und daß es »eine interessante Erfahrung« war, mit der kein allzu großes Leid verbunden war. Sie war stolz darauf, Gewicht verloren zu haben, und als sie wieder zu Hause war, aß sie weiterhin nur sehr wenig. Auch nahm sie Abführ- und harntreibende Mittel und große Mengen von Schilddrüsenpräparaten, bis sich Anzeichen einer Schilddrüsenüberfunktion zeigten. Sie verstärkte ihre körperlichen Aktivitäten: Schwimmen, Laufen, Tennis und Fechten. Sie schlief immer weniger. Es wurden fortwährend Anstrengungen unternommen, damit sie mehr aß, doch als sie in die Konsultation kam, lag ihr Gewicht bei etwa 65 Pfund.

Ida hatte das Gefühl, dünn zu sein, das sei genau, was sie sich wünschte, und sie fand nichts Ungewöhnliches daran. Alle Bemühungen, sie zum Zunehmen zu bewegen, erfüllten sie mit Wut. Sie beschrieb ihr vergangenes Leben in glühenden Farben. Nach ihrem Gefühl hatte die Familie ihr viele Vorteile und Privilegien geboten, und alles war glänzend verlaufen. Das einzige Unglück war ihres Vaters früher und plötzlicher Tod, als sie zwölf Jahre alt gewesen war. Doch Ida meinte, sie habe kein Recht, unglücklich zu sein, weil sie alles habe, was sie benötigte. Tatsächlich fühlte sie sich all dessen, was sie erhalten hatte, nicht wert, und zuweilen quälten sie Gewissensbisse, weil sie soviel Glück nicht verdient habe. Sie war verwirrt darüber, daß Menschen sie zu mögen schienen und sich solche Sorgen um sie machten; sie selbst hatte das Gefühl, an ihr sei nichts Liebenswertes und Bewunderungswürdiges. Es war ihr peinlich, daß der Gewichtsverlust zu soviel Aufhebens ihretwegen geführt hatte.

Vor Eintritt in das College ging Ida mit ihrer Mutter auf eine Kreuzfahrt und hatte Schuldgefühle wegen all der Luxusangebote auf dem Schiff. Sie kompensierte diese Gefühle, indem sie soviel wie möglich trainierte. Auch wenn ihr elend und kalt war, schwamm sie trotzdem während dieser Zeit, und so verlor sie noch mehr Gewicht. Trotz ihrer Symptome erschien sie so geneigt und aktiv interessiert, sich besser zu verstehen, daß ich zu der Überzeugung kam, sie könne von einer Psychotherapie bei gleichzeitigem Besuch des Colleges profitieren.

Ich erklärte ihr, die zwanghafte Beschäftigung mit Nahrung und Gewicht sei Ausdruck tieferliegender emotionaler und persönlichkeitsbezogener Probleme. Es wurde vereinbart, daß Idas Behandlung gleichzeitig mit ihrem Eintritt in das College beginnen sollte, und Ida versprach, sie werde ihr Gewicht halten und noch verbessern. Sie meinte, sie hätte weniger Schwierigkeiten zu essen, wenn sie erst einmal der Überwachung durch ihre Mutter und deren beständigen Streitereien über ihre Ernährung entronnen sei. Ida sollte mit ihrer Vorhersage recht behalten. Sie aß mehr, als sie seit langem gegessen hatte, und so nahm sie innerhalb von zwei Wochen über vier Pfund zu. Darüber war sie so aufgeregt und schockiert, daß sie große Mengen an Laxativa, Diuretika, und was immer sie an Medikamenten hatte, zu sich nahm. Als sie zur nächsten Sitzung kam, sah sie eingefallen und extrem dehydriert aus, und so wurde sie in den Notfallraum gebracht, von wo aus sie aufgrund ihres bedrohlichen Zustands an die medizinische Einrichtung überwiesen wurde. Sie hatte mehr als sieben Pfund verloren und bedurfte dringend eines intravenös verabfolgten Elektrolytersatzes. Der Internist erklärte ihr, er könne sie erst wieder entlassen, wenn sie 72 Pfund wiege. Sie war außer sich vor Empörung, als sie hörte, ich hätte dieser Behandlung zugestimmt, und sagte mit starker Emotion: »72 Pfund! Wollen Sie, daß ich mich hasse?« Trotz ihrer Proteste zeigte sie sich bei der Behandlung kooperativ.

Toni: Krankheit ist eine Lebensweise

Toni war zwanzig Jahre alt und litt seit sieben Jahren unter Anorexie, als ich ihretwegen um eine Konsultation gebeten wurde. Während der zurückliegenden Jahre hatte sie sich tief in eine von Krankheit gezeichnete Lebensweise verstrickt und bei den für ihre Versorgung verantwortlichen Menschen Gefühle von Schuld und Hilflosigkeit ausgelöst. Toni war zweimal für längere Zeit hospitalisiert worden und war auch in psychoanalytischer Therapie gewesen. Eine Familientherapie wurde angestrebt.

Toni war ein Einzelkind, und sie hatte eine sehr enge Beziehung zu ihren Eltern. Sie schrieb in ihrem Brief, sie sei im Alter von vier Jahren depressiv geworden und habe eine »geheime Angst« gehabt,

»etwas Schlimmes werde geschehen«. Sie haßte es, zur Schule zu gehen, doch in der vierten Klasse begann sie das Schulleben zu mögen. Der Ausbruch der Krankheit fiel mit dem Wechsel zur Junior High School (eine Art Mittelschule in Amerika) zusammen, und diesem Wechsel hatte sie sich erbittert widersetzt, weil sie das Gefühl hatte, »aus einem Nest gestoßen zu werden«. Doch sie unternahm große Anstrengungen, die Schulklassen mit gutem Erfolg hinter sich zu bringen. Bei einem Ernährungsunterricht wurden die Schüler aufgefordert, alles, was sie im Laufe von drei Tagen zu sich nähmen, genau zu verfolgen und zu registrieren. Toni wollte nicht kritisiert werden und aß daher weniger als gewöhnlich. Danach aß sie nicht mehr, als sie schriftlich festgehalten hatte, denn sie wollte ehrlich sein. Mit ihrem Gewicht ging es ganz rapide bergab, von 100 auf etwas mehr als 60 Pfund. Sie war in der Vorpubertät, doch mit dem Gewichtsverlust verschwanden alle Anzeichen der Geschlechtsreife, und auch die Menstruation setzte nicht ein. Zu jener Zeit wurde Toni auch weniger umgänglich und zog sich schließlich ganz zurück. Es wurde für sie eine Psychotherapie arrangiert, doch weil sie weiterhin Gewicht verlor, wurde sie an eine kinderpsychiatrische Klinik überwiesen, wo sie sich ganz zufrieden fühlte. Nach ihrer Entlassung verlor sie weiterhin an Gewicht und wurde daraufhin – gegen ihren lebhaften Protest – an eine Therapie-Einrichtung für Erwachsene überwiesen, wo sie auf der Grundlage des ganz neuen Ansatzes der Verhaltensmodifizierung behandelt wurde. Das Programm sah vor, daß die Patienten sich tagsüber entweder im Bett oder im Aufenthaltsraum aufhielten. Toni gewöhnte sich an, die ganze Nacht wachzubleiben, heimlich gewaltige Mengen an Nahrungsmitteln zu sich zu nehmen (die sie später wieder ausspie) und alle Tage im Bett zu verbringen. Sie und auch ihre Eltern hatten das Gefühl, die schweren Schlafstörungen, unter denen sie schließlich litt, und das zwanghafte Essen hingen unmittelbar mit diesem Therapieprogramm zusammen.

Nach ihrer Heimkehr wurde eine Familientherapie arrangiert, doch Toni glaubte zu spüren, der Therapeut sei gegen sie eingestellt und versuche sie zu zwingen, ein anderes Verhalten anzunehmen und ihr Tun zu ändern. Sie unternahm einen ernstgemeinten Suizidversuch, der eine extensive medizinische und chirurgische Behandlung nach sich zog, während der sie an Gewicht gewann. Nach ihrer Entlassung bemühte sie sich angestrengt, wieder abzunehmen, indem sie sich nach dem Essen übergab.

Während der ersten wenigen Sitzungen bei mir war Toni so ängstlich, feindselig und unkommunikativ, daß ich im Umgang mit ihr genauso furchtsam wurde wie ihre Eltern. Eine ihrer häufig wiederholten Anschuldigungen lautete, ich flöße ihr Schuldgefühle ein, schiebe ihr alle Verantwortung zu und all dies führe nur dazu, daß sie noch angespannter und ängstlicher werde. Sobald ich klar erkannt hatte, was sich bei ihr abspielte, warf ich die Frage auf, was sie anstelle, daß die Erwachsenen aufhörten, sich so zu verhalten, wie sie sollten. »Das Gefühl, angeklagt zu werden« und »dazu gebracht zu werden, sich schuldig zu fühlen« wurden zum Mittelpunkt direkter Exploration. Die Frage schien einen wichtigen Punkt zu berühren, denn bei diesem Vorgehen beteiligte sie sich aktiv. Ich erklärte ihr unmittelbar, freilich nicht in vorwurfsvoller, sondern in hilfreicher Weise, daß sie sich tatsächlich schuldig fühle, aber nicht weil ich oder irgend jemand sonst sie dazu *bringe*, sich so zu fühlen, sondern aufgrund der Art und Weise, wie sie während der letzten sechs oder sieben Jahre ihr Leben verbracht habe. Ich hatte bemerkt, daß sie immer dann von »schuldig fühlen« sprach, wenn irgendein realistischer Aspekt der Zukunft erörtert wurde.

Sie hatte die High School abgeschlossen, doch die letzten zwei oder drei Jahre hatte sie ohne geselliges Leben oder regelmäßige Tätigkeit in Krankenhäusern oder daheim verbracht. Ich konnte ihr zeigen, daß sie selbst es gewesen war, die sich um viele Erfahrungen gebracht hatte, die hätten konstruktiv, anregend und lohnenswert sein können. Ich sagte ihr: »Sie fühlen sich schuldig, weil Sie die Versprechungen Ihrer eigenen Entwicklung nicht versucht haben einzulösen. Wenn Sie dies nun für vorwurfsvoll halten, dann kann ich Ihnen nur versichern, daß es nicht so gemeint ist, und wir sollten untersuchen, warum Sie wohlmeinende Bemerkungen in dieser Weise verstehen. Ich kann nicht mehr tun, als zu versuchen, es so einfach und direkt wie möglich anzusprechen.«

Nach vielen Einwänden wurde Toni an eine medizinische Einrichtung überwiesen, und dieser Wechsel erwies sich für sie als positive Erfahrung. Sie faßte diese Erfahrung in dem Satz zusammen, daß sie in der Klinik gelernt habe, daß Anorektikerinnen keine Monster sind (wie sie es während ihrer früheren Hospitalisierungen empfunden hatte), sondern nette Menschen, mit denen sie vielerlei Interessen teilte. Ihr Gewicht stieg bei gewöhnlichen Mahlzeiten, die in kleinen Portionen aufgeteilt wurden, auf über 80 Pfund, was sie ohne Klage oder Schuldgefühle akzeptierte.

Während unserer Sitzungen verbrachten wir viel Zeit mit ihrer Angst davor, sich wie ein gesunder Mensch zu verhalten und entsprechend zu handeln, wie jemand, der nicht mehr von unkontrollierbaren Symptomen behindert wird. Wir besprachen auch ihre Weigerung, einer Untersuchung über ihr Schlafverhalten zuzustimmen. Ich erklärte, ihr Verhalten lasse vermuten, daß sie befürchte, mit ihrem Schlaf könne alles in Ordnung sein und ihre Beschwerden könnten sich als großer Schwindel herausstellen.

Sie erkannte, daß ihre Gefühlsschwelle gegenüber Schmerz, Frustration und Entmutigung ausnehmend niedrig war. Dies hinderte sie auch nur an dem Versuch zu erfahren, wie alles Neue sich schließlich entwickelte. Auch sah sie ein, daß ihr ständiges Reden über ihre ungeheure Angst in Beziehung stand zu ihrer Furcht, nicht so gut zu sein, wie sie es von sich erwartete. Sie wurde wütend bei dem Gedanken, aufgeben zu müssen, und die Angst, die ihr zu schaffen machte, war eine Reaktion auf ihre eigene Wut. Schließlich willigte sie in eine Untersuchung im Schlaflaboratorium ein. Zu ihrer Freude und Erleichterung wurden in ihrem Schlafverhalten einige Abnormitäten entdeckt, und sie erhielt nützliche Instruktionen, wie sie damit umgehen sollte. Sie fühlte sich erleichtert darüber, daß sie recht behalten hatte, daß sie nicht etwas vorgespielt hatte, wie man ihr zu verstehen gegeben hatte.

Nach Hause zurückgekehrt, berichtete sie ihrem Therapeuten, was sie während der Konsultation gelernt hatte, und erklärte ihm, daß sie weniger krank sei, als sie sich dargestellt hatte, und daß sie zu dem Versuch bereit sei, ein normales Leben zu führen. Toni hatte das Gefühl, es sei äußerst wichtig gewesen, daß ich offen mit ihr über ihre Ängstlichkeit und ihre Wut gesprochen hätte und daß sie gelernt habe, »laut zu denken«, während sie meinen Erläuterungen zugehört habe. Toni kehrte von der Konsultation mit dem Entschluß zurück, auf der Grundlage realistischer Vorstellungen praktische Möglichkeiten zur Entwicklung ihrer Talente zu erkunden, das Elternhaus zu verlassen und stärkeren sozialen Kontakt mit Gleichaltrigen zu suchen. Die Behandlung wurde wiederaufgenommen, und es hatte den Anschein, als wenn sie wirkliche Fortschritte machte.

Nach mehreren Monaten wurde eine gewisse Verzerrung ihres Zeitgefühls manifest; sie fühlte sich eingezwängt zwischen einer bedrohlichen Vergangenheit und einer gleichermaßen bedrohlichen Wiederholung dieser Vergangenheit in der Zukunft. Toni sah keinen

Ausweg aus dieser ständigen Wiederholung von Ereignissen, gegen die sie angekämpft hatte. Obwohl sie allmähliche, aber wichtige Fortschritte machte, wurde sie von Verzweiflung übermannt. Etwa zwei Jahre später suchte sie den Freitod.

Jan: Der Schatten

Jan war achtzehn Jahre alt, als ich sie, auf Wunsch ihrer Eltern, in der Konsultation sah. Ihr Gewichtsverlust hatte zwei Jahre zuvor eingesetzt, als sie als Austauschstudentin in Europa war. Zu Beginn ihrer Krankheit suchte sie eine erfahrene Psychoanalytikerin auf, die aber nach einigen Monaten der Behandlung starb. Daraufhin wurde Jan an einen Therapeuten überwiesen, zu dem sie aber kein richtiges Verhältnis fand; er hielt sie für unkommunikativ und empfahl die Einweisung in eine psychiatrische Einrichtung.

Jan war die zweitälteste von drei Töchtern. Sie war immer eine kleine Person gewesen; ihr höchstes Gewicht hatte etwa 85 Pfund betragen. Während der Krankheit war es auf 59 Pfund gefallen. Sie beendete die High School, fühlte sich aber zu schwach, aufs College zu gehen, wie sie immer geplant hatte. Während der letzten sechs Monate hatte sie in ihrem Elternhaus gelebt, ohne eine besondere Tätigkeit zu verfolgen, doch sie war überaktiv, fühlte sich deprimiert und gelangweilt. Wiederholt fuhr sie aus einem Impuls heraus mit dem Auto fort. Sie hatte einen schweren Unfall gehabt, und ihre Eltern machten sich große Sorgen über die suizidalen Anteile ihres wilden Fahrens.

Jan kam in Begleitung ihrer Eltern. Die Konsultation umfaßte gemeinsame Sitzungen, mehrere Einzelsitzungen mit Jan und eine Sitzung mit den Eltern. Während der ersten gemeinsamen Sitzung war Jan ziemlich still. Überraschenderweise war Jan im Einzelgespräch kommunikativ. Sie war begierig, den Hintergrund und die Bedeutung ihres Verhaltens herauszufinden. Nach ihrem Empfinden war sie auch vor ihrer Auslandsreise nicht in Ordnung gewesen. Relativ glücklich hatte sie sich gefühlt, solange sie »die Dinge nicht in Frage stellte«, ihre Arbeit tat und gute Schulnoten erhielt. Doch nach und nach hatte sich in ihr ein Gefühl der Erfolglosigkeit herausgebildet. Sie entschied sich, erst dann zum College zu gehen, wenn sie sich sicherer fühlte.

Nach außen hin bot ihre Familie das Bild eines gut funktionierenden und sorgenfreien Zuhauses. Die Familie lebte in einer emporstrebenden Stadt im amerikanischen Mittelwesten, wo der Vater im

Finanz- und Kulturleben eine bedeutsame Rolle spielte. Die ältere Schwester war immer »sehr emotional« gewesen und hatte einen großen Teil der mütterlichen Aufmerksamkeit auf sich gezogen. Selbst jetzt, da sie am College war, pflegte sie die Mutter mit wilden Telefonanrufen einzudecken. Jan hatte sich diese ältere Schwester als eine Art Modell erkoren, und sie versuchte in jeder Hinsicht zu sein wie sie. Jan beschrieb ihre Bemühungen, »ein Schatten« der älteren Schwester zu sein, ohne exzessive Forderungen an die Mutter zu richten. Praktisch war alles, was sie tat, eine Imitation der Schwester.

Man hatte Jan immer erklärt, sie sei im Vergleich zu dieser Schwester sehr reif, uneigennützig und unabhängig. Doch sie selbst hatte das Gefühl, daß die Krankheit ein Ausdruck ihrer Unreife sei, daß sie ihr wirkliches Leben versäume und daß sie keine Ziele und Verantwortlichkeiten habe. Sie war vollständig von sich selbst und ihren Problemen beansprucht und fühlte sich sowohl deprimiert wie entmutigt. Nun war sie vollständig unglücklich darüber, daß sie von dem Extrem des Nicht-Essens in das Gefühl geraten war, sie könne das Essen nicht länger kontrollieren. »Wenn ich einmal anfange zu essen, kann ich damit nicht mehr aufhören – ich treibe von einem Extrem zum anderen. Das zeigt, daß ich in allem, was ich tue, zwanghaft bin«, erklärte sie. Sie hatte keine Vorliebe für bestimmte Nahrungsmittel, sondern aß alles, was sie im Kühlschrank an Speisen fand.

In ihren Einzelsitzungen wollte Jan herausfinden, warum sie aufgewachsen war, ohne daß sich bei ihr das Gefühl eingestellt hatte, daß sie dem Leben gewachsen sei und Zufriedenheit erreichen könne. Selbst als kleines Mädchen habe sie niemals Dinge getan, die ihr gefallen hätten. Jan meinte: »Im Grunde tat ich immer, was meine Eltern erwarteten. Mein ganzes Leben hindurch habe ich versucht herauszufinden, was ich sein sollte.« Bei anderer Gelegenheit erklärte sie: »Vielleicht sollten sie (die Eltern) mein wahres Selbst erkennen« – sie äußerte das Verlangen, ein Individuum zu sein, fühle sich jedoch außerstande, herauszufinden, wie sie das werden könnte.

Jan glaubte, ihre Schwester erhalte die ganze mütterliche Aufmerksamkeit, all jene Aufmerksamkeit, die sie für sich selbst ersehnte. Doch sie war überzeugt, »daß ich mein eigenes Selbst nicht entwickeln kann«. Es war ihr klar, daß die Anorexie in Beziehung stand zu ihrer inneren Unsicherheit: »Ich habe niemals das Gefühl persönlicher Aufmerksamkeit und persönlicher Zuwendung gehabt, und all dies hat sich über die Jahre hin angesammelt.« Ich erklärte ihr diesen Aspekt der Krankheit, indem ich sagte, durch Reduzierung ihres Körpers auf kindliche Proportionen erhalte sie die Macht eines kleinen Kindes, dem überbeschützende Aufmerksamkeit zuteil wird: »Doch Ihr wahres Ziel ist das Gegenteil, das heißt, Sie möchten als erwachsenes Individuum und als unabhängige Person, die ihr eigenes Leben führt, anerkannt werden.«

Da in der Konsultation vor allem herausgefunden werden sollte, ob für Jan eine ambulante Behandlung möglich sei oder ob sie eine stationäre Therapie benötigte, stellte ich ihr die Frage, wie ihre Eltern die Entscheidung für eine stationäre Versorgung aufnehmen würden. Nach ihrer Meinung würden sie gegensätzlich reagieren: Der Vater wäre der Auffassung, aufgrund ihrer Krankheit müsse sie fortgeschickt werden, damit sie versorgt werden könne und sich nach der Rückkehr wie ein normales junges Mädchen verhalte, das heißt ausgehe und sich für Männer interessiere. Die Mutter würde in der Entscheidung die Bestätigung ihres eigenen Versagens sehen; die Entscheidung würde publik machen, daß sie ihr Kind nicht richtig erzogen habe. Nach Jans Eindruck war ihre Mutter jener Frauentyp, der entweder Frau oder Mutter ist, aber kein eigenes persönliches Leben führt.

In einer zusammenfassenden Sitzung verschaffte ich mir einen Überblick über Jans zentrale Entwicklungselemente und -symptome. Hinsichtlich der Behandlung boten sich zwei alternative Vorgehensweisen an. Zu einer Behandlung, die stattfände, während Jan zu Hause bliebe, gehörte Familientherapie, die zu entscheidenden Veränderungen in familiären Interaktionen führen müßte. Dieses Vorgehen wäre vermutlich weniger zeitaufwendig und auch weniger kostspielig als ein Aufenthalt in einem Behandlungszentrum.

Die Eltern kehrten nach Haus zurück, und sie beschlossen innerhalb eines Monats, daß für Jan eine stationäre Behandlung notwendig sei, eine Behandlung, in der sie eine verläßliche Vorstellung ihres inneren Selbst entwickeln könne. Eine wichtige Rolle bei dieser Entscheidung spielte die Tatsache, daß in ihrer Heimatstadt kein Psychiater tätig war, mit dem Jan ihrer Meinung nach arbeiten könnte, und auch kein erfahrener Familientherapeut zur Verfügung stand.

Jan und ihre Eltern hielten über mehrere Jahre hin mit mir Kontakt. Jan machte in dem Behandlungszentrum gute Fortschritte; sie wurde weniger rigide und unflexibel und verließ das Zentrum nach drei Jahren. Mehrere Jahre später schrieb ihr Vater mir, um mich wissen zu lassen, wie sich die Dinge gestaltet hatten. Jan hatte sich für die Karriere in einem halbkünstlerischen Bereich entschieden und schien sich gut entwickelt zu haben, mit Ausnahme einer gewissen sozialen Hemmung. Sie agierte und reagierte nicht mehr in »anorektischer« Weise.

Diese Beispiele verdeutlichen die individuellen Merkmale magersüchtiger Patientinnen und die Notwendigkeit einer individuellen Evaluierung. Obgleich diese vier Patientinnen in ihren anorektischen Symptomen wie auch hinsichtlich der familiären und entwicklungsmäßigen Gesichtspunkte ganz ähnlich erschienen, bedurften sie dennoch unterschiedlicher Behandlungsprogramme. Zwei der Patientinnen, Annette und Ida, unterzogen sich bei mir einer intensiven Psychotherapie. Ich möchte den Verlauf ihrer Psychotherapie als den Kerninhalt dieses Buches darstellen und durch kurze Hinweise auf andere Fallgeschichten ergänzen.

3. Kapitel:
Konsultation: Ein neuer Ansatz

Eine Konsultation ist keine neutrale Erfahrung; und zu ihr gehört mehr als nur die Klärung von Problemen, die einer Krankheit zugrunde liegen. Viele Patientinnen weigern sich, in die Konsultation zu kommen; einige erscheinen trotz ihrer Einwände. Ob sie nun freiwillig oder unter Protest kommen, die Tatsache, daß eine Konsultation arrangiert wurde, löst ein deutliches Hoffnungsgefühl aus, ein Gefühl der Hoffnung, daß ein neuer Behandlungsansatz vielleicht doch Erfolg haben könnte.

Die realistische Notwendigkeit, die Gesundheit der magersüchtigen Patientin im Auge zu behalten, kann während der Psychotherapie spezielle Probleme mit sich bringen. Manchmal wird um Konsultation vor der Entwicklung von Therapie- und Organisationsproblemen gebeten, wenngleich die meisten Überweisungen mit der Forderung versehen werden, die Probleme von Patientinnen mit unzureichenden Fortschritten zu evaluieren. Die meisten Bitten um Konsultation erreichen mich von Psychiatern, die in allen Einzelheiten die Schwierigkeiten beschreiben, denen sie bei einer bestimmten Patientin begegnet sind. Solch eine Konsultation erfordert eine Evaluierung der Interaktionsprozesse zwischen Patientin und Therapeut wie auch eine Prüfung der therapeutischen Beziehung im Zusammenhang mit Interaktionen, wie sie mit der Familie der Patientin und mit anderen Verwandten und Bekannten bestehen. Die überweisenden Psychiater sind zur unterschiedlichen Zeit und in unterschiedlichen »Schulen« psychiatrischen und psychoanalytischen Denkens ausgebildet worden, doch die Probleme, mit denen sie konfrontiert werden, lassen deutliche Ähnlichkeiten erkennen. In der Regel konzentrieren sich die Ärzte auf das abnorme Essen und seine symbolische Bedeutung statt auf die der Krankheit zugrunde liegenden Entwicklungsstörungen und falschen Vorstellungen. Ein Ansatz, der die *Anorexia* zu perpetuieren statt zu lösen scheint, ist die zielstrebige Erforschung unbewußter Konflikte, oraler Bedürfnisse nach Abhängigkeit und der Inkorporierung kannibalistischer Phantasien – eine Erforschung mit dem Ziel, Ängste vor oraler Schwangerschaft aufzuspüren.

Eine andere Schwierigkeit, die bei der Behandlung dieser Patientinnen auftreten kann, ist nicht so einfach zu beheben. Diese Schwierigkeit ergibt sich, wenn Therapeuten es zulassen, daß die therapeutische Beziehung durch die Angst und durch die drohende Desintegration der Patientin kontrolliert wird. Wie überängstliche Eltern nehmen diese Therapeuten die Patientin als extrem fragil wahr; indem sie ihr »Stärke« anbieten, entwickelt sich eine symbiotische Beziehung, an die sowohl Arzt wie Patientin sich klammern können. Da die Therapeuten irrtümlich annehmen, eine solche Hilfestellung biete der Patientin die Möglichkeit, in der Beziehung erwachsen zu werden, tragen sie dazu bei, daß die Krankheit aufrechterhalten wird, und dulden zuweilen bizarre Lebensarrangements und absurde Eßrituale. Es kann so weit kommen, daß sich Therapeuten von solchen Patientinnen eingeschüchtert fühlen und befürchten, die weiterhin sichtbaren Zeichen der Krankheit würden sie als unfähig entlarven. Keineswegs ungewöhnlich ist, daß Therapeuten Mißtrauen und zuweilen offene Antipathie gegenüber Patientinnen entwickeln, deren Ziel es zu sein scheint, sie, die Therapeuten, als ineffektiv, ja unnütz erscheinen zu lassen.

Die Schwierigkeit bei der Konsultationsbereitschaft besteht darin, daß Patientinnen, deren Behandlung zum Stillstand gekommen ist, auf die Konsultation positiv reagieren und ihre Probleme klarer und einsichtiger erkennen können. Doch aufgrund der Natur der konsultativen Beziehung wird die Patientin nicht in die Behandlung genommen, und so kann sie die Konsultation verlassen mit einem übertriebenen Bild dessen, »was hätte geschehen können«. Daher muß der Konsultierende während der Gespräche erklären, daß es sich dabei um ein ungewöhnliches Verfahren handelt und daß in seinem Verlauf notwendige Fragen genauer und geballter gestellt oder beantwortet werden können, als es während gewöhnlicher Behandlungssitzungen möglich ist. Es ist auch wichtig, sich, wenn irgend möglich, ausreichend Zeit zu nehmen für eine umfassende Evaluierung, wie sie in der Konsultation angestrebt wird. Es kann durchaus sein, daß eine Patientin (und bisweilen auch der überweisende Arzt) erwartet, die Evaluierung könne innerhalb einer Stunde vonstatten gehen, in einem Zeitraum also, der keineswegs ausreicht, um sich ein klares Bild zu verschaffen. In Vorbereitung einer Konsultation erkläre ich, daß mindestens drei oder vier zeitlich nah beieinander liegende Stunden erforderlich sind. Zuweilen sind fünfzehn oder zwanzig Sitzungen in zwei oder drei Wochen unumgänglich.

Mira: Nahrung war ihre ganze Welt

Mira, eine verheiratete Frau von vierzig Jahren, hatte während ihrer Adoleszenz angefangen, sich mit ihrem Gewicht zu beschäftigen. Bevor sie, zwischen dem 30. und 40. Lebensjahr, die Ehe einging, reduzierte sie die Nahrungsaufnahme und verlor an Gewicht, weil sie »attraktiver sein wollte«. Auch die Regelblutung blieb aus. Ihr Gewicht zeigte auffällige Schwankungen, zwischen 145 Pfund und mehrmals unter 75 Pfund. Zeiten strenger Diät wechselten ab mit ungeheuren Freßanfällen. Sie versuchte sich zu übergeben, doch es gelang ihr nicht, und so mußte sie »die Konsequenzen tragen«, nämlich rapide Gewichtszunahme infolge der Freßanfälle, obwohl sie Abführmittel in großen Mengen zu sich nahm. Während der letzten Hungerperiode (ihr Gewicht war auf 68 Pfund abgesunken) wurde sie ins Krankenhaus eingeliefert und dort mit der Methode der Verhaltensmodifizierung behandelt. Sie lehnte die Methode ab und verließ das Krankenhaus nach drei Wochen aus freien Stücken. Ihr Gewicht blieb über mehrere Monate hin auf niedrigem Niveau und stieg dann etwa zur Zeit der Konsultation auf rund 110 Pfund.

Über den Verlauf ihrer Krankheit und über die damit verbundenen Schwierigkeiten erfuhr ich durch Briefe der Patientin selbst, ihres Mannes und ihres Psychotherapeuten wie auch durch den Krankenhausbericht. Mira selbst beschrieb sich als hilfloses Opfer eines Zwanges; der Ehemann fragte sich besorgt, ob ihre Symptome eine wirkliche Krankheit anzeigten oder Folgen eines vorsätzlichen Verhaltens seien. Der Therapeut, bei dem sie länger als zwei Jahre in Behandlung gewesen war, beschrieb sie als eine redselige Person, die über nichts anderes diskutierte als über ihr Eßverhalten, wenn sie nur Gelegenheit dazu erhielt. Auf seine Versuche, sie zu veranlassen, sich psychologischen Fragen zu stellen, habe sie mit Depression und Wut reagiert. Die Frage war, ob sie dazu gebracht werden könnte, sich mit ihren Persönlichkeitsproblemen zu beschäftigen, statt ständig nur ihr Eßverhalten wiederzukäuen. Während eines Aufenthalts von zehn Tagen sah ich sie achtmal; ihr Ehemann nahm an zwei Sitzungen teil.

Während der ersten Sitzungen verhielt sich Mira fast genauso, wie ihr Therapeut es beschrieben hatte, das heißt, sie machte das übermäßige Essen und die Art und Weise, wie sie es tat, zum Hauptgegenstand des Gesprächs; ich akzeptierte dieses Verhalten als ihre Möglichkeit, sich darzustellen. Sie gab auch detaillierte Beschreibungen verschiedener endokriner Untersuchungen und fügte hinzu, sie habe sich damit abgefunden, daß sie keine Kinder bekommen könne. Sie war als einziges Kind in einer wohlhabenden Familie aufgewachsen, umgeben nur von Erwachsenen, die ihr auf jedem Gebiet nur die besten Möglichkeiten geboten hatten. Sie war in einem Internat im Osten Amerikas erzogen worden, hatte dann ein Diplom in Betriebswirtschaft erhalten und in der Folgezeit verschiedene lukrative Posten innegehabt.

Als Kind hatte sie einige sorgsam ausgesuchte Freunde gehabt, und die Eltern hatten wachsam darauf geachtet, mit wem sie sich traf, denn sie sorgten sich, es könne nicht der »richtige Typ« Mensch sein. Sie erinnerte sich, daß sie ein schrecklich gutes Kind gewesen sei, dem es nicht gestattet war, ihrer Mutter »Widerworte« zu geben. Nach ihrem Empfinden gab es nur einen Weg, sich selbst zu bestätigen, nämlich durch »Nicht-Essen«. Ihre Mutter hatte ihren ganzen Stolz darein gesetzt, sie gut zu kleiden. Die Mutter selbst war schlank und wohlgekleidet – und immer noch auf dem laufenden.

Mira begegnete ihrem späteren Ehemann als graduierte Studentin und schob die Eheschließung über mehrere Jahre hinaus. Sie unterbrach ihre Karriere und reiste mit ihrem Mann, der als Berater für mehrere internationale Firmen tätig war. Während dieser Reisen zog sie sich eine Darminfektion zu, und von diesem Zeitpunkt an pflegte sie zu erklären, der Grund für ihre häufigen Durchfälle sei »Dysenterie«, während in Wirklichkeit ihr exzessiver Gebrauch von Abführmitteln dafür verantwortlich war.

Mira brachte ihre zunehmende Beschäftigung mit Ernährungs- und Diätfragen in Verbindung mit einer gewissen Enttäuschung über die Ehe: »Als ich Kind war, hat meine Mutter alle Dinge immer als etwas Besonderes hingestellt, als aufregend, wunderbar, bezaubernd – Geburtstagsfeiern, Reisen. Ich glaube, von der Beziehung zu meinem Mann habe ich viele Höhepunkte erwartet, doch ich konnte sie nicht finden. Kein Feuerwerk, keine Regenbögen, nur ganz gewöhnliches Leben. Ich wollte Höhepunkte, Erregung. Und ich fand sie nicht, weder im Sex noch im Leben noch sonstwo – ausgenommen in der Nahrung. Nahrung macht mich high, verzaubert und erregt mich, all das, was ich wünschte, jedenfalls dachte ich das. Wenn ich esse, denke ich nicht daran, daß ich dick werde. Dann gehe ich völlig auf in dem Zauber und in der Erregung des Essens. Ich esse nur in Restaurants, die sehr schön, schick oder sehr fremdländisch sind. Es muß etwas Exotisches haben oder etwas Feinschmeckerisches, das Beste, das Allerbeste dieser besonderen Art von Speisen.« Mira war erfreut darüber, daß sie in einer Stadt mit vielen ausländischen und Feinschmecker-Restaurants lebte. Während eines Eßanfalls konnte sie nacheinander in verschiedene Restaurants gehen. »Ich muß in jedes Restaurant gehen und jede Art von Speisen kosten. Ich muß nicht alles essen – ich muß es nur kosten. Ich gehe hin und bestelle etwas, koste davon und sage, ich mag es nicht, und lasse es zurückgehen und bestelle mir etwas anderes.« Selbst wenn sie zu Hause aß, nahm sie nur Feinschmeckerspeisen aus Spezialitätenläden zu sich.

Während der ersten Sitzung war Mira von ihren Nahrungs-Geschichten derart in Anspruch genommen, daß es schwierig war, sich auf andere Aspekte ihres Lebens zu konzentrieren. Anfangs beschrieb sie ihre Ehe als »ausgezeichnet«, doch dann räumte sie Schwierigkeiten ein. »Vermutlich habe ich erwartet, daß die Beziehung so sein würde, wie die, die ich zu meiner Mutter hatte. Unsere Ehe kreiste um mein Essen. Wenn ich esse und fett werde, isoliere ich mich vollständig. Dann halte ich Diät, bis ich dünn bin, und dann kann ich wieder etwas tun. Ich kann mich mit Leuten treffen, kehre wieder richtig ins Leben zurück.«

Miras Ehemann begegnete den Problemen mit Nichtbeachtung und unverändertem Festhalten an seiner Arbeit. Viele Jahre lang glaubte er, Miras Diarrhöe sei auf die Dysenterie zurückzuführen, und er wirkte erstaunlich ungerührt, als er erfuhr, daß sie gewohnheitsmäßig Abführmittel nahm. Nach seiner Meinung waren sie trotz einiger ehelicher Schwierigkeiten durch Zuneigung und gemeinsame Interessen verbunden. Er äußerte sich kritisch über die große Spanne von Meinungen, die verschiedene Ärzte zum Ausdruck gebracht hatten. Während er seine Hoffnung in den jüngsten Krankenhausaufenthalt und die dort praktizierte Verhaltensmodifizierung gesetzt hatte, empfand Mira einen Widerwillen gegen die Methode. Sie erklärte: »Ich rebellierte, weil ich das für eine Verletzung meiner Rechte als Person ansah.« Als ich fragte: »Ist etwas erreicht worden?«, antwortete ihr Mann mit einer gewissen Genugtuung: »Ja, sie hat zehn Pfund zugenommen und schwebte nicht länger in Lebensgefahr.« Darauf entgegnete Mira mit einem Anflug von Triumph: »Das habt ihr alle gedacht – doch ich habe niemals zehn Pfund zugenommen. Ich habe geschwindelt, und sie waren zu blöde, um es herauszufinden.«

Nach ungefähr vier Sitzungen hatte es den Anschein, als hätten wir ein zutreffendes Bild von ihrem Eßverhalten erarbeitet, und das Ziel der Konsultation bestand fortan darin, herauszufinden, ob Mira von einer Änderung des psychotherapeutischen Ansatzes profitieren könne. Ich eröffnete die nächste Sitzung mit einer Erklärung der Art, daß die fortgesetzte Beschäftigung mit ihrem Eßverhalten nichts Neues zu Tage fördern werde, und wenn sie tatsächlich, wie sie behauptet habe, seit zehn Tagen nichts mehr gegessen habe, dann würde allein dies bedeuten, daß die Konsultation sinnlos sei. Damit ich mir ein zutreffendes Bild machen könne, sei es wichtig, daß sie regelmäßig esse. Sie antwortete: »Oh, ich wollte mit etwas anderem beginnen. Ich bin heute so ängstlich und nervös, und ich weiß, das hat schlicht mit der Tatsache zu tun, daß ich gestern zu essen angefangen habe. Ich hatte beschlossen, nichts zu essen, solange ich hier wäre, doch dann hat mein Mann mich mit in ein gutes Restaurant genommen, und ganz plötzlich wurde die Nahrung wieder ganz wichtig. Ich hatte mir mehr Salatdressing aufgetan, als ich hätte tun sollen, und ich habe Butter zu mir genommen. Und nun bin ich darüber so schrecklich ängstlich und aufgeregt.«

Ich antwortete sachlich und nüchtern: »Doch das ist genau der Grund dafür, daß Sie krank bleiben, daß Sie nämlich so völlig triviale, unerhebliche Dinge zum Brennpunkt ihrer Beschäftigung machen und auf diese Weise den Grundproblemen ihres Lebens aus dem Wege gehen. Ob Sie drei oder vier Eßlöffel voll Salatsoße nehmen, ist völlig unwichtig.« Sie stimmte zu, fügte jedoch hinzu: »Wissen Sie, jetzt ist es für mich die ganze Welt.« Ich erwiderte: »Jetzt ist es vielmehr die Frage: Können Sie irgend etwas wie ein normales Leben führen, solange Sie sich ausschließlich mit Nahrung als Ihrer ganzen Welt beschäftigen?« Eifrig fragte sie: »Wie kann ich damit aufhören? Ich weiß nicht wie.«

Ich erinnerte Mira daran, daß sie auf die Erklärung ihres Mannes, sie habe zehn Pfund zugenommen, mit Schadenfreude reagiert und geprahlt habe, daß sie sich ihre schwersten Kleidungsstücke angezogen, sich Münzen in die Taschen gesteckt und keine Toilette aufgesucht habe. »Doch Sie waren viel lebendiger und natürlicher und eilfertiger, als Sie beschrieben, wie Sie die anderen getäuscht haben. Das würde ich als wichtiges Thema ansehen. Ich vermag nicht zu erkennen, wie eine Therapie überhaupt erfolgreich sein kann, wenn ›Täuschung‹ wichtiger ist als Tatsachenfeststellung. Nach meiner Meinung ist die Frage von Ehrlichkeit und Unehrlichkeit ein sehr wichtiges Thema, ein fundamentales. Unsere Aufgabe hier besteht darin, herauszufinden, ob Sie ganz einfach ehrlich und offen sein können. Das ist wichtiger als das, was Sie sich zu essen gestatten. Unsere Aufgabe hier ist, herauszufinden, ob Sie fähig und willens sind, eine solche Untersuchung auf sich zu nehmen. Sind Sie sich eigentlich bewußt, mit welchem Stolz Sie erklärt haben, die anderen seien so blöde gewesen, daß sie nicht bemerkt hätten, wie Sie sie hinters Licht führten?«

Mira räumte ein: »Seit meiner Kindheit habe ich immer gelogen.« Ich bohrte weiter: »Die ganze Nahrungssache ist nichts als Selbsttäuschung. Ihr Organismus ist völlig in Ordnung, so daß Sie durchaus essen könnten. Das heißt, die ganze Sache ist eine einzige Lüge. Lassen Sie uns darüber sprechen, über Ihr Vertrauen in das Lügen.« Sie erklärte:»Nun, der Grund, warum ich gelogen habe, war immer der, daß ich keine Mißbilligung wollte. Ich lüge, um Mißbilligung zu vermeiden. Das Schlimme ist, daß ich dabei nie erwischt worden bin. Man hat es nie herausgefunden, und so bin ich für das Lügen nie bestraft worden.«

Ich griff die Implikationen ihrer Bemerkungen auf. »Dies ist eine andere Möglichkeit, Themen aus dem Wege zu gehen, indem man nämlich anderen die Schuld gibt. Sie meiden die Beschäftigung mit ihrer eigenen Rolle und ihrer Verantwortung. Ein weiteres Problem ist Ihre Neigung zu oberflächlichen Verallgemeinerungen. Dieses ›Oh, ich tat dies, um Mißbilligung zu vermeiden‹ ist wiederum ein Vermeiden des wirklichen Themas. Wir sind hier zusammen, um zu überprüfen, ob sie aus einer Psychotherapie Nutzen ziehen können, und zu diesem Zweck muß sich Ihre Art und Weise der Teilnahme ändern.«

Zu diesem Zeitpunkt war sie ziemlich nachdenklich geworden und sprach viel langsamer. »Ich möchte diese Art Leben gar nicht. Es macht mich sehr unglücklich. Ich habe ein sehr von Schuldgefühlen geplagtes Leben geführt. Ständig befürchte ich, man könne herausfinden, wie ich bin, doch vielleicht bin ich im Grunde auch unmoralisch.« Ich erwiderte: »Ich bezweifle, daß Sie im Grunde unmoralisch sind, doch eine Voraussetzung für Psychotherapie ist das ehrliche Bemühen, herauszufinden, was Sie wirklich tun. Die Frage ist, was sind Sie bereit als Beitrag zu leisten, um sich selbst besser zu verstehen?«

Dies mag wie eine gestrenge Ausforschung klingen, und in gewisser Weise ist es das auch. Doch ich habe keine andere Möglichkeit entdeckt, um das jahraus, jahrein angestellte zwanghafte Grübeln über Aufregung und Nervositäten in Bezug auf Nahrung und Gewicht zu unterbrechen und an die ihm zugrunde liegenden persönlichen Probleme heranzukommen, an das Gefühl der inneren Leere, Unsicherheit und Hilflosigkeit und an den Mangel an Selbstvertrauen und an Selbstbewußtsein. Mira reagierte darauf positiv und sprach fortan mit einer ganz anderen Stimmlage. Sie sprach über ihre inneren Ängste und Unsicherheiten: »Ich verhalte mich, als wenn ich nichts wert wäre. Und doch bin ich nicht stark genug, um – sagen wir mal – mir das Leben zu nehmen. Aber wenn dies ein anderer für mich täte, wäre das für mich völlig in Ordnung. Vielleicht klingt das zu dramatisch, denn ich möchte nicht wirklich sterben, doch es ist so, daß ich mit mir sehr sorglos umgehe.« Sie beschrieb dann die langen Spaziergänge, die sie ganz allein spät am Abend oder in der Nacht durch die verlassenen Straßen der Stadt unternähme.

Mira fuhr fort: »Ich bestrafe mich auch zu sehr, zwinge mich dazu, Dinge zu tun, die mir Schmerzen bereiten, aber es scheint so, als wenn ich keine Alternative hätte. Vielleicht kommt es auch daher, daß mich nie jemand bestraft hat, und also muß ich mich selbst bestrafen, denn ich bin der einzige, der weiß, wie schlecht ich gewesen bin, und der mich bestrafen wird.« Ich antwortete: »Lassen Sie uns herausfinden und genauer betrachten, was Sie mit der schlechten Person meinen.« Sie definierte dies im Sinne ihrer Mutter: »Meine Mutter hat mir häufig gesagt, sie glaube nicht, daß ich irgend jemandem irgend etwas zu geben vermöge.« Dies griff ich auf: »Lassen Sie uns über die inneren Zweifel sprechen und über das Nichtwissen. Ich denke, daß die Krankheit damit beginnt, nämlich mit der geringen Selbsteinschätzung, mit der Selbstverurteilung und den Selbstzweifeln.«

Miras frühere Lebenserfahrungen hatten in ihr die Überzeugung hinterlassen, schlecht zu sein – »nicht perfekt«. Sie verband dies mit der früheren Beziehung zu ihrer Mutter, damit, daß sie immer das Gefühl gehabt habe, sie sei nicht so gut wie ihre Mutter. Sie hatte überdies gedacht, genauso solle es sein. »Ich konnte nicht so sein, wie sie war. Nun, es kann sein, daß ich nur einfach keinerlei Gefühl von mir hatte.« Als ich ihr versicherte, dies sei genau das, über was wir reden müßten, meinte sie: »Ich habe nie gewußt, daß von mir erwartet würde, ich zu sein. Ich wußte nicht, wie ich sein sollte.« Sie hatte nur durch ihre Mutter Gefühle erlebt: »Durch sie erlebte ich Glück, Erregung, Traurigkeit – ich hatte nie ein von ihr unabhängiges Gefühl. Ich habe versucht, meinen Mann an die Stelle meiner

Mutter zu setzen, als eine Person, mit der ich die gleichen Gefühle teilen und empfinden könnte. Ich erwartete von ihm, daß er alles genauso empfand wie ich, und als er das nicht tat, war ich sehr enttäuscht. Meine Gefühle müssen beglaubigt werden, damit ich weiß, daß ich sie habe. Ich glaube, ich verhalte mich wie ein Spiegel, der unter gegebenen Umständen das widerspiegelt, was von mir erwartet wird. Wenn man von mir erwartet, daß ich weinen soll, dann weine ich.«

Von all diesen Äußerungen war in den früheren Behandlungen nicht gesprochen worden; sie hatte niemals in dieser Weise über sich geredet. Sie fügte hinzu: »Ich glaube, ich habe meinem Mann gegenüber nie den Gedanken gehabt: ›Ich möchte wissen, wer du bist, und ich werde respektieren, wer du bist.‹ Von ihm habe ich immer nur angenommen, er sei mein alter ego, meine Stütze, eine Ausdehnung von mir, und nicht ein Mensch mit eigenen Rechten.« Im Verlauf der Erörterung wurde offenkundig, daß sie ihren Therapeuten in der gleichen Weise behandelt hatte, als eine Ausdehnung ihrer selbst, als eine Person, die da war, um dem zu lauschen, was sie von sich gab, die selbst aber nicht das Recht hatte, eigene Nachforschungen anzustellen.

Ich faßte meine Beobachtungen zusammen: »Was mich stört, ist, daß Ihnen all dies so klar ist und Sie dennoch weitermachen. Bis jetzt habe ich jede Äußerung vermißt, die erkennen läßt, daß Sie dies ändern wollen. Ich meine nicht die Eßgewohnheit; ich meine eine Änderung mit dem Ziel, Ihre eigene Persönlichkeit zu entfalten.«

Während der nächsten Sitzungen griff Mira verschiedene neue Themen auf und »gestand«, daß sie Angst vor dem Alleinsein habe. Sie setzte diese Angst in Beziehung zu ihrer Vorstellung von Zeit, die sie für etwas hielt, das man hinter sich bringen müsse: »Sie ist wie ein dichter Wald, und wenn ich vor solchen Flächen stehe, weiß ich nicht, wie ich da durchkommen soll, und dann gerate ich in Angst. Ich lebe mein Leben so, daß ich mit solchen leeren Flächen möglichst nichts zu tun habe.« Sie erkannte, daß diese Angst vor leerer Zeit in Beziehung stand zu ihrer Unrast, »meiner Unfähigkeit, mit mir selbst in Frieden zu leben, mit meinem gegenwärtigen Zustand glücklich oder zufrieden zu sein. Ich bin sehr in Angst vor diesen leeren Räumen, und es scheint, ich kann sie nicht länger ertragen. Ich muß lernen, die Zeit anzufüllen, damit ich ihre Leere nicht länger fühlen kann.«

Ihre Beschreibung der Angst vor dem Alleinsein und der damit verbundenen Reaktionen war so lebhaft, daß ich zu ergründen versuchte, wie es ihr gelungen war, diese Probleme in ihrer früheren Therapie zu vermeiden. Sie behauptete, ihr Therapeut habe sie während der Stunden über Nahrung reden lassen, habe ihr aber nicht dabei geholfen, irgendwelche neue Probleme zur Diskussion zu stellen. Zuweilen habe er sie mit ihren feindseligen Gefühlen gegenüber ihren Eltern konfrontiert, doch dies habe sie nur wütend und deprimiert gemacht. Wir faßten zusammen, was wir während der Konsultation erfahren hatten: daß Nahrung nicht Miras Hauptproblem war, sondern vielmehr ihr mißlungener Versuch, ein unabhängiger Mensch zu sein, der sich selbst achten und mit sich »in guter Gesellschaft« sein konnte. Das schien mit ihren Schwierigkeiten zusammenzuhängen, sich von ihrer Mutter zu distanzieren, und mit ihrer Unfähigkeit, die Realität anderer Personen, einschließlich ihres Therapeuten, als getrennt von sich zu erfahren.

Die Frage war, warum konnte die Frau in solch einer kurzen Zeit ihre Probleme auf neue Art und Weise äußern? Natürlich spielten die Ereignisse, die ihrem Entschluß, zur Konsultation zu kommen, vorausgingen, eine Rolle, desgleichen die Erwartung, daß die Expertin ihr sagen würde, worin ihr Problem bestehe. Das beeinflußt zu einem gewissen Maße das, was eine Patientin während der Konsultation zu offenbaren gedenkt. Ich konnte Mira mit dem Gewicht meiner Autorität erklären, daß Reden über Nahrung und das damit verbundene Verhalten ihre Probleme nicht lösen würde. Niemand hatte geklärt, daß die Entwicklung ihres Selbst und ihre Einstellung zu sich selbst und ihre Abhängigkeit von anderen Menschen ihre eigentlichen Probleme waren und nicht das, was sie an Essen zu sich nahm. Während der Konsultation ist es jedoch wichtig, neue Formulierungen nicht als Einsichten des Konsultanten herauszustreichen, sondern die Patientin sollte vielmehr darin unterstützt werden, sich selbst zu äußern, und ihre Beobachtungen sollten bekräftigt oder auf irrige Schlußfolgerungen hin überprüft werden. Besonders wichtig ist, daß die Patientin die Arbeit leistet und daß sie in ihrer ehrlichen Selbsterforschung bestärkt wird.

Es hatte den Anschein, daß während der Konsultation viel erreicht worden war. Statt zwanghaft über ihr Eßverhalten und ihre Aufregungen zu sprechen, ließ Mira eine gute Fähigkeit erkennen, in Begriffen persönlicher Beziehungen zu denken. Der Wert jeder Konsultation hängt davon ab, wie die Dinge abgeschlossen werden. Für mich ist es das befriedigendste Ergebnis, wenn die während der

Konsultation abgeklärten Fragen den neuen Rahmen bilden, in dem die Arbeit fortgesetzt werden kann. Zum Glück ist dies in vielen Fällen möglich. Eine ziemlich große Anzahl von Patientinnen nimmt das, was sich während der Konsultationssitzungen ergeben hat, mit zurück zu ihren Therapeuten oder die Therapeuten fordern solche Informationen schriftlich an und können dann mit ihrer Arbeit in konstruktiver Weise fortfahren. In anderen Fällen jedoch ist der Wert einer Konsultation zweifelhaft. Patientinnen können bei der intensiven Arbeit der Konsultation einen starken Anreiz empfinden, doch dann keinen Therapeuten finden, bei dem sie sich wohlfühlen. Mira fühlte sich durch die »Entdeckungen«, die in der Konsultation gemacht worden waren, positiv angeregt. Gleichzeitig jedoch weckte die Konsultation ihre Wut und Enttäuschung über die Arbeit mit ihren früheren Therapeuten. Nach ihrem Empfinden ließ die Tatsache, daß wir »etwas Neues« entdeckt hatten, die Kompetenz ihrer früheren Therapeuten in einem ungünstigen Licht erscheinen, und sie folgerte daraus, daß eine Therapie, die sich nicht auf ihre besonderen Probleme konzentrierte, für sie nutzlos war. Daher beschloß sie, es für eine Weile selbst zu versuchen.

Paula: Perfekte Kontrolle

Überweisungen zur Konsultation betreffen gewöhnlich Patientinnen, die seit längerer Zeit in Behandlung gewesen sind und keine angemessenen Fortschritte gemacht haben. Nur selten wird Konsultation für Magersüchtige erbeten, die noch jung sind oder erst am Beginn ihrer Krankheit stehen. Solche Überweisungen deuten in der Regel auf begrenzte lokale Behandlungsmöglichkeiten hin.

Paula war fast fünfzehneinhalb Jahre alt, als ihr Arzt sie überwies. Sie stammte aus einer mittelgroßen Stadt in einer der nordwestlichen Bundesstaaten Amerikas. Ihr Vater und sein Bruder betrieben dort eine erfolgreiche Baufirma. Der Arzt sah keine Möglichkeit, den fortschreitenden Gewichtsverlust aufzuhalten. Die Krankheit hatte anderthalb Jahre zuvor eingesetzt, mit einem Verhalten, das wie eine bewußte Diät ausschaute; ihr Gewicht fiel von 97 auf unter 65 Pfund innerhalb der genannten Zeit. Paula erwähnte voll Stolz, sie habe über 30 Pfund verloren, habe aufgehört zu menstruieren und ein rigides, anstrengendes Übungsprogramm zusammengestellt. Sie war an einen Psychologen überwiesen worden, zu dem sie aber keine sinnvolle Beziehung herstellen konnte; und sie hatte sich geweigert, ihn weiter aufzusuchen.

Während der ersten zwei Sitzungen, zu denen Paula zusammen mit ihren Eltern erschien, erhielt ich detaillierte Informationen. Sie war die zweitgeborene Tochter; ihre ältere Schwester hinkte aufgrund einer angeborenen Fehlbildung, sie war verschlossen und in Gesellschaft ziemlich scheu. Paula wurde als herausragendes Kind beschrieben, das in allem, was sie unternahm, Erfolg hatte. Sie half zu Hause aus und verhielt sich wie eine kleine Mutter gegenüber einem jüngeren Bruder, für den sie das Frühstück zubereitete und den sie zur Schule begleitete. Bis sie magersüchtig wurde, galt Paula als ausgezeichnete Arbeiterin, als künstlerisch begabt, hilfreich, nett und wohlgekleidet. Sie begann mit der Diät, als sie das Gefühl verspürte, sie müsse »noch perfekter« werden. Sie hatte eine schmerzliche Enttäuschung erlitten, als kein Junge sie eingeladen hatte, mit ihm zu einem Schulball zu gehen. Für sie war dies eine öffentliche Erniedrigung, die sie in ihrem Gefühl bestärkte, häßlich und unattraktiv zu sein.

In ihrem Einführungsbrief schrieb sie: »Ich hatte niemanden, den ich fragen konnte. Das hat mich ganz schrecklich bedrückt – und ich zerbrach mir den Kopf und weinte ständig, bis ich schließlich diesen Freund fragte, den ich von der Kirche her kannte, doch er erklärte mir, er habe an diesem Wochenende ein Turnier außerhalb der Stadt. So ging ich nicht hin, und das hat mich wirklich aufgeregt, weil ich immer daran denken mußte, was die anderen wohl von mir halten mochten. Da beschloß ich, ein wenig Gewicht zu verlieren. Ich wollte die Figur eines perfekten, schlanken Models haben. So habe ich einfach das Essen eingeschränkt. Etwa in der Mitte des Monats hatte ich meine letzte richtige Periode. Nachdem ich ungefähr vier Pfund abgenommen hatte, entschloß ich mich, das Fasten beizubehalten – und es war gar nicht schwierig, Gewicht zu verlieren –, und nebenbei, wenn mein Gewicht unter ›perfekt‹ liegen würde, könnte ich alles essen.« Sie meinte, sie könne während einer Urlaubsreise der ganzen Familie wieder einige Pfunde zulegen. Doch statt dessen: »Ich wollte oder konnte mich nicht dazu bringen, etwas mehr zu essen – und so verlor ich weiter an Gewicht.«

Im nächsten Frühjahr erlebte sie die gleiche Enttäuschung. »In der Schule war ich wirklich fleißig, und ehe ich mich versah, war es Mai. Nun war es an der Zeit, jemanden zu finden, der mit mir zum Schulball ging. Ich hatte das Gefühl, irgend jemand würde mich ganz sicher fragen. Tatsächlich fragte mich niemand. Wie ich befürchtet hatte, konnte ich nicht zum Ball gehen. Diesmal hat es mir nicht soviel ausgemacht, doch einmal in der Woche hatte ich nachts einen Eßanfall und verschlang drei Pfund Eis und fastete den nächsten Tag.«

Zu jener Zeit verschrieb ihr Arzt ihr eine Diät. »Er und ich, wir wollten mich auf das richtige Gewicht bringen und mich dort halten. ›Perfekte Kontrolle!‹ Ich versuche zu erreichen, daß es mir gut geht, doch ich bin einfach nur entsetzt und glaube, daß ich es nie schaffen werde. Ich hasse mich geradezu wegen all dieser Dinge – schauen Sie nur, was ich mir angetan habe. Ich wünschte, ich könnte sterben und in den Himmel gelangen und für immer Eis essen.«

Während der gemeinsamen Sitzung war Paula schweigsam, doch als sie allein bei mir war, sprach sie offen. »Ich habe schreckliche Angst davor, daß ich nicht respektiert werde, wenn ich kein großes Tier bin.« Ich ermunterte sie, weiter über ihre Gefühle zu sprechen: »Sie haben Angst davor, Ihre Eltern könnten Ihnen nicht genug helfen. Schauen Sie, dies ist eine seltsame Krankheit. Es sieht so aus, als wenn die Krankheit mit Appetit und Essen und Gewicht zu tun hätte, doch das ist keineswegs so. Es ist eine Krankheit der Selbstachtung, und dabei geht es um die Frage, wie man sich selbst in Beziehung zu anderen einordnet. Sie haben gesagt, daß Leute, die nicht zum Schulball gehen, nicht respektiert werden. Erzählen Sie mehr darüber, was dies für Sie wirklich bedeutet.« Mit starkem Widerstreben und sichtlich unter dem Eindruck eines Loyalitätskonflikts sprach Paula über ihre Unzufriedenheit mit der gesellschaftlichen Situation ihrer Familie.

Paulas Eltern waren verzweifelt darüber, daß die Krankheit die ganze Atmosphäre daheim verändert hatte, doch sie sprachen über einige Familienprobleme nur mit einer gewissen Gleichgültigkeit. Der Vater und sein Bruder hatten in ihrem Geschäft eine gute Arbeitsbeziehung, doch privat pflegten sie kaum Kontakt. Paulas Vater hatte ihre Mutter während seiner Ausbildung an der Westküste kennengelernt, und es hatte ihr widerstrebt, in die kleinere Stadt umzuziehen, wo das Familiengeschäft seinen Sitz hatte. Sein Bruder hatte ein Mädchen aus der Stadt geheiratet, die Tochter einer der führenden Familien, die nun selbst im Gesellschaftsleben der Stadt eine wichtige Rolle spielte. Paulas Mutter wurde wie eine Außenseiterin behandelt; sie wurde von ihren Schwagern, vor allem von der erfolgreichen Schwägerin, nicht wirklich akzeptiert. Paulas Eltern wiederum hielten die andere Familie für arrogant, für eine Familie, die nur um Äußerlichkeiten besorgt sei. Mit viel Gefühl fragte Paula:

»Glauben Sie, es sollte so sein, wie es ist, oder sollte es so sein, wie meine Tante es will? Nun, ich glaube, es sollte nicht so sein. Andererseits glaube ich auch nicht, daß unsere Art die richtige ist. Alle meine Freunde und all die anderen Frauen machen sich davon. Doch ich möchte einfach nur respektiert werden. Ich will nicht, daß man mich für einen niemand hält.«

Ich ermunterte sie weiter, sich frei zu äußern, und erklärte ihr, dies sei für sie eine wichtige Frage, auch wenn ihre Eltern sie auf die leichte Schulter nähmen. »Genau aus diesem Grunde wollte ich mit Ihnen allein sprechen. Ich habe bemerkt, daß Sie in Anwesenheit ihrer Eltern nicht sprechen würden.« Sie äußerte sich unverblümter und schaute wütend drein. »Ich weiß nicht, ob Sie es respektieren oder nicht, doch ich wünschte, es gäbe eine Möglichkeit, daß ich ganz einfach ich selbst sein kann und beachtet werde. Ich kann nicht erklären, warum ich mich an diese Diät halte. Ich dachte ernsthaft, ich wäre zu mollig, ehe ich anfing zu fasten. Doch nachdem ich abnahm und jetzt genau das richtige Gewicht erreicht habe, weiß ich überhaupt nicht mehr, warum ich mit dieser Diät weitermache.«

Als Paula in die Mittelschule eintrat, hatte sie das Gefühl, sie werde verächtlich behandelt und nicht beachtet, und sie hatte den Eindruck, als gehöre sie nicht dazu. Eine ihrer Sorgen war, sie könnte niemanden haben, mit dem sie über ihre Kümmernisse sprechen könnte. Ihre Eltern verstünden ihr Problem nicht, glaubte Paula, weil sie sich um ihre soziale Stellung nicht kümmerten. Die Mutter wäre eigentlich der Mensch, an den sie sich wenden könnte, doch Paula hatte den Eindruck, daß ihre Mutter sie nicht verstünde. »Mag sein, daß sie diejenige ist, die abseits steht. Statt zu sagen, daß meine Tante Unrecht hat, so arrogant zu sein, sollte man vielleicht besser sagen, daß wir auf dem Holzweg sind.« Dies war die erste offene Kritik an der Einstellung ihrer Eltern.

Ich wiederholte, was sie erklärt hatte, nämlich, daß es den Anschein habe, als wenn die Familie ihres Vaters die Mutter verächtlich behandelte, und daß die Mutter darauf mit »Das kümmert mich nicht« reagiert hätte, statt sich zu behaupten: »Ich habe das Gefühl, daß Sie versucht haben, dies zu korrigieren, aber nicht gewußt haben, wie Sie es anstellen sollen. Ich glaube aber, daß es für ein kleines Mädchen eine zu große Aufgabe darstellt, das gesellschaftliche Leben ihrer ganzen Familie in Ordnung zu bringen.« Paula schilderte dann in vielen Einzelheiten die schmerzlichen Erfahrungen, die mit dem Aufwachsen in einer Kleinstadt verbunden sind, wo sie nach ihrem Gefühl nicht so anerkannt wurde wie die Angehörige einer führenden Familie.

Ich verdeutlichte ihr die Schwierigkeiten, mit denen andere magersüchtige Mädchen zu kämpfen haben. »Mädchen, die wie Sie sehr, sehr gut waren – sie waren die Hübsche, sie waren die Gescheite, sie waren die Gewissenhafte, sie waren die Hilfreiche, sie waren zu Hause wirklich das Supermädchen –, und dann fühlten sie sich plötzlich nicht wirklich anerkannt. Dann fingen sie mit diesem Diät-Zirkus an, verloren an Gewicht, und plötzlich wurden die Eltern und jedermann sonst auf sie aufmerksam. Einige mochten die Aufmerksamkeit, die sie auf diese Weise erlangten – andere nicht.«

Paula mochte diese Aufmerksamkeit nicht. »Das macht mich verrückt. Es machte mich verrückt, daß ich hierher kommen sollte, doch nun bin ich froh, daß ich hier bin.« Ich fügte hinzu: »Weil wir uns die Dinge gemeinsam angeschaut haben. Manchmal möchten Mädchen nicht auf die Macht verzichten, die sie durch ihr Dünnsein haben.« Sie verneinte dies. »Ich besitze keine wirkliche Macht, weil ich nicht das echte Gefühl habe, irgend etwas zu tun.« Dazu meinte ich: »Sie haben eine Menge Macht.« Sie widersprach: »Nicht wirklich.« Ich setzte ihr das näher auseinander: »Genau. Es ist keine wirkliche Macht, doch es sieht so aus. Sie machen sich Sorgen, doch sie können Ihnen nicht sagen: ›Iß, iß!‹, weil Sie dann eine Szene aufführen oder einen Wutanfall bekommen, und das ist Macht. Sie bringen sie zum Schweigen. Sie möchten in die Ferien gehen, und Sie sagen: ›Aber ich möchte nicht‹, und so bleiben alle daheim. Das ist Macht. Doch es ist keine hilfreiche Macht. Was Sie brauchen, ist Hilfe, um einen Platz zu finden, wohin Sie gehören, so daß Sie Freunde finden und ein Mädchen sein können, das das Leben genießt, ein Mädchen, das Freude an sich selbst hat – das ist die Hilfe, die Sie brauchen. Und Ihr Magersein stört nur.«

Paula erwiderte ziemlich verzweifelt: »Warum fühle ich mich denn nur so fett?« (Ihr Gewicht lag zu jener Zeit unter 65 Pfund.) Ich erklärte: »Sie glauben, ›fett‹ sein bedeute das gleiche wie ›nicht gut genug sein‹. Und genau das ist, was Sie befürchten, nämlich, daß Sie nicht so gut sind, wie Sie glauben, sein zu sollen. Ihre große Angst ist, daß die ›richtigen‹ Leute Sie nicht mögen, daß sie Sie nicht respektieren, daß Sie keinen Platz in der Gesellschaft haben. Vielleicht haben Sie sich zu sehr angestrengt, um die Dinge zu korrigieren. Sie nennen alles ›fett‹, mit dem Sie unzufrieden sind.« Sie reagierte mit einer gewissen Erleichterung und meinte spontan: »Ich möchte eigentlich alles essen und anfangen, wieder normal zu essen.« Ich ermunterte sie und wiederholte: »Die Probleme, zu deren Lösung Sie Hilfe benötigen, haben nichts mit Nahrung und Diät zu tun oder mit Fettsein und Gewicht. Sie sind in Ihrer Familie das besondere Mädchen gewesen, und Sie fühlen sich für Ihre Familie verantwortlich. Sie möchten Vater und Mutter wirklich glücklicher machen, doch Sie haben schreckliche Angst davor, daß diese Aufgabe für Sie zu gewaltig ist.«

Die große Neuigkeit am nächsten Tag war, daß Paula mit Genuß zu Abend gespeist und auch zum Frühstück gegessen hatte, was sie lange Zeit nicht getan hatte. Die entscheidenden Punkte in der Sitzung zuvor wurden in einer gemeinsamen Sitzung mit den Eltern offen erörtert. Paulas Art der Beteiligung schien sich gewandelt zu haben. Statt weiterhin scheu und zurückhaltend in der Äußerung ihrer Meinung zu sein, beschrieb sie jetzt ziemlich unverblümt das Dilemma der ganzen Familie. Ich ermutigte sie, noch offener an solche Fragen heranzugehen und sich in der Situation stärker zu behaupten. Über meine Beobachtungen während der Konsultation informierte ich den Arzt und regte an, bei einer medizinischen Universitätsklinik, die nicht allzu weit von Paulas Heimatstadt entfernt lag, psychiatrische Hilfe zu suchen.

Jenny: Manipulatorin par excellence

In Jennys Fall ließ mich die Konsultation zu dem Schluß kommen, daß die familiäre Interaktion dermaßen gestört war, daß trotz des Alters der Patientin und der Tatsache, daß sie nicht zu Hause lebte, eine Familientherapie angezeigt war.

Um Konsultation im Falle dieser 21jährigen Frau hatte der Therapeut ersucht. Nach fast drei Jahren der Behandlung hatte Jenny zwar erhebliche Fortschritte im Sinne psychologischen Verständnisses gemacht, doch ihr Gewicht hatte sich langsam, aber stetig verringert. Ich forderte von dem Therapeuten einen ausführlicheren Bericht an und bat die Patientin und ihre Eltern um Briefe, in denen sie darstellen sollten, wie sie die Entwicklung der Krankheit sahen. Die Berichte von dem Therapeuten und von Jenny trafen innerhalb einer oder zwei Wochen bei mir ein, doch von den Eltern hörte ich nichts. Nach wiederholter Nachfrage schrieb die Mutter, sie hätten von der Bitte um einen Bericht nicht erfahren, sie seien jedoch zur Mitarbeit bereit, und die Mutter verfaßte auch einen sehr langen, peinlich genauen Bericht über die Entwicklung ihrer Tochter.

Jenny hatte eine zwei Jahre ältere Schwester, die als Kind pummelig gewesen war und sich darüber sehr gegrämt hatte. Jenny hatte dies beobachtet und wurde überaus besorgt, als sie während der Menarche (mit elf Jahren) ein wenig zunahm. Mit vierzehn oder fünfzehn Jahren begann sie sich regelmäßig zu übergeben, um ihr Gewicht zu kontrollieren. Dann reduzierte sie ihre Nahrungsaufnahme, und fortan war ihr Gewichtsverlust ein beunruhigendes Problem. Während der Zeit der Verlobung ihrer älteren Schwester hatte sie sehr viel Gewicht verloren. Trotz ihrer Eßprobleme konnte sie ihr Studium fortsetzen und plante sogar ihre Promotion. Während der Psychotherapie war sie von zu Haus weggezogen und erwies sich auch als ziemlich tüchtig und selbständig, mit Ausnahme ihres fortschreitenden Gewichtsverlustes. Als ihr Gewicht unter 65 Pfund fiel, wurde sie in eine psychiatrische Klinik eingewiesen, wo es ihr gelang, um weitere sieben Pfund abzunehmen, bis sie schließlich nur noch 56 Pfund wog. Zu diesem Zeitpunkt wurde ich um Konsultation gebeten.

Als Jenny und ihre Eltern mehrere Wochen später nach Houston kamen, betrug ihr Gewicht 58 Pfund, und sie machte einen stark unterernährten, körperlich verheerenden Eindruck. Medizinische Behandlung in einer Klinik schien dringend geboten. Ich erklärte, eine sinnvolle psychologische Untersuchung sei unmöglich, solange sie in diesem Zustand gefährlicher Unterernährung sei. Jenny bat darum, die Hospitalisierung um einige Tage zu verschieben, damit sie – zum erstenmal in ihrem Leben – mit ihren Eltern allein sein und den Luxus eines Hotellebens genießen könne. Ihrer Bitte wurde entsprochen, und während der folgenden Tage begab sie sich auf eine wahre Eßtour. Ohne Schwierigkeiten aß sie Fleisch, Fisch, Delikatessen, und dies vor allem in Feinschmeckerlokalen. Während der Woche, die sie mit ihren Eltern im Hotel verbrachte, nahm sie einige Pfund zu, doch als sie in die Klinik eingewiesen wurde, hörte sie auf zu essen. In glühenden Worten erzählte sie, wie sehr sie die Speisen genieße, wieviel sie zu sich nehme, doch ihr Gewicht erhöhte sich nicht.

Mehrere Familiensitzungen ließen das Ausmaß der familiären Spannungen erkennen, für welche die Verwirrung der Eltern über den Brief lediglich ein Indiz gewesen war. In den Familiensitzungen unterbrachen sich Jenny und die Eltern nicht nur ständig und widersprachen allem, was irgend jemand von ihnen sagte, sondern es herrschte nicht einmal Klarheit über die grundlegenden Tatsachen.

Hier ein Beispiel: Die Mutter erklärte, sie sei nicht nur über Jennys Gewichtsverlust besorgt, sondern auch darüber, daß sie unglücklich sei. Jenny unterbrach sie und behauptete, sie sei gegenwärtig überhaupt nicht unglücklich, sondern fühle sich tatsächlich sehr glücklich und sehr aktiv. Ihr Vater hielt dann dagegen, es stehe überhaupt nicht zur Debatte, ob sie glücklich sei. Bei jedem Gegenstand, mochte es sich um Gesundheit, Erziehung, Verhalten der anderen Kinder oder um die sozialen Verhältnisse der Familie handeln, wurde offenbar, daß die Interaktion angespannt und gekünstelt war. Nach einer Woche kehrten die Eltern in ihre Heimatstadt zurück, und Jenny blieb weiter in medizinischer Behandlung.

Anorektische Patientinnen gelten als manipulativ und unaufrichtig, doch in gewisser Weise schoß Jenny den Vogel ab. Ihre Äußerungen in der Klinik enthielten derart widersprüchliche und unvereinbare Informationen, daß ich nicht umhin konnte, nach jedem Gespräch den Internisten anzurufen, um ihm zu sagen, was erörtert worden war. Ihren Eltern gab sie farbenprächtige Berichte über angebliche Verbesserungen ihres Zustandes, obwohl sie in den ersten Wochen überhaupt nicht zunahm, sondern sich in Konkurrenzkämpfe mit anderen magersüchtigen Patientinnen und den Krankenschwestern verwickelte. Als ich sie mit ihrem manipulativen Verhalten konfrontierte, widersprach sie nicht, sondern gab es zu. Daraufhin begann sie wieder zu essen, und während der nächsten Wochen erhöhte sich ihr Gewicht, bis es fünf Wochen nach ihrer Ankunft in Houston 73 Pfund erreicht hatte. Jedermann schien erfreut darüber, was sich da abspielte, vor allem Jenny selbst, und sie beschloß von sich aus, daß sie in Houston bleiben, ihr Studium hier fortsetzen und sich bei mir einer ambulanten Behandlung unterziehen wolle. Sie schrieb ihren Eltern, dies sei ihr Behandlungsplan, überzeugte den Internisten davon, es sei so vereinbart worden – nur, ich wußte nichts davon!

Während ihres Klinikaufenthalts sah ich sie regelmäßig in Sitzungen, die dazu dienen sollten, ihre Gesamtentwicklung einzuschätzen, einschließlich der Absicht, die sie unbewußt mit ihrer Krankheit verfolgte. Die Evaluierung brachte ans Licht, daß es Zeit Ihres Lebens bei ihr zu Haus viel Spannung und Disharmonie gegeben hatte. Sie war sich der Spannung zwischen ihren Eltern bewußt und hatte zu verschiedenen Zeiten beider Partei ergriffen, doch in den letzten Jahren hatte sie sich schließlich zurückgezogen. Ich kam zu dem Schluß, daß Jenny nur wenig Chancen hatte, sich zu einem selbständigen Menschen zu entwickeln, solange die familiären Auseinandersetzungen ungeklärt blieben. Ich empfahl daher dringend eine Behandlung für die ganze Familie. Wenn sich dies als unakzeptabel erweisen sollte (oder in ihrer Heimatgemeinde nicht zu arrangieren wäre), würde Jenny eine stationäre Behandlung benötigen, in der sie ihre innere Unsicherheit und Angst bearbeiten könnte, ohne bei anderen ständige Sorgen und Konflikte auszulösen. Obwohl ich den Eltern dies sowohl telefonisch wie schriftlich in aller Klarheit mitteilte, übte man weiterhin Druck auf mich aus, ich solle Jenny als ambulante Patientin akzeptieren, wobei sie in Houston bleiben sollte, in einer Stadt, wo sie keinerlei Kontakte hatte. Schließlich fanden wir in einer größeren Stadt nahe ihrer Heimatgemeinde einen erfahrenen Familientherapeuten. Jenny und ihre Eltern stimmten zu, bei diesem Therapeuten Hilfe suchen zu wollen.

Der Plan erwies sich als erfolgreich. Nach mehreren Jahren schien Jenny echtes Selbstvertrauen und Unabhängigkeit entwickelt zu haben. Sie hielt das Gewicht, das sie während ihres Aufenthalts in Houston erreicht hatte, und brachte es allmählich auf ein Normalgewicht.

4. Kapitel:
Einbezogen werden

Patientinnen mit *Anorexia nervosa* stehen in dem Ruf, bei der Behandlung ungewöhnliche Probleme aufzuwerfen, angefangen von der Ablehnung jeglicher Behandlung bis hin zur Heraufbeschwörung gefährlicher, lebensbedrohlicher Situationen, etwa wenn sie die Nahrung verweigern oder andere mit körperlicher Gesundheit unvereinbare Verhaltensweisen annehmen. Die Patientinnen befinden sich häufig unter Zwang im Sprechzimmer des Psychotherapeuten, und sie haben womöglich das Gefühl, daß sie von einem Arzt zum anderen geschickt werden, um wieder in Ordnung gebracht zu werden wie ein nicht richtig funktionierendes Gerät. In diesem Kapitel möchte ich zeigen, wie ich die Verhaltensweisen und Einstellungen von Anorektikerinnen verstehe und wie ich die Patientinnen für eine Psychotherapie oder eine Konsultation zu erwärmen suche.

In vielen Fällen ist das Verhalten der Patientin während der Therapie eine Wiederholung der Beziehung zu den Eltern. Zu dieser Beziehung mag gehören, daß die Eltern daran gehindert werden sollen, sich in das Hungerprogramm der Patientin einzumischen, und daß ihnen zugleich das Gefühl erspart werden soll, sie verdienten Vorwürfe oder Kritik für die Art und Weise, wie sie die Patientin behandeln. Da die Tochter glaubt, daß die Eltern freundlich und aufmerksam sein wollen, steht sie unter dem ständigen Zwang, sie zu überlisten und ihnen zu zeigen, daß sie, die Tochter, ihre Handlungen für »freundlich und aufmerksam« hält. Dies führt zu dem rigiden Wohlverhalten der Tochter und zu ihrem zweigleisigen Denken, in dem sich das moralische Urteil eines ganz jungen Kindes widerspiegelt. Diese Art des Denkens (einerseits die eigenen Gedanken zu verfolgen und andererseits gleichzeitig zu versuchen, die elterlichen Motive und Reaktionen zu verstehen) ist charakteristisch für Anorektikerinnen, auch für solche mit gelegentlichen Episoden von Ungehorsam oder wütendem Widerspruch.

Diese Haltung wird auf die Therapie übertragen, und das anscheinend kooperative, konforme Verhalten, das viele Patientinnen zur Schau stellen – mögen sie auch offen erklärt haben, sie brauchten oder wünschten keine Behandlung –, verzögert die therapeutische

Untersuchung. Der Akt des »Ungeschehenmachens«, bei der Behandlung von Magersüchtigen so üblich, hat mit dieser Haltung zu tun. Bei dem Vorgang des »Ungeschehenmachens« stimmen die Patientinnen einem Punkt zu, beschäftigen sich sogar intensiv mit etwas, das geklärt worden ist, sprechen darüber, als spiegele es ihr eigenes Denken wider (nur um sich später davon abzukehren), aber innerhalb weniger Tage oder Wochen handeln und sprechen sie, als wenn sie überhaupt nichts gelernt hätten. Viele sind so raffiniert bei dieser anscheinenden Zustimmung und diesem Ungeschehenmachen, daß es schwierig ist für den Therapeuten, der Patientin bei Klärung dessen, was sie tut, zu helfen.

Wie erwähnt, sind praktisch alle Patientinnen, die ich sehe, bei jemand anderem in Behandlung gewesen und wegen schleppenden oder zum Stillstand gekommenen Fortschritts an mich überwiesen worden. Da stellt sich die Frage, was an diesen Patientinnen so schwierig ist und warum bei ihnen die Dinge so häufig schieflaufen. Natürlich gibt es für das Scheitern oder das Stocken in der Psychotherapie viele unterschiedliche Gründe, und in jedem Fall müssen verschiedene Aspekte abgeklärt werden. Doch ich finde es eindrucksvoll, wie häufig es so aussieht, als ob die Therapeuten von diesen Patientinnen eingeschüchtert worden seien. Diese Einschüchterung mag resultieren aus ihrer potentiell lebensgefährlichen körperlichen Situation oder aus ihrer unerschütterlichen Weigerung, ein Problem einzugestehen oder der Fähigkeit zur Änderung nachzugeben. Die Tatsache, daß ich zumindest mit einigen Patientinnen eine Beziehung herstellen konnte, schreibe ich dem Umstand zu, daß mir die Möglichkeit, eingeschüchtert zu werden, bewußt wurde und ich mir auf diese Weise ihr Vorhandensein und ihre Kraft eingestehen mußte. Ich sprach mit der Patientin und ihrer Familie über diese Möglichkeit und gab so zu verstehen, daß ich es einerseits ablehne, eingeschüchtert zu werden, andererseits aber verstehen möchte, warum und wie die Patientinnen diese Methode, mit Menschen umzugehen, die ihnen helfen wollen, einsetzen.

Warum benutzen diese Patientinnen einen solchen einschüchternden Interaktionsstil? Zutiefst von ihrer eigenen Wirkungslosigkeit überzeugt, können diese jungen Leute nur durch Auslösen von Furcht und Besorgnis bei den für ihr Wohl verantwortlichen Menschen ein Gefühl von Macht erleben, die Genugtuung, Kontrolle auszuüben und Aufmerksamkeit und Beachtung zu bekommen. Gleichzeitig führen diese Handlungen dazu, daß sie sich immer stärker in eine gestörte, kranke Lebensweise verstricken. Die therapeutische Aufgabe besteht darin, die Pseudo-Macht zu durchbrechen und den Patientinnen dabei zu helfen, ihre inneren Anlagen für echte Unabhängigkeit zu entfalten, damit sie nicht länger unter dem Bedürfnis stehen, Macht durch Schwäche oder Tyrannei durch Furcht auszuüben. Ich gebe zu verstehen, daß es mich relativ wenig beeindruckt oder kaum Mitgefühl bei mir hervorruft, wenn eine Patientin ihre Hilflosigkeit auf dramatische Weise inszeniert. So schnell wie möglich suche ich ihr Potential an unabhängiger Selbstäußerung zu entdecken und intensiv zu bearbeiten. Wichtig ist, einer Anorektikerin zu vermitteln, daß sie nicht hilflos ist, auch wenn viele Fähigkeiten oder Potentiale nicht entwickelt worden sind. Für die Therapie ist es von entscheidender Bedeutung, den Patientinnen zu gestatten, sich kompetenter und fähiger zu fühlen, eigene Qualitäten zu entwickeln und sich weniger als das Resultat dessen zu empfinden, was andere ihnen angetan haben.

Aufgabe des Therapeuten ist es, objektiv und dennoch persönlich und warmherzig zu sein. Es geht darum, die Untersuchung nicht in Form von Anschuldigungen durchzuführen oder mit der Absicht, Feindseligkeit oder Aggression aufzudecken. Der Therapeut muß der Patientin in indirekter Weise zu verstehen geben, daß ihre Probleme menschlich und verständlich sind und daß es auf die menschlichen Qualitäten ankommt. Doch es ist auch notwendig, einer Patientin verständlich zu machen, daß schwere Unterernährung ihre psychischen Funktionen beeinträchtigt und daher die Nützlichkeit einer Psychotherapie in Frage stellt.

Der Therapeut muß sich darüber im klaren sein, daß die Patientin, auch wenn sie sich anscheinend einer rationalen Sprache bedient, Worte und Begriffe benutzen kann, denen eine andere Realitätsperspektive zugrunde liegt. Andere mögen diesen Kommunikationsstil als Zeichen von Falschheit deuten oder auch nicht; ich jedenfalls interpretiere ihn nicht so. Aus Gründen, die für ihre Entwicklungsprobleme ausschlaggebend sind, sind diese Patientinnen über lange Zeit hin mit unklarem Sprachgebrauch oder abweichenden Bedeutungen zurechtgekommen – oder *davon*gekommen. Korrekturen oder alternative Vorschläge hinsichtlich ihrer Sprache fassen sie als Kritik auf. Daher ist es ein langsamer Prozeß, die häufig in eine verzerrte Sprache gekleideten Äußerungen der Patientin abzuklären und in eine realistische Sprache zu übersetzen, doch dieses Vorgehen ist notwendig, will man der Patientin helfen, ihre gewohnheitsmäßige, überholte Sprech- und Denkweise zu erkennen und, mehr noch, neu zu ordnen.

Mag der Ausbruch der anorektischen Krankheit auch mit drastisch erscheinenden Veränderungen im Verhalten und Denken einhergehen, es ist von äußerster Wichtigkeit, zusammen mit der Patientin zu rekonstruieren, was sich bei ihr abgespielt hat, *bevor* die Hungerkrankheit mit ihren weitreichenden Wirkungen das psychologische Bild überschattete. Zu diesem Zweck müssen die Kindheitserfahrungen mit ihren signifikanten Menschen nicht im Sinne faktischer Ereignisse evaluiert werden, sondern in der Art und Weise, wie ein heranwachsendes Kind all dies erfahren hat. Notwendig zu klären ist nicht so sehr der Inhalt der Erfahrungen als vielmehr der Stil und der Zusammenhang, in dem sie auftraten. Wenngleich dies natürlich auch in der intensiven Psychotherapie mit anderen Patienten geschieht, so ist bei der *Anorexia nervosa* der Kontrast zwischen gegenwärtigem Verhalten und früheren Einstellungen ungewöhnlich hart, und er wird durch die psychologischen Effekte des Hungerns noch verstärkt.

Doch es stellen sich häufig selbst dann Schwierigkeiten ein, wenn die Interviews so ablaufen, daß sie die Kompetenz der Patientin stützen, die Probleme mit der Einschüchterung umschiffen und die entwicklungsmäßige Fehlwahrnehmung der Patientin klären, ohne daß Täuschung unterstellt wird. Viele Patientinnen können die Vorstellung nicht ertragen, daß es Dinge gibt, die sie nicht kennen, aber lernen müssen; sie können nicht zugeben, daß mit ihrem Denken und Argumentieren offensichtlich etwas nicht stimmt, und werden ängstlich und böse, wenn nur etwas Neues auf sie zukommt. Häufig kann ich bereits während der ersten Interviews sagen, ob sich zwischen der Patientin und mir das erforderliche Maß an Offenheit und Geduld herstellen läßt, damit sich aus einer angespannten, gehemmten Kommunikation eine freie und vertrauensvolle therapeutische Beziehung entwickeln kann.

Die folgenden Fallvignetten veranschaulichen die Entwicklung einer therapeutischen Kommunikation mit drei magersüchtigen Patientinnen.

Annette: Umgang mit Schuldgefühlen

Nach der ausgedehnten Erstkonsultation und nach der Hospitalisierung zum Zwecke der Gewichtszunahme kehrte Annette an das College zurück und trug sich mit dem Plan, eine intensive

Psychotherapie aufzunehmen, sobald sie ihr Zwischenexamen gemacht hätte. In den drei Jahren ihrer Behandlung sah ich sie dreimal (später zweimal) die Woche in der Therapie.

In der Konsultation hatte ich erklärt, es sei dringend notwendig, daß Annette ihr Gewicht beibehalte. Sie war erfreut über das größere Gewicht, das sie erreicht hatte. Während der College-Zeit hatte sie ihr Gewicht ziemlich gut gehalten, doch als sie zurückkehrte, um die Therapie zu beginnen, war es bis unter 75 Pfund gefallen. Ich hielt ohne Kompromiß an der vereinbarten Bedingung fest, daß eine sinnvolle Therapie nur dann durchgeführt werden könne, wenn ihr Gewicht sich in einem angemesseneren Bereich bewegte. Sie stimmte einer Hospitalisierung zum Zwecke einer intravenösen Hyperalimentation (»Überfütterung«) zu, nahm aktiv an dem Programm teil und ergänzte es noch, indem sie auch feste Nahrung zu sich nahm. Ihr Gewicht stieg innerhalb von zwei Wochen auf fast 90 Pfund an, und sie hielt es über mehrere Monate hin auf einer Höhe von 87 Pfund. Während dieser Zeit wurde sie mit intensiver Psychotherapie behandelt.

Annettes Erklärung für ihren jüngsten Gewichtsverlust war typisch für Magersüchtige. Sie hatte mehrere Wochen mit Besuchen bei Freunden und Verwandten zugebracht und hatte sich verpflichtet gefühlt, ihr »Image« zu bewahren, nämlich das eines Menschen, der nur sehr wenig ißt. Sie meinte, sie könne schlechterdings nicht mehr essen, als sie zuvor unter den Augen einer bestimmten Person zu sich genommen habe. »Das Image in den Augen anderer zu bewahren«, das spielte in Annettes Leben eine enorme Rolle und bildete bei der Behandlung ein ernsthaftes Problem. Dieser Standpunkt verhinderte oder leugnete tatsächlich Änderungen, die sich trotz ihrer Haltung einstellten. Darin spiegelt sich eine tiefsitzende Überzeugung, daß sie keine eigene Persönlichkeit oder Identität besitze und daß sie sich lediglich als Widerspiegelung der Ansichten anderer Menschen von ihr erlebte, indes sie »leer« blieb, ein »Nichts«.

In ihren Sitzungen war Annette ausnehmend höflich, schicklich, gehorsam und hielt sich mit allen emotionalen Äußerungen zurück. Sie zeigte wenig Spontaneität, beantwortete Fragen aber richtig. Sie war viel zu höflich und wohlerzogen, um Fragen nicht zu beantworten oder nicht zu beschreiben, was vor sich ging. Ihr äußerliches Verhalten sagte nichts aus über ihre innere Erfahrung oder ihre innere Opposition gegen die Therapie. Sie ließ im allgemeinen nur wenig Emotionen erkennen und war in ihren Reaktionen mir gegenüber zurückhaltend, zeigte sich höchst widerstrebend, mit mir zu streiten oder Wut und Enttäuschung zu äußern. Einige Male verließ sie mein Büro, ohne auf Wiedersehen zu sagen, oder schlug die Tür hinter sich zu; doch niemals sprach sie ihre Wut offen aus. Sie lebte nach der Einstellung: »Ich kann zwar nicht verhindern, daß ich Wut empfinde, doch ich kann sicher verhindern, sie zu zeigen.« Sie weinte nur selten, wenn schmerzliche Erinnerungen oder Schlußfolgerungen aufkamen.

Obwohl sie entspannter wirkte als während der akuten Hungerperiode in dem Jahr vor der Behandlung, saß sie über ein Jahr lang steif auf der Couch oder in einem Stuhl. Es war schon ein besonderes Ereignis, als sie sich eines Tages gehen ließ und zurücklehnte und dabei erklärte: »Es tut gut, sich zu setzen und zu entspannen.« Sie war überrascht, als ich diese Fähigkeit zu entspannen als etwas Neues hinstellte; während ihrer Therapie habe ich jedes Zeichen neuen Verhaltens oder größerer Spontaneität zahllose Male angemerkt.

In meiner Rolle als Therapeutin versuche ich deutlich zu sagen, was ein Kommentar meiner Erwartung nach vermitteln soll, oder ich versuche zu umreißen, was ich für erwartbare Erfahrungen halte, für etwas, was jedermann als körperliches Faktum oder emotionale Reaktion durchgemacht haben muß. Annette widersprach niemals offen solchen Gemeinplätzen oder Verallgemeinerungen, doch viele Jahre später gestand sie, niemals ein Wort geglaubt zu haben, wenn ich irgendeine optimistische Erklärung über die Kindheit abgegeben hätte. Ich deutete beispielsweise an, ein Kind habe das Recht, von den Erwachsenen in seinem Leben zu erwarten, daß sie es gut behandeln, ermutigen und gemäß seinen Entwicklungsbedürfnissen bestärken. Wenn eine solche Bemerkung fiel, nahm sie die Worte als etwas auf, was ein Arzt zu sagen pflegt, damit es ihr besser gehen soll, doch sie glaubte nicht, daß es sich dabei um ein sinnvolles Konzept über den Umgang mit Kindern handelte.

Annette war in einem wohlgeordneten Haus aufgewachsen und hatte dort eine ausgezeichnete Versorgung erhalten. Sie stimmte im ganzen mit dem Bild überein, daß ihre Eltern gezeichnet hatten, nämlich mit dem Bild einer friedlichen, höflichen und aufmerksamen Familie, in der niemals irgend jemand seine Stimme hob oder Wut oder Unzufriedenheit äußerte. Sie erinnerte sich, daß sie einmal einen Kommentar gehört hatte, der einen tiefen Eindruck auf sie gemacht hatte. Der Kommentar betraf ein anderes Mädchen, von dem es hieß, es sei stets freundlich und trage immer ein Lächeln auf dem Gesicht. Für Annette war dies das höchste Lob, und sie bemühte sich, das gleiche Lob zu empfangen. Insofern war es korrekt, wenn die Eltern sie als lächelndes, freundliches Kind beschrieben, und Annette stimmte dem zu, doch später setzte sie hinzu, diesem Bild fehle der tiefsitzende Schmerz und die Not, die es mit sich bringe. Aus den Worten über die Beziehung zu verschiedenen Familienmitgliedern gewann man insgesamt den Eindruck einer enormen Zurückhaltung und einer starken Kommunikationshemmung.

Annette war davon überzeugt, daß die Erwachsenen niemals meinten, was sie sagten, daß sie ihr gegenüber ihre Pflicht erfüllten und ihren Unwillen darüber, daß sie für sie, Annette, sorgen mußten, nicht preisgeben würden. Sie hatte das Gefühl, eine ihrer Lebensaufgaben bestehe darin, bescheiden zu sein, nicht im Wege zu stehen und keine Forderungen zu stellen. Diese Auffassung sprach sie nur selten aus, sie ließ sich aber aus dem Material, das sie vorbrachte, erschließen.

In vielen unterschiedlichen Situationen benutzte ich die Anekdote, in der Annette nach Beendigung ihrer Schlafenszeit keinen Laut von sich gab, als Veranschaulichung ihrer Unfähigkeit, sich spontan zu verhalten und sich durchzusetzen. Während sie selbst jede offene oder implizite Kritik vermied, schrieb sie dieses Unvermögen ihrer Beziehung mit den Eltern zu, beiden einzeln und als Paar. Sie glaubte immer zu wissen, was ihre Eltern wirklich dachten (nämlich daß sie den Geboten für richtiges Verhalten gehorchten, die sie selbst in ihrer Jugend gelernt hatten), auch wenn sie in einer freimütigeren und duldsameren Stimmung anders handeln und sprechen mochten. Annette blieb bei ihrer Überzeugung, sie würden es ihr übelnehmen, wenn sie Fragen stellte oder sonstwie ihre Hilfe benötigte; daher unterließ sie es.

Doppelgleisiges Denken ließ sich deutlich erkennen in ihrer Einstellung zu den verschiedenen Zimmergenossinnen am College. Sie sagte niemals etwas offen heraus, was die andere Person grämen mochte, doch sie war häufig voller Wut und konnte nicht verstehen, daß die andere nicht so empfand wie sie. Jeden Anschein von Nachlässigkeit oder Versäumnis bei einem anderen sah sie als Widerspiegelung unfreundlicher Gefühle dieser Person ihr gegenüber an.

Sie war sicher, daß andere Menschen nie ehrlich sagten, was sie fühlten, und sie mühte sich ab, Wut nicht offen zu zeigen. Eines Tages brachte sie vor Verlassen ihres Arbeitsplatzes einen Zettel an der Tür an, auf dem sie von ihren Mitarbeiterinnen mehr Sauberkeit forderte. Als ich bemerkte, man könne annehmen, daß sie in ihrem Innern, wenn auch vielleicht außerhalb ihres Bewußtseins, ein enormes Reservoir an Wut, Mißgunst und sogar Rachegefühlen mit sich herumtrage, antwortete sie spitz, sie habe niemals solche Gefühle gehabt, und fügte im Brustton der Überzeugung hinzu: »Ich hoffe, ich habe nicht, und ich hoffe, ich werde niemals.«

Trotz dieses Protestes vermochte sie allmählich die negative Rolle anzuerkennen, welche die Gefühlshemmung in ihrem Leben spielte. Ich fragte sie wiederholt, warum sie ständig Formulierungen wie »Ich muß dies oder jenes« verwandte, so als fühle sie sich verpflichtet. Sie legte niemals persönlichen Protest ein. Ihre Erklärung: »Wenn ich Wut habe, würde ich das nie äußern, und das ist einer der Gründe für die ganze Misere. Wann immer ich also wütend bin und das Gefühl habe, ich sollte jetzt sagen: ›Kümmern Sie sich um Ihre eigenen Angelegenheiten‹, würde ich das trotzdem nicht tun, doch ich würde es irgendwie durch Handeln zeigen. Aber ich würde nie, nie, nie irgend jemanden so angreifen wie Eve.« (Eve war eine andere anorektische Patientin.) Sie fügte hinzu: »Mag sein, daß die Aufregung, die ich bei dem Gedanken verspürte, nach Hause zu gehen, damit zu tun hat, daß ich mir vorstellen kann, wieder dreizehn zu werden, wieder jener abscheuliche Teenager zu werden, über den die Eltern sich die Haare raufen, weil sie nun eine Jugendliche geworden ist mit all den Scheußlichkeiten – zu sagen ›Nein, ich will nicht‹ und ›Was ich will, ist...‹ Ich weiß, sie wären mächtig überrascht, wenn ich nach Hause und zur Tür hereinkäme. Ich bin es einfach satt, nachzugeben.«

Dazu bemerkte ich, ihre Worte könnten den Anschein erwecken, als sei sie selbständiger und selbstsicherer geworden. Dem stimmte sie zu und erklärte, ihre kämpferischen Gefühle schützten sie vielleicht davor, zuzulassen, daß ihre guten Gefühle abbröckelten. »Es ist ein Kampf gewesen, so weit zu kommen. Ich habe nicht vor, dies wieder aufzugeben. Ich werde nicht alles wieder in die alte Routine zurückfallen lassen, und das heißt, ich werde wirklich dagegen ankämpfen.«

Mit fortschreitender Therapie erkannte Annette, daß es für sie mit Schwierigkeiten verbunden war, zu unterscheiden zwischen dem, was sie während ihrer Entwicklungsjahre über ihre Eltern und andere signifikante Leute »gedacht« hatte, und dem, was sie für ihre eigenen Einstellungen gehalten hatte. »Ich habe nie mein Wünsche geäußert, nie etwas zu meinem Vorteil genutzt, nie erklärt, ich wolle dies oder jenes tun.« Sie verspürte starken Widerwillen dagegen, die Faktoren zu ergründen, die sie so furchtsam gemacht hatten, so unsicher hinsichtlich ihres eigenen Werts und ihrer Rechte. Sie fügte hinzu: »Ich habe mich stets schuldig gefühlt, wenn irgend jemand für mich etwas getan hat, was ich auch selbst hätte tun können. Wenn ich über einen bestimmten Punkt hinausgehe, habe ich das Gefühl, als ginge ich auf dünnem Eis. Ich weiß wirklich nicht, was die andere Person von mir erwartet.« Doch trotz ihres Widerstrebens gab es einen allmählichen Fortschritt, und sie begann, Probleme direkter anzugehen und sie in eine realistischere Lebensweise zu integrieren.

Ihre geringe Selbsteinschätzung war während der Behandlung ein gewichtiges Thema. Sie sprach von sich als dem »Abschaum der Erde« und war nicht gerade darauf erpicht, über sich in positiveren Wendungen zu reden. Nach und nach gab sie es auf, sich so schrecklich klein zu machen, ja zuweilen räumte sie (wenngleich zunächst ohne sonderliche Überzeugung) ein, daß sie vielleicht auch gute Seiten habe. Sie konnte akzeptieren (jedenfalls schien es mir zu jener Zeit so), daß sie schließlich doch fähig sein würde, ein erfülltes Leben in Selbstachtung zu führen. Doch eines Tages, als sie ziemlich deprimiert war, gestand sie, daß sie immer noch das Gefühl habe, in ihr sei etwas »Peinliches und Dunkles«. Diese »Dunkelheit« wurde zu einem wiederkehrenden Thema, freilich eines, das ich lieber erkunden wollte, wenn Annette in einer positiveren Geistesverfassung wäre.

Eines Tages berichtete sie über ein ungewöhnlich erfreuliches Wochenende, an dem sie das Gefühl gehabt habe, mit anderen Menschen eine gute Beziehung herstellen zu können. Doch selbst dieser angenehme Bericht endete damit, daß sie sich, natürlich zu ihren Ungunsten, mit Josie verglich, der Schwester, in deren Gegenwart sie sich immer unwohl gefühlt hatte, selbst jetzt noch als Erwachsene. Ich erklärte ihr, daß Kinder, nachdem sie wiederholt verletzt worden sind, dazu neigen, einer erneuten Begegnung mit derselben Person in der Erwartung entgegenzusehen, sie würden zurückgewiesen. Das scheine sich in ihrer Beziehung zu Josie abzuspielen. Immer wenn sie irgend etwas mit ihr zu tun habe, erwarte sie, verletzt zu werden, und habe feindselige Gefühle, die in ihr aufstiegen, zurückzudrängen. Statt Josie zu verteidigen, wie sie es in der Vergangenheit getan hatte, und zu erklären, Josie habe ihr nie etwas

Unrechtes getan und es sei ungerecht, sie zu beschuldigen, beteiligte sich Annette diesmal an der Nachforschung, und sie ließ sich an mehreren Punkten des längeren darüber aus, wie wütend, verletzt und lächerlich gemacht sie sich gefühlt habe.

Ich wollte über dieses Thema in der nächsten Sitzung weitersprechen. In der Vergangenheit hatte Annette wiederholt eine solch offene Erkundung abgelehnt, und jedesmal mußten wir wieder von vorn beginnen. In der nächsten Sitzung kam Annette jedoch selbst mit dem Thema heraus. Beim Betreten des Sprechzimmers sah sie angeregter aus als gewöhnlich und begann sofort zu reden: »Es ist seltsam, aber was Sie gestern über Josie gesagt haben, daß ich sie nicht wirklich kenne und immer erwarte, verletzt zu werden, wenn ich ihr begegne, das hat mich nun doch sehr neugierig gemacht. Es ist fast so, als wollte ich sie treffen wie, wissen Sie, wie eine neue Person, ›Wer sind Sie?‹ – Nun, es ist stets so, als träfe ich eine Fremde, ich meine, die Art, wie ich mich fühle, als wenn man mir über diese Person erzählt hätte, und nun sei ich neugierig, sie zu treffen, um zu sehen, wie sie in Fleisch und Blut ist und nicht nur so, wie irgend jemand anderes erzählt hat.« Ich erinnerte sie daran, daß der »jemand, der ihr etwas erzählt hat«, ihr eigenes verstörtes und verzerrtes Gedächtnis sei. Dem pflichtete sie bei: »Vermutlich sage ich, daß ich ihr als Fremde begegnen möchte, weil ich es in der Vergangenheit mit einer Person zu tun hatte, nach der ich eigentlich Ausschau hielt.« Annette sprach jetzt ausführlicher darüber, wie sie sich auf diese Schwester immer im Sinne von Überlegenheit und Unterlegenheit bezogen und wie sie sich immer mit ihr verglichen hatte und dabei stets als Zweitbeste hervorgekommen war.

An diesem Punkt erklärte ich ihr, daß Kinder sich gelegentlich mit einem unauflösbaren Dilemma konfrontiert sehen, aufgrund dessen sie, gleich was sie tun, in Gefahr sind, verletzt zu werden. Wenn sie erkennen lassen, wie aufgebracht und gekränkt sie sich fühlen, droht ihnen womöglich die noch größere Gefahr, die Liebe und Fürsorge des Menschen zu verlieren, von dem sie am meisten abhängig sind. »Gestern haben Sie nicht nur einmal, sondern zweimal erklärt, man dürfe eine Schwester nicht zurechtweisen. Als Sie ihre Ablehnung erfuhren, müssen Sie äußerst wütend auf sie gewesen sein, doch Sie leben nach der Regel, eine Schwester müsse man lieben. Daher waren sie unfähig, zu protestieren oder eigene Forderungen zu stellen.« Annette fügte hinzu: »Zur gleichen Zeit habe ich mich so abgemüht, irgendeine Anerkennung von ihr zu bekommen, irgend etwas von ihr.« Annette räumte ein, das bestimmende Thema in ihrem Leben sei gewesen, sich nicht den Haß ihrer Schwester zuzuziehen. Sie beschäftigte sich eine Weile mit der Schwierigkeit, ihre Gefühle zu rekonstruieren und herauszufinden, ob sie richtig waren: »Ich möchte gern über das reden, was Sie vorher gesagt haben. Es ist fast so, als wenn ich nicht wüßte, was ich über meine eigenen Wahrnehmungen von Josie denken soll, wo ich jetzt weiß, daß sie nicht richtig waren. Ich meine, ich empfinde so gut wie überhaupt nicht das Bedürfnis, ihr vorzuwerfen, sie sei eine miese Schwester. Ich weiß nicht einmal, ob sie tatsächlich eine miese Schwester war.«

Sie fuhr fort: »Heute nun – morgen kann sich das schon ändern – habe ich so etwas wie das Gefühl: ›Es ist mir völlig egal, was sie war und was ich empfand.‹ Das nenne ich: mich einrichten hinsichtlich der Familienmitglieder. Das habe ich mit den anderen getan, vor allem mit Vater und den Älteren. Wenn ich sage: ›Ich möchte ihr als einer Fremden begegnen‹, so habe ich das Gefühl, daß ich ihr zu verstehen geben möchte, ich sei auch neu. Wenn sie mich nicht mag, nun, das ist schlimm, doch es ist nicht mehr mein Problem. Es ist ihr Problem.«

Meine Ansicht nach war es wichtig, herauszufinden, wie diese Erfahrung ihre Selbstvorstellung tangierte. »Hilft es Ihnen, wenn Sie mit Ihrer Haltung zur Selbstbestrafung besser umgehen können? Sind Sie freundlicher zu sich, wenn Sie verstehen, daß Sie recht haben, Gefühle der Wut zu empfinden?« Diesmal stimmte sie zu: »Ja, ich muß mich nicht länger schuldig fühlen, weil ich mich verletzt gefühlt habe. Ich muß nicht länger das Gefühl haben, daß ich mir über sie Sorgen machen muß, daß ich mich ständig runtermachen und dabei wünschen muß, unberührt und gerecht zu sein. Ich meine, sie stellt nicht länger etwas dar, was mir widerstreitende Gefühle einflößt, sobald ich sie sehe oder an sie denke.« Ich fügte hinzu: »Und genau diesen Widerstreit mußten Sie nach Ihrem Empfinden verbergen. Können Sie sich vorstellen, wie es sein wird, wenn Josie und Sie sich als neue Menschen begegnen?« Sie erwiderte: »Gegenüber Josie habe ich jetzt fast das Gefühl, als wenn ich sie vorher nicht gekannt hätte. Sie ist blutsverwandt mit mir, doch mein ganzes Wissen von ihr habe ich lediglich auf ein winziges Bruchstück von dem begründet, was sie wirklich ist.« Zuvor hatte sie beschrieben, sie habe stets das Gefühl gehabt, jedes Zeichen von Freundlichkeit, das ein Familienmitglied ihr gezeigt habe, sei in Wahrheit eine Täuschung, ein Betrug gewesen, und Josie sei die einzige gewesen, die zum Ausdruck gebracht habe, wie negativ sie alle über sie dächten. »Es ist fast so, als wenn dieses ganze Gewicht von mir genommen wäre, und alles, was ich aufgrund dessen, was ich über sie dachte, mir selbst angetan habe. Das ist nicht länger wichtig, denn sie hat nicht die Verantwortung für mein Leben, und ich muß mich nicht verurteilen, weil ich denke, daß sie mich verurteilt – was alles sehr kompliziert ist. Wenn ich an das, was ich tat, dachte, sagte ich mir automatisch: ›So toll ist das nicht. Schau, was sie kann.‹ So war es häufig – im Vergleich konnte ich Josie stets besser aussehen lassen.« Ich wiederholte, was sie gesagt hatte: »Wenn Sie sich wirklich so fühlen, dann können wir sagen, daß wir gestern einen großen Schritt vorwärts getan haben. Sie wissen jetzt, wie es geschieht, wenn unsere Ansicht über jemand anderen fehlgeleitet wird.« Und sie ergänzte: »Und Sie schauen sich die andere Person an, nur um festzustellen, daß sie stets in einem schmerzlichen Zusammenhang steht. Ich meine, in Wahrheit konnte ich Josie gar nicht sehen, emotional, meine ich. Jetzt erkenne ich, wie kindisch diese ganze Sache war, die Art und Weise, wie ich alles, was mir widerfuhr, die ganze Zeit behandelt habe. Mag sein, als ich klein war, habe ich nicht darüber nachgedacht, was ich gesehen habe – doch ich habe das mein ganzes Leben so gehandhabt und es zum einzigen gemacht, was ich jemals gesehen habe. Gestern, um drei Uhr, hat es sich geändert. Unglaublich, geradezu irre. Das Befreiendste für mich ist, zu sagen: ›Ich kümmere mich nicht um sie, ich kümmere mich nicht darum, was sie von mir denkt, und ich kümmere mich nicht darum, was ich denke, daß sie denken könnte.‹ Was mich kaputt gemacht hat, war, daß ich nicht fähig war, meine Altersstufe zu verlassen, zehn, zwölf, was Sie wollen, und den ganzen Kram mit mir herumschleppte, immer rückwärts gewandt, nicht zuließ, daß irgend etwas sich änderte.«

Diese Äußerung beschreibt wahrscheinlich so klar, wie irgend jemand es vermag, die Vermischung von realistischen Beobachtungen und unrealistischen Interpretationen des eigenen Denkens. Als Annette erklärte, »daß ich nicht fähig war, meine Altersstufe zu verlassen«, hatte das eine besondere Bedeutung für sie. Ich hatte sie nicht mit der Tatsache konfrontiert, daß ihr Denken unerwachsen sei. Es war tatsächlich ihre eigene Erfahrung, daß diese Gefühle und Reaktionen nicht mit ihrem Denken als Erwachsene übereinstimmten.

Während der ganzen Diskussion war Annette ungewöhnlich lebhaft und entschieden. Sie hatte das Wort »befreiend« benutzt, und sie verhielt sich auch freier. Sie griff sogar ein neues Thema auf, eifrig und willens, sich ausführlicher auf etwas einzulassen, das sie nur beiläufig erwähnt hatte. »Vor einigen Wochen habe ich gesagt, ich hätte gegenüber dem Rest der Welt ein Gefühl, als lebte ich auf einer Insel.« Nun ging sie in die Einzelheiten: »Josie stand auf der Brücke und erlaubte nicht, daß ich meine Insel verließ. Ich hatte immer das Gefühl, sie oder ich. Wenn ich über die Brücke gehen wollte, mußte ich sie über das Geländer stoßen, und sie würde ertrinken. Aber damit sie für den Rest der Welt akzeptabel wäre, mußte sie dafür sorgen, daß ich auf der Insel blieb.«

Ich bemerkte, man könne jetzt verstehen, warum sie sich gescheut hätte, über solche rachsüchtigen Bilder zu sprechen, und fügte hinzu: »Kein Kind wird geboren, um ein Mörder zu sein oder seine Schwester zu verletzen.« Sie bestätigte dies: »Ich weiß – und das ist der Grund, warum ich solchen Widerwillen verspürte, mich ihr zu nähern oder über sie zu sprechen. Doch ich dachte, die einzige Möglichkeit, mich zu retten, bestehe darin, sie loszuwerden.« Wir beschäftigten uns mit der Frage, welche ihrer Gefühle gegenüber Josie realistisch waren, und widmeten uns ihren Schuldgefühlen darüber, daß sie solch negative Empfindungen hatte. »Irgend etwas stimmte nicht mit mir, und das führte dazu, daß ich solche Wutgefühle gegen sie hegte.« Das bekräftigte ich: »Als ob Ihre Gefühle ihr gegenüber ein Beweis für ihre eigene Fehlerhaftigkeit wäre.« Und sie führte weiter aus: »Ich meine, ein zivilisiertes menschliches Wesen, das aufgezogen worden ist, um eine nette Person zu werden, kann wirklich seine Gefühle äußern?«

Darauf stellte ich eine Verbindung her zwischen Annettes tiefempfundenem Gefühl der eigenen inneren Schwärze und ihren Schuldgefühlen aufgrund der zuvor verheimlichten Wut. Jetzt, da ihre geheimen Gefühle offen zutage lagen, konnte man erwarten, daß sie sich und die Welt um sich herum mit anderen Augen ansah. Ich fragte sie: »Sieht die Welt jetzt nicht besser aus?« Eifrig erwiderte sie: »Weiß Gott, ja.« Sie fuhr fort mit dem Bild der Brücke: »Ganz gleich, wieviel Feindseligkeit ich verspürte, ich konnte keinen Schwestermord, oder wie immer man das nennt, begehen.«

Sie sagte weiter: »Was ich noch über das Wort ›schwarz‹ und die Assoziationen, die ich dazu habe, sagen wollte: Es war das Gefühl, anders zu sein, es war das Wissen um meine Einstellung mir gegenüber. Das Schlimme ist, daß ich wirklich das Gefühl hatte, nicht ich selbst zu sein, und das ist wirklich krank, dieses Nicht-ich-selbst-

Sein, nicht mein Körper oder meine Person, nicht wirklich ein menschliches Wesen. Und das ist wirklich sonderbar.«

Ida: Ein Riß in der Wand

Wie die meisten Magersüchtigen äußerte Ida echten Widerwillen gegen die Vorstellung einer Therapie. Die Aufgabe des Therapeuten besteht darin, diesen Widerstand mit Respekt zu akzeptieren und ihn auch zu fördern, doch er oder sie muß gleichzeitig erklären, daß der Ablauf der Psychotherapie der Patientin Gelegenheit bietet, persönlich etwas zu gewinnen. Idas Wohlverhalten war insofern hilfreich, als sie es nicht ablehnte zu sprechen, aber es war auch ein Hindernis, weil sie alles höflich akzeptierte, ohne ihre wahren Gefühle zu äußern. Ida hatte das starke Gefühl, daß sich zu viele Leute um ihr Gewicht besorgt zeigten: Dies erschwere es ihr zu essen. Sie klagte: »Sie sagen, ›Du siehst so dünn aus, blah-blah-blah, und wir machen uns solche Sorgen um dich.‹ Ich hätte niemals an eine Behandlung gedacht. Immer habe ich schlanke Menschen bewundert, und dann wollte ich selbst schlank sein, und so habe ich mich auf Diät gesetzt, und jetzt fühle ich mich sehr normal. Ich halte die Besorgnis anderer Leute nur für einen Geschmacksunterschied. Anfangs habe ich nicht einmal erkannt, daß ich nicht bei guter Gesundheit war.« Auf meine Frage hin definierte sie »hohes Gewicht« als »alles über dem, was ich zur Zeit wiege«.

Die ersten Sitzungen benutze ich gern, um mich mit den realen Lebensverhältnissen der Patientin vertraut zu machen. Für Ida hieß das jetzt konkret, in einem Studentenwohnheim zu leben und gegenüber dem Aufenthalt fern von zu Hause ein Gefühl der Fremdheit zu empfinden. Sie war weit in der Welt herumgekommen und hatte mehr internationale Erfahrungen als die meisten Studenten. Ich erkundete auch den Stil ihrer sozialen Interaktionen, das Ausmaß ihrer Aktivitäten und im besonderen ihre Einstellung gegenüber Fragen der Ernährung. Während ich mich mit den verschiedenen Aspekten ihres Lebenshintergrunds vertraut machte, ging ich vor allem der Frage nach: »Wie sind Sie so geworden, wie Sie sind?« Das hieß einerseits, die äußeren Fakten ihrer frühen Kindheit und ihres Familienlebens kennenzulernen, andererseits aber auch und mehr, eine Vorstellung zu gewinnen von den Erfahrungen in ihrer frühen Entwicklung, die bedrückend oder behindernd gewesen waren.

Ida zeigte ein mehr als durchschnittliches Interesse daran, sich ihre frühe Entwicklung zu vergegenwärtigen und ihren Lebenshintergrund zu rekonstruieren. Sie äußerte sich voller Stolz über den hohen Status ihres Zuhauses und ihrer Familie. Sie war das jüngere von zwei Kindern; ihr Bruder war sechs Jahre älter als sie. Außerdem war da noch eine viel ältere Halbschwester aus der ersten Ehe ihres Vaters. Ihr Vater war ein leitender Angestellter in einem internationalen Unternehmen gewesen und hatte auch eine wichtige öffentliche Einrichtung begründet. Ida wußte aus familiären Gesprächen, daß ihr Vater seine erste Tochter angebetet hatte, doch dann hatte sie ihm eine Enttäuschung bereitet. Während ihres ganzen Lebens hatte Ida das Gefühl gehabt, *sie* dürfe ihren Vater nicht hintergehen. Sie war sicher, daß es für ihn eine bittere Enttäuschung gewesen war, daß sie als Mädchen zur Welt gekommen war. Nach ihrer Meinung wurde von ihr nicht soviel erwartet wie von ihrem Bruder, und so war es für sie ganz besonders wichtig zu beweisen, daß sie genauso hervorragend war, wie sie glaubte, daß ihr Bruder es sei. In einem anderen Zusammenhang erklärte sie mir, ihr Vater habe sich, als sie ein junger Teenager gewesen sei, besorgt darüber gezeigt, sie könne zu kokett werden. Da hatte sie den Beschluß gefaßt, das Gegenteil von ihrer Halbschwester zu werden, und so veränderte sie ihr Verhalten entsprechend.

Die größte Tragödie in Idas Leben war der plötzliche Tod ihres Vaters im Alter von 66 Jahren gewesen. Sie war zu der Zeit zwölf Jahre alt. Über dieses Ereignis brachte Ida Erinnerungen vor. Es war ihr bewußt, welche Änderung der Tod ihres Vaters für ihr Leben mit sich gebracht hatte. »Kurz bevor mein Vater starb, stellten wir keine Gouvernanten mehr ein, und dann bekam ich meine Mutter öfter zu Gesicht. Ich begann ein wenig mehr von der Welt zu verstehen, und ich hörte zum erstenmal etwas von geschäftlichen Dingen und darüber, warum meine Mutter sich ständig Sorgen machte.«

In ihren Erinnerungen an den Tod des Vaters schwang auch viel Stolz über ihre Familie mit, und sie ließ sich auf viele Einzelheiten ein, zuweilen in einem etwas herablassenden Ton, als wolle sie mir versichern, daß mit ihr alles in Ordnung sei und daß es bei ihr zu Hause, abgesehen von gewissen kleinen Unstimmigkeiten, ohne Fehl und Tadel zugegangen sei. Als sie davon sprach, daß sie sich hasse, war dies das erste Eingeständnis, daß sie unter wirklicher innerer Not litt und zutiefst unzufrieden war. Ich formulierte dies für sie auf verschiedene Art und Weise, jedesmal mit der beruhigenden Feststellung, daß wir, sobald wir uns erst besser kennten, schon herausfinden würden, wo sie nach ihrem Gefühl nicht beachtet oder in irgendeiner Weise vernachlässigt worden war. Das Therapieziel bei ihr würde sein, die unentwickelten Fähigkeiten zu fördern, all das Potential, das sich niemals hatte entfalten können. Das Hauptthema der sich anschließenden Untersuchung bestand darin, herauszufinden, warum sie unter einem derart gravierenden Selbsthaß litt, nachdem sie einen kleinen Teil des zuvor verlorenen Körpergewichts wieder zugenommen hatte.

Wie bereits oben erwähnt, war Ida am Anfang ihrer Behandlung zu medizinischen Zwecken hospitalisiert worden. Als ihr Gewicht 72 Pfund erreicht hatte, wurde sie aus dem Krankenhaus entlassen, allerdings mit der vereinbarten Auflage, daß sie wieder eingewiesen würde, sollte sie ihr Gewicht nicht über der genannten Marke halten können. Während der nächsten Monate blieb ihr Gewicht marginal. Sie suchte regelmäßig einen Internisten auf, und der berichtete, bei jeder Gewichtszunahme murmele sie verärgert: »Ich hasse es, ich hasse es«, und daß sie sich »überall fett« fühle und »schuldig wie ein Räuber, der das Gesetz gebrochen hat«. Es schien, daß sie vermehrte persönliche Aufmerksamkeit brauchte, und ich überlegte ernsthaft, ob sie nicht die stationäre Versorgung in einem Behandlungszentrum benötigte. Ihre gegenwärtigen Lebensverhältnisse erschienen heikel. Das College war nicht darauf eingerichtet, ihr spärliches Essen, ihre Schlaflosigkeit und Überaktivität zu überwachen. Sie selbst war unzugänglich für jede Anregung, ihre Leistungsansprüche zurückzuschrauben oder weniger aktiv zu sein. Ich erklärte ihr, meine Besorgnis um ihre körperliche Unversehrtheit könne den psychotherapeutischen Prozeß stören. Es ist interessant, daß sie viel später, als wir uns ihren Behandlungsfortschritt vergegenwärtigten, erwähnte, der stärkste Faktor, der sie daran gehindert habe, die Behandlung zu unterbrechen oder noch mehr Gewicht zu verlieren, sei die Möglichkeit gewesen, auf die Gelegenheit verzichten zu müssen, über sich in der Therapie zu sprechen. Diese Gespräche waren für sie von Anfang an sehr wichtig. Es war das erste Mal, daß jemand dem, was sie zu sagen hatte, wahrhaft zuhörte, und sie erkannte bald, daß das Sprechen über ihre Gefühle ihr dazu verhalf, sich besser zu fühlen.

Ida kam regelmäßig zu ihren Behandlungssitzungen. Auch wenn sie viel Zeit darauf verwendete, sich darüber zu beklagen, daß sie gezwungen werde, ein solch hohes Gewicht beizubehalten, begann sie dennoch ein wenig offener über ihren Lebenshintergrund zu sprechen. Sie äußerte große Bewunderung für jeden einzelnen in ihrer Familie und für seine Überlegenheit und sprach in selbstanklägerischem Ton darüber, wie unwert sie im Vergleich dazu sei, denn sie könne niemals hoffen, nach den Erwartungen ihrer Familie zu leben. Die Eltern waren sozial sehr aktiv, und sie verbrachte mit ihnen nur während der Wochenenden oder in den Ferien eine gemeinsame Zeit. Sie wurde gelobt für ihre Geschicklichkeit und ihren Mut bei sportlichen Aktivitäten, und in dieser Hinsicht nahm sie es mit ihrem älteren Bruder und seiner Freundesgruppe auf.

Mitte Oktober, ungefähr sechs Wochen nach Therapiebeginn, nahm ihr Bruder an dem allgemeinen Gespräch über Idas therapeutische Bedürfnisse teil. Sie hatte ihr Gewicht von 72 Pfund kaum gehalten, und so wurde die Frage einer langfristigen Hospitalisierung erörtert. Sie widersprach diesem Plan, äußerte jedoch zur gleichen Zeit Zweifel, ob sie es ohne fremde Hilfe schaffen werde. »Es ist nicht leicht, das Gewicht zu steigern, und es ist nicht leicht, mit den Abführmitteln aufzuhören. Darum bin ich hier. Wenn ich ein normaler Mensch wäre, müßte ich nicht hier sein.«

Wiederholt äußerte sie den indirekten Vorwurf: »Sie tun nicht genug für mich.« Sie erwartete von der Therapie, daß sie sich dadurch änderte, doch zur gleichen Zeit beschwerte sie sich darüber, sie werde kontrolliert und andere Leute träfen Entscheidungen für sie. »Sie gestatten mir nichts. Sie behandeln mich nicht wie einen erwachsenen Menschen. Sie zwingen mich.« Interessanterweise war sie in Gegenwart ihres Bruders offener in ihren Äußerungen und wütender, als sie jemals gewesen war, wenn ich mit ihr allein war.

Anschließend fuhr Ida nach Hause zum Thanksgiving-Wochenende und kehrte mit ihren Worten »praktisch genesen« wieder zurück. Sie hatte sich in einen der Freunde ihres Bruders »verliebt«. Sie hatte während des Urlaubs auch mit Freuden gegessen, und ihr Gewicht war auf 75 Pfund gestiegen. Ab diesem Zeitpunkt blieb ihr Gewicht zuverlässig über 72 Pfund. Doch der »Flug in die Gesundheit« durch »Verliebtheit« dauerte nicht an. Als sie in den Weihnachtsferien nach Hause reiste, erkannte sie, daß sie schwer deprimiert war, unfähig zu angenehmen Gefühlen in Gegenwart anderer junger Leute oder auch nur im Haus ihrer Mutter. Sie schrieb einen Brief, in dem sie versuchte ihre Depression zu schildern. »Mit meiner Gewichtszunahme begann ich in der Nacht Depressionen zu kriegen, so schlimm, daß ich in mein Kopfkissen weinte. Diese Depressionen sind ziemlich neu... Heute habe ich erneut dieses seltsame Gefühl gehabt, daß ich zwar weiß, jeder liebt mich, doch nicht weiß, warum.« Sie beschrieb dann einen Halbtraum, in dem sie und mehrere ihrer Freunde auf einer schönen Bergstraße wanderten, als sie plötzlich, ohne Grund, in den leeren Raum gesprungen sei und dann gesehen habe, wie sie auf den Felsen zerschmetterte, ohne dabei Schmerz zu verspüren. Sie sei verwirrt gewesen über den Schreckensausdruck auf den Gesichtern ihrer Freunde. »Dann wachte ich aus dem Halbschlaf auf und fing wirklich an zu weinen und mich zu hassen, da ich sofort das Gefühl hatte, mein Magen sei *voll* und *fett*. Ich lag nur da und haßte mich.«

Das Schreiben und Absenden dieses Briefes war ein entschiedener Fortschritt in ihrem Engagement gegenüber der Therapie: Es war nämlich das erste Mal, daß sie mir die Intensität ihrer Verzweiflung und ihrer Furcht vor den eigenen destruktiven Impulsen offen mitteilte. Sie hatte zunächst erheblichen Widerstand dagegen entwickelt, die Hindernisse und die konstruktiven Aspekte ihres früheren Leben zu erkunden. Dieser Brief war wie ein Riß in einer anscheinend unüberwindlichen Mauer.

Ida war mit deutlichen Hemmungen gegenüber dem Ausdruck von Gefühlen aufgewachsen. Niemand in ihrer Familie hob jemals die Stimme, mit Ausnahme ihres älteren Bruders, der sich mit den Gouvernanten anlegte. Sie selbst hatte niemals ein lautes Wort gesagt oder offen ihren Ärger geäußert. Obwohl sie in der Therapie dazu ermuntert wurde, war sie viel zu höflich, als daß sie negative Gefühle oder gegenteilige Meinungen äußerte. Die einzige Ausnahme waren ihre Gefühle in der gemeinsamen Sitzung mit ihrem Bruder gewesen. Zu Beginn unserer Arbeit erwähnte ich scherzhaft, was ich als Zeichen von Fortschritt ansehen würde: daß sie einen Kurs schwänzen oder mich so laut anbrüllen würde, daß meine Sekretärin es hören könnte. Doch keines dieser Ereignisse trat je ein, wenngleich sie schließlich doch auf den Besuch eines Kurses verzichtete, weil das Thema sie nicht interessierte und sie diesen Kurs als eine Belastung empfand.

Der Umstand, daß sie Streitgesprächen aus dem Wege ging, erwies sich in der Therapie als großes Hindernis. Welches Thema auch aufkam (es sei denn, es ging auch um Nahrung), sie beteiligte sich oder sprach sich jedenfalls nicht offen dagegen aus. Doch in ihrer allgemeinen Haltung äußerte sich ein Überlegenheitsgefühl, ein unausgesprochenes »Ich weiß es doch besser«, das den Rahmen abgab für den Prozeß des Ungeschehenmachens. Sie haßte es, vor anderen Menschen zu weinen. Auch als ihr Vater starb, hatte sie sich zu keinem Zeitpunkt wirklich gehenlassen und geweint. Stets war sie von Menschen umgeben, und selbst in ihrem Zimmer fühlte sie sich nicht sicher, denn es hätte jemand überraschend eintreten können. Auf dem College hatte sie darauf bestanden, ein Einzelzimmer zu bekommen, denn sie hatte Angst, sie könne in Gegenwart einer Zimmergenossin ihre Gefühle offenbaren. Es dauerte lange, bevor sie es sich gestattete, in den Therapiesitzungen zu weinen, wenn traurige und verstörende Erinnerungen in ihr aufstiegen.

Ihre Arbeit und ihre Leistung am College machten gute Fortschritte. Sie schien die Teilnahme an ihren Kursen zu genießen und widmete sich ihren Studien gewissenhaft, wobei sie stets darauf bedacht war, anerkannt und als jemand geschätzt zu werden, der sich an den Diskussionen beteiligte. Sie belegte nur solche Kurse, an denen sie auch wirklich interessiert war; das stand im Gegensatz zu ihrem früheren Verhalten in der Schule, denn damals hatte sie aufs schärfste mit ihrem Bruder konkurriert, der eine private High School mit den Schwerpunkten Mathematik und Naturwissenschaft besuchte. Sie hatte darauf bestanden, zur selben Schule zu gehen, obwohl sie für solche Themen nur wenig Talent oder Interesse hatte, aber sie hatte versucht sich zu zwingen, mit ihm Schritt zu halten. Aber am Ende wechselte sie zu einer High School, die Kunstgeschichte und Geisteswissenschaften als Schwerpunktfächer hatte. Ihre Leistungen dort waren ausgezeichnet, doch sie war nicht stolz darauf, denn »wenn etwas leichtfällt, liegt darin kein Verdienst«. Auf dem College hingegen wählte sie Kurse, die mit ihren besonderen Talenten und Interessen übereinstimmten.

In sozialer Hinsicht beschränkte sie sich auf sich selbst, auch wenn sie von ihren »Freunden« zu sprechen pflegte. Wie sehr sie sich isoliert hatte, erkannte ich erst später, als Ida und ich ihre ganze Lebensgeschichte rekapitulierten. Diese Isolation setzte ein Verhaltensmuster fort, das sie zu Hause angenommen hatte; sie nahm an keinerlei geselligen Aktivitäten teil, sondern verbrachte den größten Teil ihrer Zeit in ihrem Zimmer und studierte. Wenn andere Mädchen in ihr Zimmer kamen oder ihr sonstwie zu gesellig erschienen, zog sie sich in die Bibliothek zurück, um völlig ungestört sein zu können. Auch verbrachte sie viele lange Stunden mit ihren Studienarbeiten. Erst viel später erklärte sie, daß ihre Fähigkeit, sich zu konzentrieren und auswendig zu lernen, bei niedrigem Gewicht erheblich beeinträchtigt war und daß sie für ihre Studienarbeiten viel länger brauchte als bei besserer Ernährung.

Lucy: » Um Ehrlichkeit habe ich mich nicht sonderlich bemüht«
Die Frage der Ehrlichkeit spielt bei der *Anorexia nervosa* eine viel größere Rolle als bei den meisten anderen seelischen Zuständen. Bei Lucy war Ehrlichkeit das Schlüsselthema. Es ist wichtig, zwischen Entstellung und Täuschung oder Unehrlichkeit zu unterscheiden. Die eigentlich grundlegende Entstellung besteht in der Unfähigkeit der magersüchtigen Patientin, die Welt um sich herum realistisch zu sehen. Daher sind ihre Erklärungen oder Äußerungen, die nicht mit den Tatsachen übereinstimmten, keine bewußten Lügen, sondern vielmehr Teil der Krankheit oder der Entwicklungsverzögerung. Diese Entstellungen im Denken müssen ständig überprüft werden, wenn der Therapeut der Patientin helfen will, sich und die Welt realistischer zu sehen. Aktive Formen der Täuschung, etwa absichtlich falsche Darstellungen von Tätigkeiten oder die Leugnung von Ereignissen, dürften einen weniger bedeutenden Teil des therapeutischen Bildes ausmachen. Bei Lucy waren beide Probleme im Spiel.

Lucy war zwanzig Jahre alt, als sie zur Konsultation kam. Magersüchtig war sie drei Jahre zuvor geworden, als sie in einem Pensionat untergebracht war, wo sie sich völlig fehl am Platz gefühlt hatte. Sie war in Behandlung (einschließlich stationärer) gewesen, doch sie hatte keine wesentlichen Fortschritte gemacht. Auf meine Frage hin beschrieb sie, wie sie im Rahmn der letzten Behandlung nichts weiter getan hatte, als über all die Themen zu sprechen, die der Arzt nach ihrem Eindruck hören wollte. Ich sprach die Hoffnung aus, daß sie bei mir mehr sie selbst sein werde.

In Lucys Therapie gibt es viele Beispiele für aktive Täuschung – zum Beispiel über einen Arbeitsplatz zu reden, den sie nie gehabt hatte, ober über Schulklassen, die sie nicht beendet hatte. Im nachhinein sprach sie gewöhnlich in aller Offenheit über ihre Täuschung und erklärte, Ehrlichkeit hätte vor allem zuviel Aufwand erfordert. Wir hatten gerade eine ziemlich offene Erörterung über Echtheit, als wir ein Beispiel für grobe Unehrlichkeit aufdeckten.

Lucy, sie war College-Studentin, legte einen dreiwöchigen Urlaub so, daß er zeitlich mit meinem eigenen Urlaub zusammenfiel. Dann teilte sie mir mit, ihre Pläne hätten sich geändert, denn die Eltern, so erklärte sie, wünschten die ganze Familie mit auf eine Reise zu nehmen. Vier Wochen später kehrte sie zurück, voller

Enthusiasmus über all die wunderbaren Dinge, die sie gesehen hatte, doch sie erklärte auch, daß die Reise unerwartet hätte verkürzt werden müssen. Doch zufällig erhielt ich einen Brief aus ihrer Heimatstadt, in dem der Schreiber erwähnte, die geplante Reise von Lucys Familie sei ganz und gar abgesagt worden. Lucy bestätigte dies, als sie gefragt wurde, und erklärte, ihre Eltern hätten zu Hause bleiben müssen. Sie beschrieb den Prozeß dieser Irreführung wie folgt: »Ich glaubte es wirklich. Ich überzeugte mich selbst, daß wir abgereist waren. Nachdem ich angefangen hatte, an Paris zu denken, überzeugte ich mich, daß wir abgereist waren.« Sie bemerkte dazu, ihr Vater sei gegen diese Täuschung gewesen, ihre Mutter hingegen habe sie unterstützt. Sie sprach über den Widerspruch bei ihrer Mutter, die auf der einen Seite die Therapie für schrecklich wichtig hielt und Lucy ermunterte, auf der anderen Seite aber nicht zögerte, sie darin zu unterstützen, während der abgesagten Ferien der Therapie fernzubleiben. Lucy hatte das Gefühl, diese Falschheit sei in ihrer Familie über mehrere Generationen von der Mutter auf die Tochter weitergegeben worden. Sie ließ sich in allen Einzelheiten darüber aus, wie die soziale Haltung ihrer Mutter für sie, Lucy, ein Lehrstück in Unehrlichkeit gewesen sei. Nach Lucys Meinung war diese während der Entwicklung der Magersucht andauernde Täuschung allesumfassend, aber in der Regel subtiler.

Kurz nachdem Lucy in die Therapie gekommen war, hatte sie angefangen, ohne Einschränkung zu essen, und wir hatten wiederholt erörtert, was sie während der Hungerperiode empfunden hatte. Sie hatte ständig darüber geklagt, sich »voll zu fühlen«, nicht in der Lage zu sein, mehr zu essen. Sie erklärte ohne Zögern: »Das ist eine dicke Lüge – niemand kann beweisen, daß man sich nicht voll fühlt.« Dies schien mir eine zu simple Erklärung zu sein, mit anderen Worten, ich hatte das Gefühl, dabei müsse mehr als eine simple Lüge im Spiel sein. Sie fuhr fort zu erklären: »Man lebt wie in Trance. Man hat für sich selbst die Vision eines Tunnels. Das ist alles, nur dies. Man verliert aus den Augen, was man wirklich mag, auch wenn man zusammen mit anderen Leuten genau sehen kann, was los ist. Es ist genauso: In Ihrem engen Tunnel fühlen Sie sich sicher, doch nirgendwo sonst – Sie können sich nicht vorstellen, wie absurd das Denken ist. Ich war ständig mit der Frage beschäftigt, wie ich in den Augen anderer aussehe, so als wenn ich in einen Fahrstuhl steige.« Sie erklärte weiter: »Es gab immer zu viele harte Forderungen, und ich hatte ein zu schwaches Selbstbild. Tatsächlich hatte ich überhaupt kein Selbstbild. Ich wußte buchstäblich nichts über mich und wie ich mich entwickelt hatte. Meine Beziehung zu den Eltern schiebt sich dazwischen. Das Motto war stets ›Schone Mutter‹, und so belästigte ich sie nicht mit Dingen, die mich beunruhigten.«

Wie oben erwähnt, war Lucy in einem Pensionat, als die *Anorexia* einsetzte, und sie erklärte: »Ich konnte keinen Ausweg entdecken – das war nicht der richtige Ort für mich, doch sobald ich anfing abzunehmen, vergaß ich alles andere völlig. Man entzieht sich allem – man hungert sich zu Tode –, und man sagt sich, daß es schön ist. Jedermann bedrängt einen, man solle mehr essen, und das ist der Zeitpunkt, wenn die Tunnel-Vision einsetzt. Ich habe das Gefühl, Sex würde das alles aufbrechen, doch wenn man hungert, fühlt man nichts. Es ist unglaublich, was man seinem Körper antut. Man ist ständig mit Nahrung beschäftigt – aber auch damit, wie man aussieht. Es ist so leicht zu sagen, man ist ›voll‹ – doch das ist eine Lüge, es ist nur eine Rechtfertigung. Man muß sich die Nahrung versagen. Man kann nicht sagen ›Ich möchte dünn sein‹, nicht wirklich, und so muß man für jedermann sonst einen Grund hervorkramen. Man sagt also, man sei voll. Es ist so einfach zu sagen ›Ich kann nicht soviel essen.‹«

Mehrere Monate später sprach sie darüber in einem anderen Zusammenhang: »Ich muß für alles, was ich tue, eine Entschuldigung parat haben. Und ich denke, wenn man wirklich zusammenfällt und Gewicht verliert – niemand kann es durchhalten, so zu leben. Ich denke, daher kommt die Selbsttäuschung, um sich weiter wohl zu fühlen – so ist es jedenfalls bei mir –, ich denke, was bewahrt mich davor, depressiv zu werden, die Selbsttäuschung und all die anderen Täuschungen.« Ich erklärte, dies hätte ich bereits früher gehört, dieses Gefühl von: »Wenn ich unglücklich bin, dann nehme ich ab, und das gibt mir das Gefühl, das ich etwas wert bin.« Sie erwiderte: »Ja, das ist der gleiche Täuschungsprozeß. Wenn man sagt, daß man etwas wert ist, weil man Gewicht verliert, dann muß man sich etwas vorlügen, genauso als wenn man sagte, man sei nicht hungrig, wenn man hungert.«

Sie fuhr fort: »Ein Grund, warum ich Gewicht verliere, liegt darin, denke ich, das denke ich wirklich, daß ich versuche, mich zu bestrafen. Dieses Gefühl habe ich genau jetzt, und darum denke ich auch, es ist so wichtig, daß ich darüber spreche – daß es eine Bestrafung ist. Wenn ich das tue, dann kann mir nichts von all dem anderen Kram passieren. Man denkt auch nicht an das Lächerliche, was man da tut. Es geht nur darum, daß man dieses Gefühl verspürt – es ist ein sehr seltsames Gefühl, ein körperliches Gefühl. Es ist fast so, als wenn man wüßte, daß man sich selbst verletzt, und der Körper kann das auch spüren, und dann verleugnet man dieses Gefühl.« Sie glaubte, Hunger könne sie davor bewahren, einen Unfall zu haben oder in eine Tragödie verwickelt zu werden. »Nun, es scheint, als wenn ich Hunger als eine Entschuldigung benutze – es ist so schwer, dies zu erklären. Ich glaube, das könnte zu dem Gefühl gehören, das man aus Kontrolle und Perfektion bezieht, weil man weiß, was man tut. Man weiß. Ich wußte immer, was ich tue. Der eigene Körper sagt es einem die ganze Zeit.«

Ich erkundigte mich nach ihrer Geschichte der Unehrlichkeit. »Lassen Sie mich sagen«, erklärte sie, »daß ich mich nicht an den Tag erinnern kann, an dem ich anfing, mich so zu verhalten, doch ich war noch sehr jung, als ich damit begann. Ich dachte, ich sei nicht gut genug. Ich müsse besser werden, als ich war. Ich müsse dafür sorgen, daß ich für andere Menschen besser aussähe. Besser aussehen kann man auf zweierlei Weise – man muß sich entweder selbst täuschen und so besser aussehen oder man muß sich bei den alltäglichen Dingen mehr anstrengen. Heute wünschte ich, ich hätte mich häufiger *mehr bemüht*. Ich glaube, das wäre erheblich gesünder gewesen.«

Sie gab einige Beispiele, und ich kommentierte: »In dieser Selbsttäuschung liegt also wirklich die Verleugnung ihrer Fähigkeiten, um so den Schein aufrechterhalten zu können, Sie seien größer, als Sie wirklich sind, und zur gleichen Zeit sind Sie überzeugt davon, daß Sie geringer sind als Ihre echten Gaben.«

Lucy kehrte zu dem Begriff der Ehrlichkeit zurück: »Ich möchte wirklich ehrlich sein. Doch in meinem ganzen Leben habe ich nie über Ehrlichkeit nachgedacht. Ich habe es nie für irgendeine Tugend gehalten. Über Ehrlichkeit habe ich mir nie sonderliche Gedanken gemacht. Aber ich glaube, wenn ich mehr in Richtung Ehrlichkeit getan hätte, dann würde ich mehr darüber nachdenken, wenn ich mich selbst täusche. Ich glaube, es hat damit begonnen, daß ich mich selbst betrog, und erst dann habe ich andere getäuscht. Doch manchmal, etwa bei meinen Eltern, wenn wir anfangen, über etwas zu reden, dann sage ich irgendeine Unwahrheit und fange anschließend an, sie zu glauben.«

Lucy trug viele Beispiele dafür vor, daß Magersüchtige sich zur Erklärung ihres Verhaltens mehr auf die Vorstellungen anderer Menschen verlassen als auf ihre eigenen Gefühle. Sie hatte den Film

»Der Exorzist« gesehen, während sie aufgrund ihrer *Anorexia* hospitalisiert war, und ließ sich nun über eine gewisse Parallele zwischen Kreativität und das Ausmaß des Hungerns aus. Sie erklärte, sie habe so etwas wie Visionen erlebt, zumindest »seltsame Dinge«. Ihr war zwar bewußt, daß diese »seltsamen Dinge« geschahen, während sie im Krankenhaus war, doch als sie »extrem hungerte«, war sie nach ihrer Vorstellung »vom Teufel besessen«, das heißt, sie schrieb den Zustand nicht ihrer körperlichen Zerrüttung zu. Sie beschrieb auch, wie sie ihre menschlichen Angstgefühle in eine politische Einstellung verkehrt hatte. Sie sprach über ihre Rückkehr nach Hause und erklärte: »Wenn wir Ausflüge machten, dann hatte ich wirklich Angst. Ich war wie ein kleines Baby, das in einer riesigen Menge verloren war. Immer wenn wir mehr als zehn Menschen um uns herum hatten, geriet ich in starke Aufregung. Ich hielt die Leute in den Autos nicht für menschliche Wesen. Es waren diese großen Dinger, die mir Angst einflößten. Ich fing an, über Menschen in Massen nachzudenken. Ich begann, über Ökologie nachzudenken und darüber, wie diese Leute alles zugrunde richteten. Wir ruinieren diese Erde. Ich wurde eine jener hitzköpfigen Studentinnen.«

Lucy sprach auch über ihre Krankheit: »Die letzten drei Jahre waren für mich ein einziger Rückzug. Ich kann nicht verstehen, wovor ich Angst habe. Wenn es körperliche Gefahr gewesen wäre, akute Angst davor, vergewaltigt oder ermordet zu werden, hätte ich es ja verstehen können. Doch meine Angst ist so irrational. Ich werde niemals feststellen, ob sie eine Lüge ist, bis ich rausgehe und anfange, mit Leuten zu reden. Es spielt überhaupt keine Rolle, was ich tue – zu Mittag essen, darüber reden, wie schrecklich die ›Dogs‹ sind –, es ist alles einerlei. Doch die irrationale Angst wächst immer weiter, bis ich rausgehe und feststelle, daß ich nicht wieder lüge. Ich habe diese unglaublich starke Angst, die Leute könnten mich nicht mögen. Klarer kann ich es nicht ausdrücken.« Ich wies sie darauf hin, daß diese Angst ein Gegenstück habe – nämlich die Überzeugung: »Ich bin es nicht wert, daß sie mich mögen« – und daß dies so gut wie Lüge sei. Ich erklärte: »Das nenne ich eine grundlegend falsche Vorstellung. Sie und diese ›Anorexia-Firma‹, sie haben beide genau die gleiche Angst: ›So wie ich bin, bin ich nicht gut genug, die Leute lieben mich nicht.‹« Lucy entgegnete: »Wie können Sie jemals feststellen, daß dies falsch ist, solange Sie nicht rausgehen und mit Menschen reden? Das beginnt mir langsam aufzugehen, doch ich muß es nachweisen. Das liegt fast auf der gleichen Linie wie die

Notwendigkeit, mir zu beweisen, daß ich für den Rest meines Lebens nicht 400 Pfund wiegen werde, wenn ich anfange zu essen.«

Lucy beendete die Therapie vorzeitig, doch sie war mit dem Fortschritt, den sie gemacht hatte, zufrieden. Sie war der Meinung, sie könne sich nie mehr selbst täuschen, und fühlte nicht mehr das Bedürfnis, andere zu täuschen.

5. Kapitel:
Die unwillige Patientin

Magersüchtige Patientinnen sind häufig nur widerwillig in Behandlung, vor allem in einer Psychotherapie. Diese Unwilligkeit konfrontiert den Therapeuten mit einer Anzahl widersprüchlicher und zuweilen unlösbarer Probleme, einschließlich der ethischen Frage, ob es angeht, einen Patienten zu behandeln, der seine Zustimmung verweigert. In jedem Einzelfall stellt sich die Situation ein wenig anders dar und bedarf individueller Behandlung. Doch einige Entscheidungen sind klarer zu treffen als andere. Wenn eine Patientin sehr streitsüchtig ist und körperlich in einem nicht allzu schlimmen Zustand, dann empfiehlt es sich, die Behandlung hinauszuschieben, bis sie sich bereit findet, an ihr teilzunehmen. Die Situation ist verwirrender, wenn die Patientin sich in einem schlechten körperlichen Zustand befindet und nicht in der Lage ist, für sich selbst zu sorgen, und wenn eine Hospitalisierung als lebensrettende Maßnahme angezeigt ist. In solchen Fällen sehe ich die Patientin während ihrer medizinischen Hospitalisierung in regelmäßigen Abständen und stelle allerdings klar, daß sie eine »unfreiwillige Zuhörerin« ist, die es ablehnen kann, interviewt zu werden. Solche Ablehnungen muß man respektieren, doch ich habe häufig die Erfahrung gemacht, daß Patientinnen protestieren, dann aber in ein Interview einwilligen. Diese Taktik hat sich als sehr hilfreich erwiesen, wenn man mit unwilligen Patientinnen Kontakt herstellen will.

Viele anfragende Briefe, die ich erhalte, bitten um Rat, wie man es bewerkstelligen kann, eine unwillige Patientin zu bewegen, zur Konsultation zu kommen. Viele Patientinnen willigen schließlich, wenn auch widerstrebend ein, sich an einer Therapie zu beteiligen, wenn erst einmal eine Konsultation oder eine längere Therapie arrangiert worden ist. Doch in einigen Fällen ist der Widerstand gegen die Therapie so stark, daß die Patientinnen es ablehnen, auch nur in die Nähe eines ärztlichen Büros zu kommen, weil sie überzeugt sind, daß ihnen nichts fehlt, oder weil sie das Gefühl haben, sie könnten einem Arzt nicht trauen. Andere können es zwar gestatten, daß man sie zum Arzt bringt, doch sie beteiligen sich nicht an dem therapeutischen Prozeß. Einmal sah ich ein fünfzehnjähriges Mädchen, dessen Eltern es in mein Sprechzimmer brachten, ohne zu erwähnen, daß es eine Kooperation absolut ablehnte. Es erwies sich als völlig unzugänglich und brachte es fertig, während des Interviews mehr als vierzigmal »Ich weiß nicht« oder »Das kümmert mich nicht« zu sagen. Die einzige Frage, auf die es mit einem Satz antwortete, lautete: »Warum sind Sie überhaupt gekommen, wenn Sie doch nicht reden wollen?« Seine Antwort war: »Ich gehorche meinen Eltern immer.« Ich konnte diese Zeit nicht zu einer Familiensitzung oder einem Interview mit den Eltern nutzen, weil sie das Wartezimmer verlassen hatten (»zu einer Tasse Kaffee«) und nicht eher zurückkehrten, als bis die Stunde vorüber war. Auf meine Frage räumten sie ein, daß sie gewußt hätten, welch negative Einstellung ihre Tochter hatte, sich aber gedacht hätten, daß eine Psychiaterin mit der Situation schon fertig würde.

Die folgenden Fälle veranschaulichen die Vielfalt an Formen, in denen Patientinnen ihre anfängliche Unwilligkeit zur Teilnahme an der Behandlung äußern können.

Anna: Ein kämpferischer Geist

Eine negative, streitsüchtige Haltung bedeutet noch nicht unbedingt, daß sich kein Kontakt herstellen läßt. Anna, eine 17 Jahre alte High School-Studentin, wurde zu einer Konsultation gebracht, gegen die sie sich buchstäblich »mit Krallen und Zähnen« zur Wehr gesetzt hatte (der Vater hatte frische Bißmale auf seinem Unterarm). Dieser kämpferische Geist hatte alle Familieninteraktionen in den zurückliegenden zwei Jahren beherrscht.

Anna war in ihrer Familie das jüngste Kind, und sie war eine exzellente Schülerin gewesen. Obwohl sie während der Junior High School übergewichtig war, hatte sie mehr Ehren und Auszeichnungen erhalten als alle ihre Schwestern und Brüder zusammengenommen. Gegen Ende der Schulzeit hatte sie einen Preis erwartet, doch der war an das Kind einer Minderheit verliehen worden, ein Ereignis, das die Familie als Zeichen politischen Drucks in ihrer Gemeinde ansah. Anna fühlte sich durch die Verweigerung des Preises, der nach ihrer Meinung ihr zustand, dermaßen verletzt, daß sie sich von allen sozialen Aktivitäten zurückzog und immer weniger aß. Bis dahin hatte sie ihr Übergewicht als Teil der körperlichen Konstitution betrachtet; sie hatte sich wohlgefühlt dabei und glaubte sich aufgrund ihrer akademischen Leistungen geachtet und anerkannt. In dieser Situation vermißte Anna jedoch die Anerkennung durch ihre Mutter, ja, sie fühlte sich von ihr verlassen, von der sie eigentlich erwartet hatte, daß sie den Kampf gegen die ihr, Anna, zugefügte Ungerechtigkeit aufnehmen würde. Im Gegensatz zu früheren Erfahrungen mit Diäten hielt sie diesmal so rigoros an der reduzierten Nahrungsaufnahme fest, daß ihr Gewicht innerhalb eines Jahres von 180 Pfund auf 85 Pfund sank. Nun konzentrierte sich die familiäre Sorge auf ihr Dünnsein.

Anna wurde von einem Arzt zum anderen gebracht und mehrfach in ein Krankenhaus eingeliefert. Die Konsultation bei mir wurde vereinbart, als sie noch in einem anderen Bundesstaat hospitalisiert war, eine Situation, über die ich nicht informiert worden war. Der Gewichtsverlust war mit viel Aggression und Fehlinformation belastet. Beispielsweise hatte einer der Ärzte Annas Mutter zutiefst mit der Erklärung verschreckt, daß Anna sterben müsse, wenn sie weitere vier Pfund verliere.

Anfangs sah es so aus, als wenn Anna bei einer weiteren Untersuchung nicht mitarbeiten würde, bei einer Untersuchung, von der sie befürchtete, sie werde darauf hinauslaufen, daß sie gezwungen würde zuzunehmen, obwohl sie dies überhaupt nicht wollte. Ihre Klage über aufgezwungene Behandlung akzeptierte ich als stichhaltig. Annas Erfahrungen mit medizinischer Zwangsbehandlung waren so augenfällig, daß es leichtfiel, ihr zuzustimmen, daß sie über die verschiedenen medizinischen Untersuchungen hätte unterrichtet werden sollen. Nachdem die hauptsächlichen Ereignisse ihres Lebens in einer Familiensitzung besprochen waren, redete ich mit Anna allein und suchte im einzelnen herauszufinden, was die verschiedenen Prozeduren für sie bedeutet hatten. Ich erklärte ihr, sie habe ein Recht darauf, aus ihren verschiedenen Erfahrungen zu lernen und ihre Bedeutung zu erfahren. Unerwarteterweise wurde sie aufgeschlossen und sprach mit starker Emotion über die beständigen Auseinandersetzungen daheim, die alle nur das Ziel verfolgten, sie einer weiteren medizinischen Prozedur zu unterwerfen.

Während des zweiten Interviews sprach sie freier über das Ereignis, das ihrem sozialen Rückzug und dem Gewichtsverlust vorausgegangen war, nämlich von einer Enttäuschung, die an einem entscheidenden Lebenspunkt über sie hereingebrochen war. Ich erinnerte sie daran, daß ihre Mutter die Tatsachen in genau der gleichen Art und Weise dargestellt hatte: »Nach dem, was sie sagt, war es für Sie eine große Ungerechtigkeit und eine schmerzliche Enttäuschung, daß Sie um etwas betrogen wurden, das Ihnen rechtmäßig zustand.« Anna gestand, der wirkliche Schmerz habe darin bestanden, daß ihre Mutter die Ungerechtigkeit nicht vor Gericht gebracht oder in anderer Form bekämpft habe. »Der Ärger mit Mutter begann, als die andere Mutter sich für ihr Kind einsetzte und meine Mutter nicht.« Die Situation zusammenfassend, meinte ich, es sei ungewöhnlich, daß diese eine Enttäuschung ihr Leben ruiniert zu haben schien. »Es müssen noch andere Dinge vorgefallen sein, bei denen Sie keine Anerkennung gefunden haben, bei denen Sie sich im Stich gelassen fühlten.« Ich stellte die Frage: »Warum verschwenden Sie Ihre Zeit damit, zu essen und sich zu übergeben? Das ist die größte Zeitverschwendung, die ich mir vorstellen kann.« Sie pflichtete mir bei: »So habe ich das noch nie gesehen – auch ich kann mir bessere Möglichkeiten vorstellen, Geld auszugeben.«

Gegen Ende der zweiten Sitzung war das Mädchen, das es während des ersten Interviews abgelehnt hatte zu reden und seine Eltern lauthals beschimpfte, zur Erörterung eines Behandlungsplans bereit. Es wollte die bevorstehende Ferienzeit dazu benutzen, den Schulstoff aufzuholen, den es versäumt hatte. Es willigte auch ein, einen Therapeuten nahe seinem Heimatort aufzusuchen. Offen sprach es über die verschiedenen Ärzte, die seine Familie konsultiert hatte und die überhaupt nicht mit ihm gesprochen hatten; zu den meisten hatte es kein Vertrauen. Dann sprach die Patientin plötzlich über Zukunftspläne, von denen der willkommenste war, sich zu einer Ärztin ausbilden zu lassen. Sie war sich darüber im klaren, daß sie sich so verhalten hatte, als wenn sie Ärzte nicht mochte, »doch nur einige. Darum möchte ich Ärztin werden, und zwar eine, der die Leute vertrauen können«.

Helen: Das selbstgemachte Opfer

Helen, die 23 Jahre alt war, als ihr Vater mit der Bitte an mich herantrat, sie in Behandlung zu nehmen, hatte eine ausgesprochen negative Einstellung. Als Helen 17 Jahre alt war, sank ihr Gewicht von 117 auf 99 Pfund (ihre Größe betrug 1,71 Meter). Sie ging zu einem College im Osten des Landes, doch dort fühlte sie sich fehl am Platz und wurde depressiv. Für kurze Zeit suchte sie einen Psychiater auf, doch sie hatte das Gefühl, daß alles, was sich dort abspielte, für sie ohne jede Bedeutung war. Ihr Gewicht fiel auf 90 Pfund, als sie in ihre Heimatstadt im Westen zurückkehrte. Sie besuchte ein örtliches College, doch sie verfiel wieder in Depressionen und nahm noch weiter ab.

Während der nächsten zwei Jahre wurde sie wiederholt in ein Krankenhaus eingeliefert, damit sich ihr Ernährungszustand verbesserte, und sie war zu verschiedenen Zeiten bei mehreren Psychiatern in Behandlung. Sie war stolz auf die Tatsache, daß sie während ihres ersten Krankenhausaufenthalts neun Pfund verloren hatte und daß ihr Gewicht während der vergangenen zwei Jahre nicht über 80 Pfund gestiegen war. Dann entschloß sie sich, ihr College-Studium in Houston zu beenden, und erklärte widerstrebend ihre Bereitschaft, eine Therapie aufzunehmen.

Doch als sie Ende August eintraf, lehnte sie es rundweg ab, behandelt zu werden. Sie verlangte, mich allein zu sprechen, ohne ihre Mutter, die sie begleitet hatte. Sie erklärte: »Lassen Sie mich gleich rundheraus sagen, daß meine Einstellung sehr schlecht ist, sehr schlecht. Ich möchte nicht zu Ihnen kommen. Ich weiß, daß ich ein Problem habe, doch ich habe die Psychiater und die Krankenhäuser satt, und ich kann es kaum über mich bringen, dieses Gebäude zu betreten und mit Ihnen zu sprechen. Ich habe gerade 17 Tage in diesem Monat in einem Krankenhaus verbracht. Sie haben wieder versucht mich dazu zu bringen, Gewicht zuzulegen. (Ich hatte erklärt, ich würde sie nur zu ambulanter Behandlung vorsehen, wenn sie ein Gewicht von über 80 Pfund hielte.) Ich möchte von dem Gedanken loskommen, krank zu sein und Psychiater aufsuchen zu müssen. Schauen Sie, Psychiater haben mir nicht geholfen, und ich bin vier oder fünf Jahre bei ihnen gewesen.«

Als ich Gelegenheit erhielt, ein oder zwei Worte zu sagen, erklärte ich ihr, es liege nicht in der Verantwortung von Psychiatern, ihr dazu zu verhelfen, zuzunehmen. »Sie können Ihnen bei Ihren tiefer liegenden schlechten Gefühlen helfen, bei Ihren Sorgen über Ihr Selbst. Das ist die Aufgabe des Psychiaters. Doch ein Psychiater kann nicht mit einem unter Hunger leidenden Organismus arbeiten, weil Hunger die psychologischen Funktionen beeinträchtigt. Das ist eine andere Frage – für Ihre Ernährung brauchen Sie einen Mediziner.« Sie gab zu, daß sie gegenüber ihrem Dünnsein kein gutes Gefühl habe. »Ich hoffe, daß es mir hier leichter fällt zu essen, fernab von der Familie.«

Sie fügte hinzu: »Aber sagen Sie meiner Mutter nicht, daß ich nicht kommen möchte. Sie würde überschnappen, wenn sie hörte, wie ich sage, daß ich nicht kommen möchte, oder denke, es sei nicht nötig zu kommen, und daß ich versuchen möchte, von allein zuzunehmen. Das habe ich ja seit Jahren getan – von einem zum anderen gegangen, und niemand hat mir geholfen, niemand. Das bin ich so leid.«

Ich fragte sie nach ihren früheren Erfahrungen mit Psychiatern. Was sie da über sich selbst erfahren habe? »Was ich erfahren habe? Ich weiß nicht, was ich erfahren habe. Ich habe kein Vertrauen zu ihnen. Es tut mir leid, ich schätze Sie, Sie sind wunderbar, aber ich glaube Ihnen nicht. Das macht mich krank. Ich habe Tausende von Dollar verschwendet.«

Ehe sie keine Therapie wünschte, erklärte ich ihr, könne man nichts für sie tun, doch natürlich würde ich ihrer Mutter nicht sagen, daß sie in Behandlung sei, wenn sie es tatsächlich nicht sei. Ich schlug vor, sie solle regelmäßig einen Internisten aufsuchen. Sie stimmte zu, und ich fragte, ob es für sie eine Hilfe bedeuten würde, wenn wir uns zu einem bestimmten, noch auszuhandelnden Termin wiedersähen, vielleicht in einem Monat oder so, und sie darüber berichtete, wie es ihr ginge. Es folgte ein Dialog, der etwas Charakteristisches an der ganzen früheren Behandlungszeit erahnen ließ, daß sie nämlich die andere Person in die Rolle derjenigen zu zwingen versuchte, die für sie, Helen, Entscheidungen traf. Sie antwortete: »Wenn Sie es wünschen.« Meine Antwort lautete: »Nein, wäre es für *Sie* hilfreich?« Zu ihrem Geschick, andere Menschen dazu zu veranlassen, für sie Entscheidungen zu treffen, denen sie folgen würde, gab ich den Kommentar: »Dann können Sie sich anschließend darüber beschweren, daß Sie es überhaupt nicht gewollt hätten.«

Ihre Antwort bestätigte meine Bemerkung. »Natürlich möchte ich das nicht. Doch wenn es dazu beiträgt, daß Sie sich besser fühlen, werde ich es natürlich tun.« »Sehen Sie?« erwiderte ich. »Das ist genau, was ich meine. Sie drehen die ganze Sache um, und Sie wollen es tun, wenn ich mich dabei besser fühle. Werden *Sie* sich besser dabei fühlen?« Sie antwortete: »Ich werde diesen Arzt einmal in der Woche aufsuchen.« Ich bekräftigte: »Gut, lassen wir es dabei. Und Sie werden es ihm überlassen, Ihnen zu sagen, wann Sie das Bedürfnis haben, mich zu sehen. Dann werden Sie sich glücklich fühlen, weil irgend jemand anders Sie wieder zwingt.« An diesem Punkt wandte sie sich an ihre Mutter, die einige Minuten zuvor in die Sitzung gekommen war, und sagte: »Vielleicht sollte ich nur eine Verabredung treffen. Ist das ein guter Vorschlag, ein Mal, soll ich es ihr sagen? Ich weiß nicht.« Als die Mutter keine Meinung äußerte, wiederholte sie: »Mami, glaubst du, daß es wichtig ist, wenn ich in

einem Monat noch einmal vorbeikomme und berichte? Ist das gut?«
Ich sagte: »Sie haben doch gesagt, Sie wollten es allein schaffen, Sie
wollten keine Überwachung. Mir soll das recht sein.« Darauf
räumte sie ein: »Vielleicht habe ich ein sichereres Gefühl, wenn ich
weiß, daß ich darüber in einem Monat noch einmal sprechen kann.
Vielleicht gibt mir das ein gutes Gefühl.«

Diese kleine Episode sagte genau voraus, was kommen würde.
Was immer sich ergab und welche Entscheidung auch immer getroffen werden mußte, sie versuchte jemand anderes dazu zu veranlassen, die Entscheidung zu treffen, so daß sie das Opfer wäre, das
manipuliert werden soll.

Wie sich herausstellte, telefonierte sie drei Wochen später mit mir,
um sicherzustellen, daß die Verabredung in der folgenden Woche
weiterhin bestand. Nun war sie gesprächig. »Alles läuft prächtig,
doch ich nehme nur noch nicht zu. Ich verabrede mich nicht mit
Jungen, und ich bin immer noch krank. Ich bin es satt, so zu leben.
Ich bin es satt, daß ich nichts dagegen tun möchte. Es hört sich so
einfach an, doch ich kann es einfach nicht. Nehmen Sie, zum Beispiel, einen gewöhnlichen Tag – ich esse zum Frühstück, und dann
laufe ich den ganzen Tag herum, bis zehn Uhr abends, und ich bin
nicht wirklich hungrig, doch ich möchte essen. So setze ich mich hin
und nehme einige Pommes frites zu mir, doch wenn ich sechs oder
sieben gegessen habe, fange ich an, mir zu sagen: ›Du nimmst zu,
wenn du all dies spät am Abend ißt.‹ Dann stehe ich auf und nehme
den Teller mit. Ich kaue einige Pommes und spucke sie wieder auf
den Teller. Ich schlucke sie nicht runter, weil ich weiß, wenn ich das
tue, dann könnte ich zunehmen. Denn ich weiß, ich werde krank,
wenn ich das in mich reinstopfe. So kann ich mich nicht zum Essen
zwingen, selbst wenn ich hungrig bin. Ich habe Angst davor, Gewicht zuzulegen, und dann hasse ich mein Aussehen. Seit zwei Jahren stecke ich in dieser Situation fest, und ich habe das Gefühl, kein
Psychiater war in der Lage, mir zu helfen. Wenn Sie mir helfen,
werde ich zu Ihnen kommen. Ich weiß nicht, wie oft, weil ich es
eigentlich nicht möchte – doch ich muß mit jemandem darüber
sprechen.«

Ihr ging auf, daß in ihrer Äußerung einige Widersprüche enthalten
waren. »Fasten bringt mich dazu, zu schnell zu fahren und zu schnell
zu laufen«, erklärte sie. Sie versuchte nur solche Nahrungsmittel
zu essen, die sie nicht dick machten. »Ich möchte meinen Körper
wiederhaben. Doch das Gewicht erschreckt mich. Wenn jemand

sagte ›Du hast zugenommen‹ oder auch nur: ›Du siehst besser aus‹, würde mich das umbringen. Wenn Sie so etwas sagten, würde ich sofort aus dem Fenster springen.« Sie fragte ziemlich dringlich: »Woher kommt das? Wie kriege ich das weg?« Meine Antwort war »Selbstachtung«. Ich erklärte ihr, es gäbe da kein »es«, das man wegkriegen müsse, sondern daß sie eine positivere Einstellung zu sich selbst und ihrem Körper gewinnen müsse.

Den Gedanken der Selbstachtung griff sie auf und erklärte, sie habe das Gefühl, daß sie von anderen niemals wirklich gemocht worden sei. Dieses Problem sei in der High School noch schlimmer geworden. Ehe sie sich zwanghaft mit ihrem Körper beschäftigte und abzunehmen begann, hatte sie bei den außerschulischen Aktivitäten ihrer Schule eine wichtige Rolle gespielt. Der Besuch des College wurde eine Enttäuschung in jeder Hinsicht, und darauf verfiel sie in Depressionen. Ihr Gewicht fiel von 100 auf 90 Pfund. Jetzt war ihr Gewicht noch niedriger. In diesem Monat hatte sie eine Verabredung, und sie gingen in ein Kino und zum Abendessen. »Beim Abschied sagte er: ›Ich rufe dich an‹, doch er tat es nicht. Ich bin sicher, sie halten mich für merkwürdig – so dünn und depressiv, wie ich bin.«

Sie fuhr fort: »Heute wollte ich zu Ihnen kommen – ich weiß, daß ich das brauche. Ich kann keinen Bissen zu mir nehmen – ich muß hungrig sein. Ich habe zum Frühstück gegessen und werde bis zum Abendessen nichts mehr zu mir nehmen. Wenn jetzt jemand sich in mich verliebte und mir Selbstachtung gäbe, würde ich essen.« Diese Erklärung ließ ich nicht ohne korrigierende Anmerkung passieren: Liebe allein würde ihr nicht helfen, sie müsse die niedrige Meinung, die sie von sich habe, ändern. Sie pflichtete bei, sie sei zur Zeit nicht im geringsten stolz auf sich: »Nahrung hat viel zuviel Bedeutung. Sie ist wie ein Untier, das nur darauf wartet, mich anzugreifen. Es sagt: ›Ich warne dich, mich zu essen.‹ Nahrung sagt zu mir: ›Ich werde dich fett machen.‹«

Sie fuhr fort: »Wenn Sie mir über mein Elend hinweghelfen können, sind Sie eine Wundertäterin. Ich habe all die Jahre über all diesen Gründen gebrütet – doch ich habe es nicht weggekriegt.« Ich wiederholte meine frühere Bemerkung, es gäbe da kein »es«, sondern nur sie allein könne die Krankheit überwinden, indem sie ihre Einstellung ändere, und ich wäre glücklich, wenn ich ihr bei dieser Aufgabe helfen könnte. Darauf antwortete sie mit einem ehrlichen »Helfen Sie mir«, und dann erörterten wir die praktischen Seiten der Behandlung.

Esther: Sich an das Dünnsein klammern

In diesem Fall schien die anfängliche Einstellung der Patientin das genaue Gegenteil der von negativistischen, unwilligen Patientinnen zu sein. Esther war eine 24 Jahre alte Frau, die seit ihrem zehnten Lebensjahr ein Gewichtsproblem hatte und seit sechs Jahren magersüchtig war. Im Alter von 14 Jahren wog sie 125 Pfund. Nach beständigem Drängen, sie solle abnehmen, wog sie nach Beendigung der High School 100 Pfund. Noch bevor sie sich in ein College im Osten des Landes einschrieb, hielt sich Esther noch rigider an ihre Diät und behauptete, sie habe gehört, wer zum College gehe, werde zum »Platzen« dick. Als sie schließlich ins College eintrat, wog sie noch 91 Pfund. Fünf Wochen später kehrte sie nach Hause zurück, und ihr Gewicht war auf 81 Pfund gesunken. Sie wurde verschiedenen Ärzten vorgeführt, die für ihren Zustand unterschiedliche organische Diagnosen stellten.

Einer der Ärzte erklärte ihr rundheraus: »Sie und ich wissen, warum Sie all Ihr Gewicht verloren haben. Haben Sie jemals von Anorexia nervosa gehört?« Sie war so schockiert über seine Offenheit, daß sie sich weigerte, ihn noch einmal aufzusuchen, und so wandten sich ihre Eltern an einen anderen Arzt, der sie auf eine Funktionsstörung der Leber behandelte. Nach Beendigung der Behandlung erklärte der Arzt ihrer Mutter: »Lassen Sie sie essen, was sie möchte, und tun Sie alles, was sie möchte, nur damit sie ihr Gewicht hält.« »Nun, daraufhin drehte ich völlig durch, hatte Freßanfälle und so. Ich glaube, ich habe so etwas wie ein Spiel daraus gemacht. Weil es das erste Mal in meinem Leben war, daß ich mich nicht um Kalorien kümmern mußte, aß ich einfach alles und jedes, was ich nur kriegen konnte.« Esthers Mutter versuchte sie zu überreden, gesündere Nahrungsmittel zu sich zu nehmen als Kuchen und Eis, doch Esther zitierte den Arzt, der gesagt habe: »Lassen Sie sie alles essen, was sie möchte.« Sie erklärte: »Ich konnte auf einmal einen halben Kuchen reinstecken und dazu noch alles mögliche andere, und ich verspürte dabei überhaupt keine Schuldgefühle, denn ich erinnerte mich daran, was der Arzt gesagt hatte.« Das Ergebnis war, daß sie rapide zunahm. »Ich nahm von 80 Pfund sprunghaft zu und hörte nicht auf, als ich 90 Pfund erreichte. In einer Woche stieg das Gewicht auf 95 Pfund, und als nächstes hatte ich 105 Pfund, und von da an hörte ich auf, mich auf die Waage zu stellen.«

Diese Erfahrung hinterließ bei ihr nicht nur das Bedürfnis, ihr Gewicht zu verringern, sondern auch eine panikartige Angst, sie könne unfähig sein, ihre Nahrungsaufnahme zu kontrollieren, sofern sie nicht abnähme. Danach tat sie alles und jedes, um ihr Gewicht auf einem niedrigen Niveau zu halten. Sie mochte sich nicht einmal an Diätvorschriften halten, die auf eine langsame Gewichtsabnahme zielten. Im folgenden Jahr ging ihr Gewicht auf 95 Pfund zurück. Zu jener Zeit verlobte sie sich mit einem jungen Mann, den sie von ihrer High School-Zeit her kannte und der, wie sie glaubte, sie verstand. Doch sie zögerte zu heiraten, weil die Vorstellung des Sexualaktes für sie unannehmbar war.

Sie lebte in einem Apartment nicht weit vom Haus ihrer Eltern, besuchte einige Kurse, um ihre Bildung zu vervollständigen, und war im übrigen vor allem mit Diäthalten und Körpertraining beschäftigt. Die zehn Stockwerke bis zu ihrem Apartment lief sie zu Fuß. Als ihr Gewicht auf 72 Pfund sank, wurde sie zwecks intravenöser Ernährung hospitalisiert. Sie sprach mit Widerwillen davon, sie sei während ihres Krankenhausaufenthalts von 72 auf 84 Pfund »aufgebläht« worden. Bei ihrer Entlassung arrangierte der Arzt für sie eine psychiatrische Behandlung, die sie bis dahin entschieden abgelehnt hatte.

Obwohl sie ihren Psychiater mochte, wurde durch die Behandlung nicht viel erreicht, und er gab ihr zu verstehen, sie benötige eine Behandlung abseits ihrer bedrückenden häuslichen Umwelt. Mit Zustimmung ihres Arztes nahm sie Kontakt zu mir auf und bat um Behandlung in Houston. Trotz meiner vorsichtigen Antwort bestanden ihre Eltern darauf, sofort nach Houston zu kommen, und erklärten, ihr Gewicht sei lebensbedrohlich tief (63 Pfund). Ungeachtet meines Widerstrebens erschien die Familie in meinem Büro und bestand darauf, daß Esther zur Behandlung angenommen würde, wobei die Eltern mein Geschick und meine Reputation lobpriesen.

Esther wurde an den medizinischen Dienst überwiesen, mit der Maßgabe, daß ihre Ernährung verbessert werden müsse, sei es durch regelmäßige Nahrungsaufnahme oder durch intravenöse Verabreichung von Nährmitteln. Der zuständige Arzt hatte das Gefühl, Esther könne innerhalb von drei oder vier Wochen ein angemessenes Gewicht erreichen. Wenn sie sich dann kräftig genug fühlte, um regelmäßig in die Therapie zu kommen, könnten entsprechende Vereinbarungen getroffen werden. Wenn das nicht möglich wäre, würde sie eine langfristige stationäre Behandlung benötigen, wie der überweisende Psychiater angeregt hatte.

Esther und ihre Eltern schmeichelten mir in aufdringlicher Weise: Die Eltern erklärten, ich sei der einzige Mensch, dessen Fürsorge sie ihrer Tochter anvertrauen könnten. Über den Hintergrund der *Anorexia* von Esther erfuhr ich nicht viel, mit Ausnahme dessen, was ich wärend des Interviews beobachten konnte. Der Vater gab sich kühl und geschäftsmäßig und unterbrach seine Frau und seine Tochter, wenn sie irgend etwas zu erklären versuchten. Er stellte wiederholt fest, er wünschte die Meinung der Ärztin, der Expertin, zu hören: Was sie, Mutter und Tochter, zu sagen hätten, zähle nicht. Im Gegensatz dazu benahm sich die Mutter wie eine sachkundige Psychotherapeutin, die alles erklären konnte und ihre Hilfe bei der Therapie anbot. Esther redete nur drauflos und erklärte immer wieder, daß sie ein normales Leben führen möchte.

Als Esther in die medizinische Abteilung verlegt wurde, betrug ihr Gewicht nur 62 Pfund. Sie nörgelte ohne Unterlaß über die Qualität ihres Zimmers, über die Krankenschwestern, über das Interesse des Diätspezialisten usw. Bald wurde offenkundig, daß Esther zwar viel über ihre Absicht sprach, gesund zu werden, doch die sorgsam zusammengestellte Diät nicht befolgte. Die therapeutischen Sitzungen waren freundlich, doch Esther war so umständlich und ausweichend, daß ich nur sehr wenig über ihre Entwicklung erfuhr, ausgenommen über ihr unglaubliches Bedürfnis, abhängig zu bleiben.

Wir planten, Esther so lange in der medizinischen Abteilung zu lassen, bis ihr Gewicht sich auf ein einigermaßen vertretbares Niveau eingependelt hatte. Sie nahm nur sehr wenig zu, bis auf 68 Pfund um die Weihnachtsferien herum (also sechs Wochen nach ihrer Einweisung). Über die Aussicht, daß ihre Eltern zu Besuch kämen, war Esther erregt. Weihnachten war für ihre Familie immer eine wichtige Ferienzeit gewesen, und Esther hatte Schuldgefühle, weil ihre Eltern darüber enttäuscht sein könnten, daß sie nicht mehr zugenommen hatte. »Ich mache mir einfach Sorgen, daß dies mich beim Essen zurückwerfen wird.« Ich sprach von meiner Besorgnis darüber, daß wir über die Angst, die sie vom Essen abhielt, bisher so wenig erfahren hatten. Sie erklärte: »Ich habe einfach Angst, wenn ich mit ihnen zum Essen ausgehe, ich weiß nicht warum, oder daß ich in ihrer Gegenwart nicht so essen könnte, wie ich es im Krankenhaus getan habe.« Mein Kommentar war: »Das hat mit Ihren Gefühlen gegenüber Ihren Eltern zu tun, und ich denke, wir sollten darüber ehrlicher sprechen.« Sie erwiderte: »Ich möchte ihnen nicht die Genugtuung geben, mich essen zu sehen, noch nicht.« Ich erklärte, wir hätten überhaupt noch nicht über ihre Wut und ihren Groll gesprochen. Sie erklärte: »Sie meinen, Angst und Groll, die ich ihnen gegenüber hege? Ich kann essen, aber ich will ihnen nicht die Genugtuung geben.«

Nachdem ich sie mehrfach aufgefordert hatte, mehr Einzelheiten über ihre Wut und ihren Groll zu geben, unternahm Esther einen stammelnden, schmerzlichen Versuch zu erklären: »Oh, das ist schwer zu sagen. Ich weiß nicht. Ich kann es nicht sagen. Mag sein, wenn ich nicht so kann, wie ich will. Aber nicht wirklich. Ich kann mir nichts vorstellen, was mich wirklich wütend gemacht hätte. Tatsächlich haben wir nie darüber gesprochen, über die Aufregung, wissen Sie, es war wie Aufregung und Reiberei, und ich haßte das. Das war, als ich noch viel, viel jünger war und als ich am Tisch saß, wissen Sie, ein kleines Mädchen sollte zwar gesehen, aber nicht gehört werden, und ich saß da ganz höflich, und dann gab es da die Diskussion über geschäftliche Dinge, und dann fingen sie an zu streiten und zu zanken. Ich versuchte alles, um ihre Aufmerksamkeit abzulenken, und so tat ich auch Dinge, die böse waren, ich wollte einfach nur ihre Aufmerksamkeit ablenken.« Lange Zeit fuhr sie fort, eine Atmosphäre von Aufregung zu schildern. Ich erklärte: »Was ich vor allem heraushöre, ist eine völlige Mißachtung der Bedürfnisse eines kleinen Kindes.«

Während dieser ganzen Zeit bekam ich zahlreiche Telefonanrufe ihrer Mutter, gewöhnlich weil sie etwas korrigieren wollte, was Esther erwähnt hatte. Obwohl ich ihr riet, das nicht zu tun, hatte Esther täglich lange Telefongespräche mit ihrer Mutter und berichtete ihr alles, was während der therapeutischen Sitzungen erörtert worden war. Ich empfahl den Eltern, vor allem der Mutter, in ihrer Heimatgemeinde Hilfe zu suchen, damit sie mit ihrer Angst besser umgehen könnten.

Nach zwei Monaten eines kaum erwähnenswerten Fortschritts erhielt Esther trotz ihres ständigen Redens darüber, wieviel sie esse, eine intravenöse Hyperalimentation. In den ersten beiden Wochen war eine angemessene Gewichtszunahme, nämlich auf 80 Pfund, festzustellen. Sie sah entschieden besser aus, war weniger angespannt und sprach zum erstenmal in realistischeren Vorstellungen über ihre Lebensbedingungen, darüber, daß sie überhaupt nicht wisse, was sie tun und wie sie Entscheidungen treffen solle. Über die Gewichtszunahme geriet sie zunehmend in Aufregung, und bei 81 Pfund hörte sie auf zuzunehmen. Tatsächlich fiel ihr Gewicht sogar ein wenig ab, und sechs Wochen später war ihr Gewicht auf 79 Pfund gefallen.

Zu diesem Zeitpunkt, rund dreieinhalb Monate nach ihrer Einweisung ins Krankenhaus und mit einem Gewicht, das nur wenige Pfund über dem lag, mit dem sie gekommen war, konfrontierte ich Esther mit der Tatsache, daß wir ihr nichts mehr zu bieten hätten. Die Bemühungen um eine Verbesserung der Ernährung waren gescheitert, und in den Therapiesitzungen hielt sie sich an den oberflächlichsten Beschreibungen fest, die sie außerdem noch mit ihrer Mutter besprach. Ich empfahl die Aufnahme einer stationären Behandlung als einzige Alternative zu ihrer Rückkehr nach Hause, also zur selben Situation, der sie zu entkommen versucht hatte.

Bei dem Gedanken, nach Haus zurückzukehren, wurde sie von Panik ergriffen, und zum erstenmal hielt sie sich an die Empfehlung, die Therapiesitzungen nicht mit ihrer Mutter zu erörtern. Sie fing an, sich aktiv an der Erkundung ihrer Lebensschwierigkeiten zu beteiligen. Ihre Sprechweise änderte sich; sie sprach direkter und äußerte ehrliche Gefühle von Verzweiflung und Groll. Die Änderung war so eindrucksvoll, daß ich meinen Entschluß, sie fortzuschicken, noch einmal bedachte, und so schlug ich vor, sie solle den psychiatrischen Dienst in Anspruch nehmen, um tagsüber bestimmte Tätigkeiten verrichten und die Psychotherapie fortsetzen zu können. Die Situation empfand sie als so positiv, daß sie sogar daran dachte, eine Arbeit anzunehmen und außerhalb des Krankenhauses allein zu leben.

Drei Wochen nach ihrer Einstellungsänderung erschienen Esthers Eltern, um sich über den unzulänglichen Fortschritt zu beschweren. Sie hatten das Gefühl, daß eine Änderung angezeigt sei. Esther hatte einen schwerwiegenden Rückschlag; sie wurde depressiv und verlor wieder an Gewicht. Doch zum erstenmal sprach sie realistisch über ihren Wunsch nach einem normalen Leben: »Ich hatte niemals Gelegenheit, mich zu beweisen. Ich konnte es, als ich jünger war, doch dann hatte ich irgendwie das Gefühl, zerquetscht zu werden.«

Sie sprach nun im einzelnen über die Schwierigkeiten, die sie verspürte: »Meine ganze Vergangenheit, die Art und Weise meines Existierens – tatsächlich habe ich nicht gelebt. Ich habe nur von Tag zu Tag existiert. Ich denke, wenn ich das Gefühl gehabt hätte, etwas zu leisten, dann würde ich mich besser fühlen. Ich erkenne, daß das Festhalten am Dünnsein allein nichts ist. Wo hat mich das erwischt? Gestern habe ich mich normaler gefühlt, als ich gegessen und kein

105

großes Gewese davon gemacht habe. Heute hatte ich anschließend nichts zu tun, so daß ich das Frühstück in die Länge zog, weil ich nicht wußte, wohin ich gehen sollte. Nun möchte ich Anregungen erhalten und mich für etwas interessieren. Vorher war ich zufrieden, wenn ich nur an die nächste Mahlzeit denken und von dem bestellten Essen träumen konnte. Doch jetzt möchte ich, daß es für mich nur eine natürliche, normale Sache wird.«

Dazu gab ich folgenden Kommentar: »Doch wir müssen verstehen, was Sie dazu veranlaßt hat, dies so lange aufzuschieben. Wir haben so oft darüber gesprochen, wie rätselhaft es mir ist, daß Sie alles und jedes tun, um die Beendigung des Krankenhausaufenthalts hinauszuschieben. Alles, was Sie dazu gesagt haben, ist: ›Ich habe Angst vor dem nächsten Schritt.‹ Und nun hat es den Anschein, als wenn Sie bereit wären, den nächsten Schritt zu wagen. Doch was ist in Ihnen vorgegangen, als Sie ihn hinauszögerten?« Sie antwortete: »Ich glaube, erst in der letzten Woche habe ich erkannt, da gibt es noch etwas, da ist noch ein Leben, in das ich möglicherweise eintreten kann.« Ich erinnerte sie daran, daß es ihr erst dann gutgehen könne, wenn sie hinter ihre Angst vor Gewichtszunahme schaue. Und ich erinnerte sie daran, daß sie während der zwei Wochen ihrer intravenösen Ernährung über persönliche Dinge gesprochen und ganz anders geredet habe, daß sie aber wieder in das stereotype Klagen verfallen sei, als die Gewichtszunahme zum Stillstand gekommen sei.

Unterdessen waren die Eltern ausnehmend kritisch gegenüber der Behandlung. Sie holten Esther gegen ihren Wunsch aus dem Krankenhaus und nahmen sie mit nach Haus. Mehrere Monate später rief sie mich an und erzählte mir voller Stolz, daß es besser um sie bestellt sei. Sie hatte erkannt, daß es ihr besser gehe, wenn sie sich von den Eltern fernhielte. Sie besuchte College-Kurse, um ihre Ausbildung zu vervollständigen, und sprach über unabhängige Tätigkeiten, denen sie nachginge.

Fawn: Von Luft leben

Fawn, eine 32 Jahre alte Frau, die seit acht Jahren magersüchtig war, äußerte ihre negative Einstellung gegenüber der Psychotherapie. Wenngleich höflich, erschien sie völlig uninteressiert an dem, was diskutiert wurde, und gab sich den Anschein von Überlegenheit, der sie herablassende Kritik beimengte. Sie hatte ein aktives Leben geführt, bis ihr Gewicht auf rund 55 Pfund gesunken war, für ihre

Größe von 1,70 Meter ein sehr niedriges Gewicht. Eine zunehmend schlechtere Gesundheit hatte sie gezwungen, ihr unabhängiges Leben im Ausland aufzugeben. Die letzten Monate hatte sie in einer medizinischen Klinik verbracht, allerdings ohne jede Besserung. Es war dringend zu einer psychiatrischen Behandlung geraten worden, doch das hatte sie abgelehnt. Fawns Vater, ein Industrieller aus dem Osten des Landes, kam zur Konsultation nach Houston und traf Vorkehrungen, um seine Tochter zur Behandlung zu bringen.

Viele Magersüchtige nähern sich dem Leben und Beziehungen, also auch dem Therapeuten, mit einer Einstellung, die sich in die Worte kleiden läßt: »Ich habe keine Rechte, aber ich muß den Leuten gefallen.« Im Falle von Fawn war diese Haltung wahrscheinlich besonders ausgeprägt. Sie sprach sich energisch gegen eine psychiatrische Behandlung aus, fügte aber hinzu: »Wenn Vati dies wünscht, werde ich es tun.« Sie leugnete ihr eigenes Interesse, indem sie erklärte, sie täte es nur zum Wohle ihres Vaters. Ich versuchte ihr klarzumachen und sie auch zu bewegen, zu akzeptieren, daß sie ihretwillen in Behandlung war und nicht, um ihrem Vater oder ihrem Internisten oder gar mir eine Freude zu machen.

Die junge Frau sah nicht nur so aus, als wäre sie verhungert, sondern sie war auch so schwach, daß sie kaum gehen konnte und Hilfe brauchte. Ich faßte für sie den Bericht zusammen, den ihr Vater mir zwei Wochen zuvor gegeben hatte: »Sie sind die älteste Tochter, und ich hoffe, es klingt nicht unfreundlich, wenn ich wiederhole, daß Ihr Vater das Gefühl hatte, Ihre Mutter habe versucht übermäßige Kontrolle auf Sie auszuüben, mit anderen Worten, daß Sie überstarkem Druck ausgesetzt waren. Ist das richtig? Ja – und daß es schien, als hätten Sie es schwer gehabt, aus dem, was Sie taten, ein Gefühl der Zufriedenheit zu beziehen, weil die zweifelnde Einstellung Ihrer Mutter sich störend einmischte. Ihr Vater hat mir die äußerlichen Dinge berichtet. Was Sie und ich miteinander besprechen sollten, sind die inneren Probleme – wie kann eine junge Frau, die von ihrer Mutter übermäßig beherrscht worden ist, das Gefühl einer lebenswerten Identität entwickeln?« Ihre Antwort war höflich, aber negativ: »Ich fühle mich nicht minderwertig, soweit es mich betrifft.« Wie sich herausstellte, hatte sie viel über die *Anorexia nervosa* gelesen, und sie wies sofort jede Schlußfolgerung zurück, sie sei »wie Ihre Anorektikerinnen« und leide unter geringem Selbstwertgefühl.

Ich versuchte Informationen über die äußere Konstellation ihrer Familie, über ihre Erziehung und Karriereanstrengungen zu bekommen, doch sie sagte nur sehr widerstrebend irgend etwas über ihre Eltern oder gab irgendwelche Einzelheiten über ihr Leben preis. Sie wurde noch verschlossener, als ich sie nach der Entwicklung ihrer Krankheit und nach dem Gewichtsverlust fragte. »Ich falle nicht unter die Kategorie (*Anorexia nervosa*), ausgenommen daß ich aus einer wohlhabenden Familie stamme. Ja, doch das ist alles.« Ich stimmte ihr zu, es gäbe einen Namen für die Krankheit, doch sie sei keine Gewichts- oder Diät-Krankheit. »Es ist eine Krankheit der inneren Selbstwahrnehmung, der inneren Verwandtschaftsgefühle und der Gefühle von Zufriedenheit. Das wahre Problem ist nicht das Gewicht und die Nahrung; das Problem liegt in dem Gefühl innerer Zufriedenheit, der Belohnung für alle Mühewaltung, und des Wohlbefindens. Von dem wenigen, das Sie gesagt haben, konnte ich den Eindruck gewinnen, daß Sie sich mit diesen Dingen beschäftigt, darüber nachgedacht haben.« Ihre Antwort lautete: »Doktor, ich bin eine gescheite junge Frau. Mein Problem ist, daß ich so viel weiß, und ich vermag nicht zu sehen, wohin Sie gehören. Ich weiß eine verfluchte Menge, und das sage ich nicht nur so dahin. Ich bin kein kleines Dummerchen.«

An diesem Punkt unterbrach ich sie und fragte: »Wer hat Sie wie ein kleines Dummerchen behandelt?« Sie wies diese Bemerkung zurück und erklärte: »Ich meine das nicht wörtlich. Ich meine das überhaupt nicht. Ich sage nicht, daß mich irgend jemand so behandelt hat. Ich weiß nur mehr als die meisten Leute in den meisten Situationen, doch ich glaube nicht an die Psychiatrie. Warum soll ich so etwas also nicht sagen?« Ich meinte, daß sie Schwierigkeiten habe, ihr Wissen auf sich selbst anzuwenden. Sie unterbrach mich: »– Aber ich möchte nicht unhöflich sein.« Sie protestierte noch einmal dagegen, daß sie in eine bestimmte Kategorie hineingepreßt werden sollte, und erklärte, sie wolle kein Abkömmling oder Exempel ihrer sozialen Schicht sein, sondern wolle auf ihre eigene Weise am Lebensgeschehen teilhaben. Ich wiederholte meinen Kommentar: »Irgend etwas muß Sie bekümmern, denn Sie sind, gelinde gesagt, in einem ungewöhnlich geschwächten Zustand.« Sie erwiderte: »Ja, Doktor, doch das bessert sich. Ich habe immer alles selbst getan. Als Kind habe ich Ärger gehabt, wenn ich gesagt habe, was ich glaubte. Dann habe ich einen Punkt erreicht, an dem ich mehr wußte als eine Menge von Leuten. Ich meine das gar nicht unfreundlich – ich möchte nicht den Eindruck erwecken, als wenn ich alles wüßte.«

Auf diese Äußerung ließ ich die Erklärung folgen, daß kleine Kinder häufig viel gescheiter und aufmerksamer seien, als die Erwachsenen ihnen zutrauten. Es schien, daß sie eines jener klugen, wachen Kinder gewesen war, die aus ihren Beobachtungen Schlußfolgerungen ziehen, die in der kindlichen Perspektive ihre Richtigkeit haben, aber später dann zu Schwierigkeiten führen. Diesmal stimmte sie zu: »Es war einfach so, daß keinerlei Gerechtigkeit herrschte. Es war einfach nicht fair. Ich sehe das nicht heute so, sondern verstand es damals so, als ich Kind war. Es war nicht fair. Nun habe ich das Leben gewählt, das ich führe.« Hier fügte ich hinzu: »Allerdings haben Sie eine Lebensweise gewählt, die ziemlich schmerzvoll und erschöpfend ist.« Sie unterbrach mich: »Verzeihen Sie, aber ich denke, das ist nicht ganz richtig. Gestatten Sie, daß ich Sie korrigiere?« Darauf erwiderte ich: »Aber sicher. Ich gebe eine vorläufige Einschätzung ab und erwarte, daß Sie diese Bemerkung korrigieren oder erweitern.«

Sie fuhr fort: »Zuweilen empfinde ich es als ziemlich nett, wenn man über seine schmerzlichen Erfahrungen reden kann, denn es ging nicht fair zu, als ich noch ein kleines Kind war. Es gab überhaupt keine Möglichkeit zu gewinnen, sich durchzusetzen. Man hatte unrecht, ehe man überhaupt anfing.« Ich fragte sie nach weiteren Erklärungen, denn ihr Vater war nicht in die Einzelheiten gegangen. »Oh, er weiß es nicht. Vati gab sein Bestes, Mami tat auch ihr Bestes. Sie versuchten beide nur zu leben, genau wie ich zu leben versuchte. Ich möchte ihnen wirklich keine Vorwürfe machen. Sie gaben ihr Bestes, wie sie es verstanden.« Dem pflichtete ich bei, erklärte jedoch gleichzeitig, daß ein kleines Kind erleben muß, daß es mißverstanden wird und sich einer Ungerechtigkeit zu beugen hat. Sie griff das Wort »mißverstanden« auf. »Du meine Güte, möglicherweise habe ich gar nichts gesagt. Man wurde nicht danach beurteilt, was man sagte, oder man hatte angeblich unrecht, und dann konnte man gezwungen werden.«

Sie sprach ausführlicher über die Unbeständigkeiten in ihrem früheren Leben und fügte hinzu: »Sie waren so freundlich zu uns allen. Und hier spricht kein kleines Kind, das unterdrückt ist und Angst davor hat, etwas zu sagen. Ich denke, als Wichtigstes muß ich das Gefühl überwinden, als würde ich als selbstsüchtiges, undankbares Kind angesehen, das in der Welt herumläuft, das eine Verschwenderin ist, nichts von Geld versteht, von nichts eine Ahnung hat. Ich brauche Verständnis und Sanftheit, und mein Vater versteht dies besser als meine Mutter. Doch ich möchte auch, daß er versteht, wie ungern ich zu Ihnen komme, weil, wissen Sie, all dies Gerede, dies Gerede all die Zeit, all dieses Geschichtenerzählen mir nichts bringt. Wenn es Vati etwas bringt, so ist das etwas anderes. Und das führt gleich zu der klassischen Theorie des ›Oh, sie muß ihren Eltern gefallen‹. Doch so ist es nicht. Mehr und mehr wird mir klar, daß ich sagen kann, was ich denke. Ich ging zur Schule und wußte nicht einmal, daß man einen Kurs nicht mögen konnte. Das erlebte ich zum erstenmal, als ich im Erstsemester am College meine Kurse selbst wählen mußte.«

Solch aufschlußreiche Äußerungen wechselten ab mit der völligen Leugnung der Notwendigkeit einer Behandlung. Jede widersprechende Erklärung begann sie mit »Ich möchte ja nicht unhöflich sein«, worauf ich nach einer Weile erwiderte: »Was mich verwirrt, ja bedrückt, ist, daß Sie sich ständig entschuldigen.« Sie antwortete: »Das ist halt meine Art.« Ich ging näher auf diesen Punkt ein: »Wie sind Sie aufgezogen worden, daß Sie sich immer so entschuldigen? Sie wiederholen immer ›Ich möchte ja nicht unhöflich sein‹. Verstehen Sie bitte, daß ich hören möchte, was Sie tatsächlich fühlen, und ich respektiere das und sitze nicht hier, um zu kritisieren, sondern akzeptiere es.« Das war einer der wenigen Augenblicke, da sie mir ehrlich beipflichtete, daß sie sich nie akzeptiert gefühlt habe. Sie schilderte weiter, wie sie als Kind gefühlt habe, mehr noch als Heranwachsende, daß sie in gewisser Weise gefügig war.

Die ganze Sitzung verlief in diesem Auf und Ab, das heißt, sie gab Informationen, um sie anschließend zu leugnen. Sie berichtete, ihre Mutter sei in der vergangenen Woche krank gewesen und sie, Fawn, habe sie angerufen und aufrichtig gefragt: »Kann ich irgend etwas für dich tun?« Ihre Mutter habe geantwortet: »Ja, mach nur, daß es dir wieder gutgeht, denn darauf wartet die ganze Familie.« Ich benutzte diese Gelegenheit für eine harte Erklärung. Für ihre Familie gesund zu werden, sei genau das Gegenteil von dem, was wir anstrebten. Sie könne nur genesen nach ihrem *eigenen* Gefühl dafür, was gut für sie sei. Ich betonte, daß auf der anderen Seite »dieses extreme Dünnsein, und das habe ich auch bei anderen gesehen, wie ein verzweifelter Schrei nach Hilfe ist: ›Kümmere dich bitte um meine inneren Bedürfnisse.‹« Darauf erwiderte sie: »Stecken Sie mich bitte nicht in eine Klasse mit anderen Anorektikerinnen, bitte.« Über mehrere Wochen hin behielt sie diese Rolle bei, die Rolle einer hilflosen, bittenden, unterwürfigen Patientin, die fortwährend erklärte: »Wie kann ich Ihnen gefallen?« Doch gleichzeitig war sie hochtrabend in ihrem Realitätssinn und in ihren Wünschen sehr fordernd.

Fawn wurde zur Verbesserung ihrer Ernährung an die medizinische Abteilung überwiesen. Für einige Tage beobachteten wir, was sie aß, und das war so wenig, daß wir uns für eine intravenöse Hyperalimentation entschieden. Trotz einiger anfänglicher Schwierigkeiten arbeitete sie bei diesem Plan gut mit und nahm in drei Monaten 27 Pfund zu. Als ihr Gewicht sich um zehn Pfund erhöht hatte, wurde es ihr erlaubt, das Bett zu verlassen, und sie spazierte durch das ganze Krankenhaus, mit dem medizinischen Gerät hinter ihr. Die meiste Zeit verbrachte sie in der Cafeteria, wo sie in einer Ecke so etwas wie ihr Privatbüro einrichtete. Sie unterhielt eine aktive Korrespondenz mit Freunden und Kollegen und interessierte sich zunehmend mehr für eine Wiederherstellung ihrer früheren Tätigkeiten. Während dieser Zeit sah ich sie regelmäßig in der Psychotherapie. Der Apparat für die intravenöse Ernährung hinderte sie daran, in mein Büro zu kommen, und so suchte ich sie in ihrem Zimmer oder später in der Cafeteria auf. Sie und ich stimmten darin überein, daß sie eine »unfreiwillige Zuhörerin« war, doch wir klärten eine Menge an Fragen. Sie hielt an der grundlegenden Einstellung fest, daß sie nur zu mir komme, um ihrem Vater zu gefallen, doch sie war auch sehr gesprächsbereit.

Die Kommunikation wurde lebendiger, als die intravenöse Ernährung eingestellt wurde, sie aber doch noch im Krankenhaus blieb. Solange sie an den Apparat angeschlossen war, gab sie sich ziemlich gleichgültig gegenüber dem Essen. Ohne intravenöse Ernährung äußerte sie sich offener über Nahrung und auch über andere Themenbereiche. Eines Tages kam das Gespräch auf Kleidung und auf die Art und Weise ihrer Auswahl. Da sie gewöhnlich ihren Bademantel trug, war es eine Überraschung, sie wohlgekleidet zu sehen. Sie diskutierte darüber und verglich dabei den Kauf eines Kleides mit der Wahl einer Skulptur. »Wenn ich ein Kleid zu kaufen hätte ... Du meine Güte, glauben Sie, daß ich den Körper dafür hätte und alles andere, daß ich mich in einer Art und Weise durchs Leben bewegte, die mich zufriedenstellte, ohne daß ich mich verwöhnen müßte?« Sie habe eine so positive, akzeptierende Einstellung zu ihrem Körper, meinte ich und fügte hinzu: »Doch das erklärt nicht, warum Sie sich das grundlegende menschliche Recht vorenthalten, gesund zu bleiben.« Sie hielt mir vor, ich könne sie wirklich nicht verstehen: »Ich glaube nicht, daß Sie jemals in der Lage sein werden, eine Verbindung herzustellen zwischen der Art und Weise, wie ich im Grunde bin, und der, wie ich war.« Ich erwiderte: »Es freut mich, dies zu hören, denn ich habe genau dieses Gefühl, daß es bei Ihnen eine Menge aufzufüllen gilt. Vielleicht ist es genau das, worüber ich gesprochen habe, nämlich, ›Was fehlt, woran mangelt es?‹ Im Grunde sind Sie dieselbe Person, die vor drei Monaten hier angekommen ist und die sich kaum fortbewegen konnte und die, wie Sie sich erinnern, ängstlich und angespannt und erschreckt war. Und nun können wir darüber reden. Und Sie sagen, ich hätte die Verbindung nicht hergestellt. Ist das richtig? Ich versuche die Kontinuität zu verstehen. Sie meinen, es sei so anders, daß ich es unmöglich verstehen kann.«

Fawn zögerte, doch dann erklärte sie: »Vielleicht könnte ich eine Menge Dinge nennen, die mir aus dem Kontext heraus etwas zu sagen haben, doch ich möchte Sie nur um die Freundlichkeit bitten, nicht den Versuch zu unternehmen, sie zu etwas anderem in Beziehung zu setzen oder sie einzufärben.« Ich erwiderte: »Ich will solche Dinge nicht gegen Sie verwenden. Ob ich sie miteinander in Beziehung bringe, kann nicht Gegenstand eines Versprechens sein. Ich muß mich an die Arbeitsweise meines Verstandes halten.«

Sie hielt sich des längeren dabei auf, was sie mir gern alles erzählen würde, und es wurde offenbar, daß sie große Angst hatte, ausgelacht zu werden. Sie bat mich: »Nehmen Sie es bitte nicht leicht, was ich Ihnen jetzt erzählen möchte. Versuchen Sie bitte auch nicht, es zusammenzuschnüren, vielleicht gar ganz schnell. Denn ich denke nicht, daß es nur darum gehen kann, die Dinge miteinander zu verknüpfen.« Ich versprach ihr, daß ich keine voreiligen Verbindungen herstellen würde, doch wenn man nur spärliche Informationen erhalte, sei es nur allzu menschlich, wenn man versuche, sie miteinander zu verbinden, um sie plausibel zu machen: »Je mehr reale Informationen ich bekomme, um so leichter kann ich darauf verzichten, sie miteinander zu kombinieren, und was wirklich zählt, sind reale Informationen.« Es zeigte sich, daß sie überdies befürchtete, ich könne denken, sie sei suizidal, wenn sie in metaphysischen Begriffen über dieses Leben spreche und darüber, wie es sich von ihren früheren Erfahrungen unterscheide. Ich gab mir ehrlich Mühe, ihren Gedankengängen zu folgen, doch ich gestand auch offen ein, wenn ich dazu nicht länger in der Lage war.

Sie bemühte sich, die Dinge in einer unpersönlichen intellektuellen Weise zu klären. »Man möchte gern lernen, wie man seine kleinlichen Ängste anderen mitteilen kann, wenn man mit einer gewissen Dimension des Mysteriösen in Berührung kommt. Und dann, wie macht man einen Vorstoß nach draußen, hin zu was, zu welchem Zeitpunkt? Das ist, was ich meine, es wird so verworren, daß es überhaupt nicht klar ist – nicht verworren für mich, aber für Sie.« Ich erinnerte sie daran, daß sie mir an jenem Morgen eine ausgezeichnete Definition dessen gegeben habe, was Therapie ihrer Meinung nach leisten könne, nämlich, daß sie mich dazu benutze, ihre eigenen Probleme zu überprüfen, und dabei denke, sie leiste die Arbeit. Ich fügte hinzu: »Noch etwas anderes spielt sich in der Therapie ab, und das ist die Benutzung der Kommunikation zur Herstellung gegenseitigen Verständnisses. Ihr Satz ›Das muß für Sie verworren klingen‹ stimmt. Daher ist es unser Ziel, das Gesagte in einfachere Worte zu kleiden, so daß ich Ihren Worten folgen kann.«

Obwohl sie widersprach, als ich zu erklären versuchte, daß sie eine schreckliche Angst davor habe, in eine bestimmte Form gezwängt zu werden, sagte sie: »Ich versuche zu erklären, daß es für die meisten Leute etwas gibt, über das sie sich am meisten in ihrem Leben ängstigen, daß bei mir aber eine solche Angst nicht vorhanden ist. Ich will nur sagen, daß die meisten Menschen über das Sterben verstört sind, ich aber nicht.« Ich wies sie darauf hin, daß diese Äußerung der ähnlich sei, die sie zuvor getan habe, und daß ich nicht glaubte, ihr Verhalten sei suizidal. Ich fügte hinzu: »Sie haben mich überzeugt, daß das, was Sie Ihrem Körper antun, nicht Ausdruck eines Todeswunsches ist, sondern beinahe das Gegenteil. Doch Sie haben Ihr Leben in Gefahr gebracht.«

Unzweideutig erklärte sie: »Nun, das war ganz klar nicht beabsichtigt. In dem Zustand, in dem ich war, zu sterben, das war natürlich Unfug. Übrigens, es war nicht viel anders. Ich bin wirklich sehr diszipliniert, und wenn ich an etwas glaube, bemühe ich mich wirklich sehr darum. Wie sehr, wie sehr genieße ich die Stromlinienförmigkeit, die Einfachheit. Darum bemühe ich mich wirklich. Doch ich könnte so nicht weiterleben. Mit meiner Art des Denkens nach dem Motto ›Weniger ist mehr‹, und mit dem Wunsch, das Bewußtsein meines Körpers zu empfinden. So hat mich der Zusammenfall einer Vielzahl von Dingen am Ende zu einer sehr, sehr stromlinienförmigen Diät geführt, die ganz gewiß nicht genügend Nährstoffe hergab, um das Leben zu erhalten.«

Ungefähr zwei Wochen nach Einstellung der intravenösen Ernährung verließ Fawn das Krankenhaus und lebte für die nächsten Wochen bei Freunden ihrer Familie. Zu ihren Sitzungen kam sie ziemlich regelmäßig. Die therapeutischen Sitzungen während dieser Zeit waren augenscheinlich Auseinandersetzungen, in denen sie mir vorwarf, ich verstünde sie nicht, übertriebe alles, bringe sie dazu, über Dinge zu reden, die besser vergessen werden sollten. Das Hauptthema, das immer wieder auftauchte, läßt sich durch ihre Feststellung veranschaulichen, daß sie es sich schließlich nicht ausgesucht habe, meine Patientin zu werden.

Sie hatte Mühe gehabt, von einer Reise rechtzeitig zur Sprechstunde zurückzukehren, und begann die Sitzung mit der Erklärung: »Ich werde mit Ihnen nicht mehr sprechen. Schließlich bin ich nur deswegen hier, weil ich es meinem Vater versprochen habe. Wenn Sie jetzt, natürlich, zu ihm hingehen und sich über mich beschweren, dann ist alles aus.« Sie fügte noch hinzu: »Ich versuche natürlich so gut wie möglich, Ihnen zu sagen, was Sie hören möchten.« Darauf erwiderte ich, wie schon viele Male vorher: »Vergessen Sie nicht, es geht nicht darum, daß ich mich wohl fühle, sondern es geht darum, daß Sie sich unabhängiger fühlen.« Nachdem wir eine Weile weiter miteinander gesprochen hatten, fügte ich hinzu: »Diese Sitzung ist in Ordnung, weil Sie ehrlich darüber sprechen, was Sie fühlen und daß Sie empört sind.« Sie antwortete: »Empört bin ich, daß ich hierher komme. Es gilt nicht Ihnen. Ich bin es nur satt, hierher zu kommen, und darum bin ich empört.« Trotz ihrer wiederholten Erklärung, sie wolle nun nicht länger mit mir sprechen, redete sie in dieser Sitzung viel mehr als wahrscheinlich zu jedem anderen Zeitpunkt. Bei ihren Angriffen auf mich war sie viel persönlicher und direkter und benutzte sogar Fluchworte, was sie zuvor nie getan hatte. Sie gab eine ausführliche Erklärung ab: »Sehen Sie, folgendes stört mich hier. Ich sage etwas, und Sie und Ihre Autoritäten erklären, es bedeute dies oder jenes. Ich bin es einfach müde, zu sagen, was ich fühle. Ich denke, Sie werden dies nicht akzeptieren, und ich bin es satt. So ähnlich war es auch, als ich ein kleines Mädchen war.«

Das zentrale Thema dieser Sitzung war, daß sie nicht mit mir sprechen könne, weil ich Fragen stellen würde, und Fragen hieß Kritik, und Kritik wiederum bedeutete, daß sie nicht akzeptiert würde, ein Gefühl, das sie als kleines Kind gehabt hatte. Zu Beginn der Behandlung hatte Fawn erklärt, gewisse Dinge würden niemals erörtert werden, und eines dieser verbotenen Themen war ihre Mutter. Vom ersten Tag an hatte sie gesagt: »Ich werde nie über meine Mutter sprechen. Sie ist eine liebenswürdige Dame – es hat sich nur ergeben, daß wir nicht miteinander konnten. Ich werde sie nie erwähnen.« Ich mußte zugeben, daß ich über ihre Mutter nur wenig wußte. Doch in dieser Sitzung sagte Fawn zum ersten und einzigen Mal, ich sähe aus wie ihre Mutter, handele wie sie und verhalte mich wie sie. Nicht nur wenige Minuten lang klang es so, als sähe sie in mir tatsächlich das Bild ihrer Mutter. »Wenn Sie nur zuhörten, Doktor Bruch, wenn ich etwas sage, was mir wirklich wichtig ist, doch dann geben Sie Erklärungen dazu ab und vermitteln mir das Gefühl, daß ich nicht in Ordnung bin. Ich weiß, daß Sie ehrlich sein wollen, doch das ist ein Wiederholungsproblem aus meiner Kindheit.« Dies war das erste und einzige Mal, daß sie sagte: »Es ist ganz genauso wie damals, als ich Kind war, und Sie sind wie meine Mutter, und Sie tun genau das gleiche wie sie damals – was immer ich auch sage, Sie widersprechen mir und machen mich mutlos. Sie machen mich klein, und Sie sehen aus und handeln wie sie.« Dies war eine sehr starke emotionale Reaktion, die stärkste, die sie während der kurzen Behandlungszeit geäußert hatte. Das immer wiederkehrende Thema war, daß mein Widersprechen Kritik an ihr bedeute, Verurteilung in genau der gleichen Weise, wie ihre Mutter sie stets verurteilt hatte.

Mit welchen Dingen stimmte ich nicht überein? Fawn war überzeugt davon, manche Menschen könnten von Luft leben. Sie hatte es versucht, doch sie mußte sich davon überzeugen, daß es bei ihr nicht klappte. Doch sie war immer noch davon überzeugt, daß es Leute gab, die von Luft leben konnten, und dies waren für sie überlegene Menschen. Ich hatte ihr in diesem Punkt widersprochen und auch darin, sie könne ohne Gewichtszunahme gesunden. Psychologisch gesehen war sie höchst ausweichend. Doch wenn ich ein Wort benutzte wie »ausweichend« und »verleugnend«, dann hieß das für sie Kritik. Sie hatte das Gefühl, sie müsse für ihre Meinungen gelobt und akzeptiert werden.

In der Sitzung, in der sie in mir ihre Mutter sah, hatte sie stärkere Emotionen als sonst und begann zu weinen. Als wir über ihren nächsten Sitzungstermin sprachen, wiederholte sie die alte Erklärung: »Ich komme nur hierher, weil Vati es mir gesagt hat.« Als ich einen konkreten Vorschlag für den nächsten Termin machte, antwortete sie: »Sehen Sie, die Sache ist die, daß Sie zufriedengestellt werden wollen und daß ich mich emotional äußere. Was geschieht, wenn ich beim nächsten Mal nicht den Wunsch verspüre zu weinen? Muß ich Ihnen dann das Weinen vortäuschen, damit ich gelobt werde oder damit Sie zufriedengestellt sind?« Dies war zum Teil eine ernstgemeinte Frage, doch sie sollte auch bewußt dazu dienen, mich zu ärgern oder zum Schweigen zu bringen.

Fawn behielt ihr Gewicht bei und schien das Bedürfnis nach konkreter körperlicher Nahrung zu akzeptieren. Doch zugleich beschäftigte sie sich mit etwas, was sie »Nächstheit« (»nextness«) nannte. Sie versuchte eine Erklärung: »Nächstheit betrifft mein Leben. Nicht so, wie es vorher war. Ich verspüre immer noch eine schreckliche Verpflichtung gegenüber meiner Arbeit, doch ich empfinde viel weniger Angst davor, mein Leben könne zu Ende gehen.«

Ich faßte meine Gedanken über ihre Vorstellung von »Nächstheit« zusammen. Sie hatte immer das Gefühl vermittelt, als ob die Zeit etwas sehr Begrenztes sei, als ob sie durch das, was geschehen würde, ständig zur Eile angetrieben würde, »während jetzt in Ihren Äußerungen eine tatsächliche Kontinuität des Planens, Denkens, Lebens ist«. Sie fügte hinzu: »Und etwas anderes, was mir sehr gefällt: Ich fühle mich stärker hinsichtlich meines Lebens und meiner Arbeit und meiner selbst, und daß es nicht weiter tragisch ist, wenn irgend etwas mit meinen Plänen nicht so läuft. Ich meine, dann gibt es schon irgend etwas anderes, das an die Stelle tritt. Der Mittelpunkt von mir ist meine Arbeit, und ich bin überzeugt von den Möglichkeiten und von dem Entfaltungsspielraum dieser Arbeit. Und es gibt Menschen, die mit dieser Arbeit verbunden sind, und Menschen, mit denen ich befreundet sein kann.«

Sie sprach nicht nur über die Freunde im Ausland, sondern auch über eine bessere Beziehung zu ihrer Familie. Ich interpretierte ihre Schwierigkeiten mit familiären Beziehungen: »In indirekter Weise haben Sie uns zu verstehen gegeben, daß Sie sich mit der Frage beschäftigt haben, wie Sie Ihrer Mutter gefallen können, ohne von ihr beherrscht zu werden.« Sie sprach jetzt in einer direkteren Art und Weise, ohne vorab zu leugnen, was sie sagen wollte oder gerade gesagt hatte. Sie erläuterte, daß das Leben von Mitgliedern ihrer Familie erfüllt war von einer Menge seltsamer Probleme und daß sie sich nun weniger davon berührt fühle. Sie sprach nun über die Spannweite von Wahlmöglichkeiten, die sie beim Zusammenleben mit ihrer Familie und mit ihren Freunden habe. Nach ihrem Empfinden hatte sie auch herausgefunden, wie sie mit ihrem Essen umgehen konnte, ohne sich auf negative Art und Weise mit anderen Leuten einzulassen. »Doch ich konnte es auch damals, ich hatte das Gefühl, daß ich es wollte. (Hier bezieht sich »es« wahrscheinlich auf das Leben und nicht auf das Essen.) Ich denke jetzt nicht mehr soviel an das Gefühl, als *sollte* ich es. Es ist so, als wenn ich mag, was *ich* mag.« Um diese Erklärung zu bekräftigen, erinnerte ich sie daran, daß ich ihr unermüdlich erklärt hatte, sie könne aus der Behandlung nach meiner Einschätzung keinen Nutzen ziehen, wenn sie sich ihr nur um ihres Vaters willen unterzöge. Die Behandlung müsse vielmehr etwas für sie selbst sein.

In der Sitzung, die, wie sich herausstellte, unsere letzte sein sollte, fragte ich Fawn nach dem nächsten Termin, und sie antwortete: »Ich denke allen Ernstes, daß ich am Mittwoch nicht kommen werde.« Auf meine Frage »Sie meinen also, dies sei unsere letzte Sitzung?« erwiderte sie: »Ich dachte schon, daß es so sein sollte, jedenfalls für eine Weile.« Ich erklärte, daß ich zufrieden sei mit dem, was wir alles erörtert hätten, fügte jedoch hinzu: »Es sind noch so viele Änderungen im Gang.« Ihre Antwort lautete: »Nun, ich kann mich entscheiden, wiederzukommen, doch das heißt Wiederkommen.« Darauf erklärte ich: »Und wir werden ein weiteres unabhängiges Gespräch von Mensch zu Mensch haben – das niemand sonst zufriedenstellen soll. Erkennen Sie den Unterschied? Wissen wir, was geschehen ist, damit diese Änderung eintreten konnte?« Der Stil ihrer Antwort war anders als sonst: »Als ich anfing, das Gefühl zu haben, daß Sie eine Person sind, und als ich zu denken anfing, dies könne konstruktiv sein, da war ich es, die dachte, es könne konstruktiv sein und hätte nichts mit Ihnen als Autoritätsfigur zu tun oder damit, Vati zu gefallen, oder was immer.« Mit dieser Bemerkung beendeten wir die Behandlung, zumindest auf absehbare Zeit, und sie hatte dabei das Gefühl, aktiv daran beteiligt zu sein, als eine Person, die es akzeptierte, daß sie etwas um ihrer selbst willen tat.

Diese wenigen Beispiele genügen, um zu zeigen, daß sich trotz der negativen Einstellung einer Patientin eine gute therapeutische Kommunikation herstellen läßt. In solchen Fällen bleibt die Einstellung gegenüber der Behandlung schwankend, und die Neigung, sie abzubrechen, ist stets vorhanden. Das war besonders auffällig bei Helen wie auch bei Fawn, doch ihre erklärte Unwilligkeit hielt sie nicht davon ab, mit mir zu kommunizieren. Während des allerersten Interviews brachte Fawn trotz ihrer Einwände etwas zum Ausdruck, das auf viele der Patientinnen zutreffen dürfte: »Manchmal ist es doch ganz schön, über die schmerzlichen Gefühle zu reden, die damit zusammenhängen, daß es nicht gerecht zuging, während ich ein kleines Mädchen war.«

6. Kapitel:
Gestörte Vorstellungen über Nahrung, Körper und Selbst

Das hervorstechende Symptom bei der *Anorexia nervosa* ist ein gravierender Gewichtsverlust, so gravierend, daß er sofort die Aufmerksamkeit auf die Patientin lenkt. Um den Körper der Magersüchtigen zu beschreiben, sind verschiedene Worte benutzt worden: bedrohlich ausgemergelt, kachektisch, skelettartig. Die extreme Magerkeit ist das Ergebnis eingeschränkter Nahrungsaufnahme und / oder exzessiver sportlicher Betätigung und Aktivität. Die Geschichte einer Patientin enthält gewöhnlich Informationen über dieses veränderte Verhalten. Sehr häufig beschreiben Verwandte das abnorme Eßverhalten nachdrücklicher als die Patientinnen selbst. Die Patientinnen neigen zu der Erklärung, sie hätten keinen Hunger oder sie äßen genug oder sie fühlten sich gesättigt.

Früher beschäftigte sich die Psychotherapie fast ausschließlich mit unbewußten Konflikten und Beweggründen, und ihre Interpretationen hatten die Klärung unbewußter Motive zum Ziel. Die Bedeutung gestörter Wahrnehmungs- und Vorstellungsbereiche wurde vergleichsweise vernachlässigt. Magersüchtige mißbrauchen die Eßfunktionen in ihrem Bemühen, Probleme in verschiedenen Lebensbereichen zu lösen, in Lebensbereichen, die mit dem Nahrungsbedürfnis nicht das geringste zu tun haben. Dabei leiden sie insofern unter einem Wahrnehmungsfehler, als sie häufig nicht in der Lage sind, zwischen Hunger und anderen Sinneseindrücken und Gefühlszuständen zu unterscheiden: Das Gehirn macht ständig Fehler bei seinem Bemühen, zwischen körperlichen und psychologischen Bedürfnissen zu trennen.

Eine Sonderform gestörter Nahrungsaufnahme ist der Eßanfall, der Impuls, soviel zu essen wie nur möglich und anschließend alles wieder von sich zu geben. Magersüchtige haben geradezu das Gefühl, etwas Besonderes zu leisten, wenn sie kontrollieren können, was und wie wenig sie essen. Daher können sie auch behaupten, andere hätten sie dazu verführt, sich übermäßig mit Nahrung vollzustopfen, und sie machen womöglich diese Menschen für ihr Verhalten verantwortlich. In all den Veröffentlichungen über die Bulimie erklären Patientinnen seit kurzem, sie hätten darüber in der

Zeitung gelesen oder es im Fernsehen gesehen. Wenn eine Patientin sich auf zwanghaftes Essen beschränkt, ohne anschließend zu erbrechen, kommt es zur Gewichtszunahme bis hin zur Fettsucht. Doch das ist selten heutzutage. Die meisten Magersüchtigen mit Eßanfällen gehen mit ihrem Verhalten anders um: Sie schlemmen, übergeben sich, hungern und schlemmen anschließend wieder. Wenn sie keine Möglichkeit haben, sich in ihrer Privatsphäre zu übergeben, greifen sie wieder zu rigider Nahrungskontrolle und hungern für einige Tage. In solche Situationen geraten sie, wenn sie Freunde oder ihre Familie besuchen, wenn sie in ein Ski- oder Segelwochenende fahren oder etwas dergleichen. Wenn sie das Essen nicht wieder von sich geben können, essen sie einfach nicht mehr.

Diese Art exzessiven Essens mit anschließendem Erbrechen kommt dem Vernehmen nach auch bei ansonsten klassisch anorektischen Patientinnen vor. Das Syndrom des Überessens und Erbrechens scheint heute viel weiter verbreitet. Nach meiner Beobachtung hat es sich zahlenmäßig mehr als verdoppelt. Unter den Patientinnen, die ich in dem Buch *Eating Disorders* (»Eßstörungen«) beschrieben habe, trat das anfallartige Essen in rund 25 Prozent der Fälle auf. In den letzten Jahren war es in mindestens 50 Prozent der Fälle zu beobachten. Es ist nicht ganz klar, ob und wie die Bulimie mit der echten *Anorexia nervosa* zu tun hat. Es besteht die Neigung, jedes junge Mädchen, das sich überißt und anschließend erbricht, als Magersüchtige zu etikettieren oder, in einem semantischen Gewaltakt, als »Bulimarektikerin«, wenn ebendiese Verhaltensweisen zu beobachten sind. Es gab immer Magersüchtige, die übermäßig gegessen und sich anschließend übergeben haben, die jedoch in ihrem Gesamtverhalten in dem anorektischen Zustand verharrten. Der Überessen-Übergeben-Zyklus kann sich im ersten oder zweiten Jahr der anorektischen Krankheit einschleifen, doch häufig stellt er sich erst später ein. Wenn das einfache Hungern zu anstrengend und erschöpfend wird, mag der Gedanke des Essens und anschließenden Erbrechens als Lösung des Problems erscheinen, das heißt, die Patientinnen können ihrem Verlangen nach Nahrung nachgeben und gleichzeitig dünn bleiben. Gewöhnlich ist der Gewichtsverlust bei Patientinnen, deren primäre Eßstörung in Überessen und Erbrechen besteht, nur gering, doch er kann bedrohlich zunehmen, wenn die Patientinnen das Gefühl bekommen, nicht im Besitz der Kontrolle zu sein.

Im Laufe der Zeit unternehmen diese Patientinnen wiederholte

Anstrengungen, die Eßanfälle zu unterbinden oder einzuschränken, doch in der Regel geben sie nach einigen Tagen auf. Allmählich lösen sich die Eßanfälle von den Mahlzeiten oder vom Wunsch nach Nahrung und werden mehr und mehr zu einer Reaktion auf Verstimmungen oder Enttäuschungen. Einige Patientinnen halten sich bei ihrem Verhalten an eine zeitliche Grundlage, das heißt, immer wenn sie es mit ungeplanter Zeit zu tun haben, mit einer »Leere«, füllen sie sie mit Essen. Bei anderen wird es »einfach zu einer Gewohnheit«. Für noch andere besteht die Neigung zu dieser Praktik über Jahre hin: »Nun, bei verschiedenen Gelegenheiten komme ich für vier Tage bis zu einer Woche ohne dies aus, weil ich mich aus diesem oder jenem Grund, hauptsächlich aus äußeren Anlässen, in dieser Zeit wirklich gut fühle.« Doch wenn dieses gute Gefühl nicht anhält, kommt es wieder zu unvermindert starken Eßanfällen.

Eine Frau von knapp 30 Jahren, die zehn Jahre lang anfallartig gegessen und sich anschließend übergeben hatte, erklärte: »Ich weiß, es ist etwas, was ich kontrollieren kann, doch ich weiß auch, daß es hart ist, ganz hart. Es ist wie eine Drogenabhängigkeit, die man ohne Hilfe aufgeben soll. Wenn ich mich wirklich glücklich fühle, ist es so einfach, damit aufzuhören, für ein oder zwei Tage. Wenn ich mich wohl fühle, habe ich kein Verlangen danach, es zu tun. Auch wenn ich mich wirklich aufrege, verspüre ich nur wenig Lust, es zu tun. Wenn ich aus einem bestimmten Grund wirklich gräßlich verärgert bin, tue ich es, doch ich muß mich dazu zwingen, ich möchte es eigentlich überhaupt nicht.«

Sie verglich ihre Eßstörung auch mit dem Verhalten, das man im Zusammenhang mit Kettenrauchen beobachten kann: »Wie jemand, der weiß, er solle nicht rauchen, und weiß, daß es schlecht für ihn ist, der jedoch Tag für Tag über Sekunden, Minuten und Stunden seiner Sucht widersteht und schließlich doch von ihr überwältigt wird. Es ist so überwältigend schwer, daß ich fast plane, es zu tun. Wenn ich zu Beginn des Tages anfange, daran zu denken, daß ich mich an diesem Tag nicht übergeben werde, dann kotze ich tatsächlich früh am Tag, im allgemeinen weil das Denken an den Widerstand, dessen Bild sogar vor meinem inneren Auge steht, unerträglich wird. Es ist stärker als ich und hindert mich daran, an andere Dinge zu denken. Alles, woran ich denken kann, ist, wie ich es schaffe, zu widerstehen.« Sie beschrieb dann, wie sie wieder ruhig wurde, wenn sie das Ritual hinter sich gebracht hatte, und mit jeder Wiederholung wird ihre Überzeugung stärker, daß es für sie wie ein

Sedativ wirkt. Ihre Art und Weise, mit dem Verlangen nach unmäßigem Essen und anschließendem Erbrechen umzugehen, besteht darin, ihm nachzugeben, statt den ganzen Tag lang von der Frage gequält zu werden, wie sie den Impuls kontrollieren kann.

Viele Patientinnen halten es für das Beste, wenn sie beschließen, als letzte Handlung des Tages das Gegessene wieder von sich zu geben. Wenn dieser Plan gefaßt ist, brauchen sie sich keine Sorgen mehr zu machen. Doch wenn sie sich entschließen, sich *nicht* zu übergeben, »dann fange ich an, mir Sorgen zu machen, und die Quälerei macht mich einfach kaputt, und ich fange an zu denken, ›Mein Gott, das ist einfach der Mühe nicht wert‹, und so lasse ich mich einfach gehen und tue es. Dann fühle ich mich deswegen überhaupt nicht mehr ängstlich.«

Eßanfälle sind in der Regel ein Symptom, das die Patientinnen mit Schweigen umgeben. Manche hören lieber mit der Behandlung auf, als ihr großes Geheimnis zu offenbaren, daß sie sich mit Essen vollstopfen und sich anschließend übergeben. In den letzten Jahren ist das übermäßige Essen jedoch ein mehr oder weniger akzeptiertes Symptom geworden, mit oder ohne *Anorexia*, und die Patientinnen sind in der Lage, darüber offener, wenn nicht prahlerisch, zu reden.

Eine Frau von 32 Jahren, die seit zehn Jahren magersüchtig war, hatte zweimal ihre Therapie beendet, um ihr Geheimnis zu wahren. Nun beschreibt sie mit einem gewissen Vergnügen, wie sie um sieben Uhr in der Frühe zu einem Lebensmittelladen geht, in dem man sich ein üppiges Frühstück bestellen kann. Als ich meinte: »Das klingt mir aber nicht wie ein Eßanfall«, fügte sie bekräftigend hinzu: »Es geht noch weiter. Ich habe Ihnen noch nicht vom ganzen Tag erzählt. Anschließend kaufe ich ein Dutzend Krapfen, weil sie eine bestimmte Art von Krapfen haben, die ich so gern mag. Ich kaufe mir alles, wonach mir der Sinn steht – gewöhnlich etwas Brot, Majonäse und Eier, um mir Eier-Sandwiches zu machen, und einige Brötchen, eine Packung Fritten und so weiter.« Sie nimmt all dies mit nach Hause und ißt während des Vormittags ein Dutzend Eier. Nach den Eiern »mache ich mir einige Sandwiches mit Majonäse und esse sie einfach ohne sonst etwas oder mit allem, was ich gerade sehe«. Mit diesen Ritualen bestreitet sie ihren Morgen. »Ich lasse das Essen niemals länger als zwei Stunden dauern, weil ich Angst habe, ich könnte zunehmen. Dann bringe ich mich zum Übergeben. Seit nunmehr vier Jahren tue ich dies regelmäßig, und während all dieser vier Jahre habe ich mich gewöhnlich zum Brechen gereizt, doch nun kotze ich, ohne mich dazu zu stimulieren. Es ist eine Art umgekehrtes Schlucken. Es ist so einfach wie schlucken, fast so einfach.«

Wenn über Einzelheiten gesprochen wird, dann wird offenkundig, daß diese Menschen das Essen mit anschließender Entleerung für eine ziemlich lange Zeit als eine überlegene Methode der Gewichtskontrolle betrachteten. Erst in den letzten Jahren ist vielen Patientinnen aufgrund der vielen Veröffentlichungen über die Bulimie die Tatsache aufgegangen, daß die Entleerung gefährlich ist. Magersüchtige, die an Herzversagen aufgrund der Anorexie sterben, haben häufig das Erbrechen oder den Mißbrauch von Abführmitteln zur Gewichtskontrolle eingesetzt.

Ob sie sich nun dem Zyklus von Essen und Entleeren hingeben oder nicht, magersüchtige Patientinnen unterscheiden sich beträchtlich hinsichtlich der Bedeutung, die sie der Nahrungsaufnahme zumessen. Sie können es regelmäßiges Essen nennen oder anscheinend jedes Interesse an dem Thema vermissen lassen. Manche sind ständig mit Gedanken an Nahrung und Essen beschäftigt und sprechen darüber ohne Unterlaß, während andere das Essen kaum erwähnen und noch andere es schlankweg ablehnen, darüber zu sprechen. Die folgenden Fälle bieten einige Beispiele für die unterschiedliche Art und Weise, in der magersüchtige Patientinnen mit mehr oder weniger gravierendem Gewichtsverlust über Hunger, ihr Interesse an Nahrung, über körperliche Störungen sprechen, und wie diese Themen letztlich auf ihre verzerrten Selbstvorstellungen zurückgehen.

Annette: Ein geteiltes Haus

Es war schwierig, Informationen darüber zu erhalten, was und wie Annette aß. Unser Kontakt war, wie in Kapitel 4 erwähnt, zum großen Teil eine Art doppelgleisiger Kommunikation. Auf der einen Ebene erklärte sie – und sie behielt dies praktisch während des ganzen Behandlungszeitraums bei –, sie wisse durchaus, daß sie zu dünn sei, und sie wünsche zuzunehmen und werde folglich essen. Doch auf der anderen Ebene, wenn es darum ging, Einzelheiten über ihre Eßgewohnheiten in Erfahrung zu bringen, oder wenn ihr Internist ihr Anweisungen zu geben suchte, erklärte sie kühl: »Ich weiß, was eine gute Diät ist und was ich essen sollte – und das werde ich nun tun.«

Im Verlauf der Therapie hatte Annette gelernt, persönliche Beziehungen und ihre Rolle bei deren Entwicklung viel freier und ungezwungener zu erkunden. Doch nach wie vor weigerte sie sich, über ihren Körper, ihre Gefühle und ihre Reaktionen darauf und auf Körper im allgemeinen zu sprechen: »In bezug auf meinen Körper bin ich immer schüchtern gewesen – als ich zwölf war, fühlte ich mich unbehaglich, wenn ich über Menstruation oder über Rasur unter den Armen reden sollte. Alles dies brachte mich in Verlegenheit, und wenn ich irgend etwas mit dem Körper machen mußte, war mir äußerst unbehaglich zumute.« Als sie noch ziemlich jung war, so erinnerte sie sich, war sie um ihren Körper keineswegs besorgt und ging im Schlafzimmer ihrer Eltern ein und aus. Gefühle der Verlegenheit setzten jedoch weit vor der Pubertät ein, und sie blieben auf ihren Körper fixiert. Sie glaubte, ihre ganze Familie fühle sich mit ihren Körpern unbehaglich. Auf die Frage, ob sie die beginnende Pubertät ihrer älteren Schwestern bemerkt habe, antwortete Annette mit einem gewissen Sarkasmus: »Ich habe es nie bemerkt – niemand lief bei uns zu Hause nackt herum. Doch das geschah einmal im Haus meiner Freundin. Ich sah eines Tages ihren Bruder nackt, und ich war gekränkt. Solch einen zwanglosen Umgang mit dem Körper habe ich nie gekannt. Zu Hause waren sie alle verlegen.«

Fette Körper hatte sie immer abgelehnt, vor allem die von alten Frauen mit schlaffem Fleisch und Hautfalten. »Ich hatte immer Angst davor, mit einem weiblichen Körper wie diesen verglichen zu werden. Ich wollte keine Kurven – ich wollte nie wie eine Frau aussehen.« Ich erinnerte sie daran, daß sie sich stets Sorgen um die Zukunft machte. Zum Beispiel aß sie kein Frühstück, aus Furcht, sie könne zum Abendessen nicht hungrig genug sein. Nun wollte sie keinen weiblichen Körper mit Kurven haben, um keine fette alte Frau zu werden. Sie korrigierte mich: »Nicht einmal das. Selbst den Körper einer jungen Frau mag ich nicht. Die Art und Weise, wie der weibliche Körper gebaut ist, er hat Polster an Stellen, die wie Wülste aussehen. Selbst jetzt denke ich, daß die Körper junger Frauen zu fett sind... Letzte Nacht dachte ich daran, daß ich wirklich *nicht* zunehmen möchte – ich möchte nicht die Art von Körper haben, wie Frauen ihn haben.« Sie war von Furcht und Sorge erfüllt, sie könne einen Hüftring bekommen. »Ich habe immer das Gefühl gehabt: ›Ich möchte so nicht aussehen, mit Wülsten, hängenden Brüsten, hinten schlaff‹ – das ist einfach häßlich, und das versuche ich zu vermeiden.« Ich erklärte: »Das heißt, Sie sind nicht in Übereinstimmung mit der Natur. Sie glauben, Brüste, Bauch, Hüften sind häß-

123

lich und mit dem normalen weiblichen Körper sei irgend etwas nicht in Ordnung. Sie lehnen die Entwicklungsvorgänge der Pubertät ab.«

Ihre Einstellung zum Körper nahm in unseren Gesprächen großen Raum ein, als ihr Gewicht auf 77 Pfund abgesunken war und die Frage einer erneuten Hospitalisierung erörtert werden mußte. Da sie zunehmen mußte, um nicht ins Krankenhaus zu kommen, fühlte sich Annette unter Druck und gab zum erstenmal zu, daß sie nicht zunehmen wollte. Während des ganzen ersten Jahres ihrer Behandlung hatte sie ständig davon gesprochen, sie wolle mehr Gewicht haben, sei jedoch dazu nicht in der Lage. »Ich möchte, daß meine Knochen bedeckt sind, aber nicht hier herum (Bauch und Hüften). Nur die Knochen hier oben sollten bedeckt sein, doch ich mag es nicht, wenn es so aussieht wie hier. Es scheint, daß der Körper sich verändert, wenn ein Mädchen heranwächst. Ich weiß, daß der Körper so gebildet ist, doch ich mag es nicht.« Wieder kommentierte ich, daß etwas weit Grundlegenderes im Spiel sei, ein tiefsitzender Konflikt mit der Natur nicht nur wegen des einen oder anderen Merkmals – es sei vielmehr ihre Überzeugung, daß die Natur einen Fehler gemacht habe. Sie erläuterte ihr Bild: »Nein, die Dinge sind an den falschen Stellen – es gibt Leute mit flachen Bäuchen, und darum bemühe ich mich, doch ich bin nicht so gebaut. Mein Bauch ist meine Achillesferse. Damit bin ich geschlagen. Ich muß mir etwas eingestehen, was ich bislang vermieden habe, was aber eine unausweichliche Tatsache ist – ich kann sie nicht umgehen, kann sie nicht überwinden.« Ich schlug vor: »Warum nicht eine normale, gesunde Weiblichkeit akzeptieren? Sie sprachen vorher von Untreue gegenüber alten Überzeugungen. Was müssen Sie denn wirklich aufgeben, damit es Ihnen gutgeht?« Heftig antwortete sie: »Seit langer Zeit sage ich *nein*. Akademisch konnte ich durchaus leisten, was ich mir vorgenommen hatte. Ich war davon überzeugt, daß ich das gleiche auch mit meinem Gewicht tun könnte.«

Um sie zu beruhigen, sagte ich leise: »Mit Mutter Natur können Sie nicht streiten –«, und sie beendete den Satz: »Aber genau das habe ich getan. Ich habe gedacht... nun muß ich mich der Tatsache stellen – ich muß sie akzeptieren –, daß ich so aussehe, wie ich nicht aussehen möchte.« Ich erinnerte sie daran, daß nicht nur sie, sondern jeder andere auch die natürlichen Tatsachen zu akzeptieren habe. »Jedes Mädchen wird erwachsen, und Sie können das nicht leugnen.« Sie protestierte: »Aber es tut es auf eine Weise, die ich nicht mag.« Ich wies darauf hin, dies sei die gleiche Art falscher Vorstellung aus der Kindheit wie die Angst, »verschandelt« worden zu sein, die ihr ganzes Leben beherrscht hatte. Ihre Aufgabe sei es nun, das kindliche Denken und den Widerstand aufzugeben. Sie fügte hinzu: »Ich weiß – nicht erwachsen werden zu wollen mit einem weiblichen Körper ist eine kindliche Betrachtungsweise. Ich wollte nie erwachsen werden. Immer hatte ich das Gefühl, ein Kind zu sein und bei meinen Eltern zu bleiben.«

Gegen Ende des ersten Behandlungsjahres hatte sie ein aufwühlendes Erlebnis. Sie hatte sich bereits seit einiger Zeit mit einem jungen Mann getroffen. Plötzlich erklärte er ihr, er wolle Schluß machen. Das war für sie ein schmerzlicher Schock, doch er zwang sie auch, sich realistischer zu betrachten. »Ich kann nicht weiterleben wie ein geteiltes Haus, das heißt erwachsen und erfolgreich ›über dem Hals‹, doch kindlich und unreif ›unter dem Hals‹ sein.« Damit hatte sie sich zum erstenmal als unreif hingestellt. Nach ihrem Gefühl vermittelte sie den Eindruck, viel jünger zu sein und den Körper eines unentwickelten zwölfjährigen Mädchens zu besitzen. Sie äußerte den Wunsch nach Hilfe, um die biologische Reife zu erlangen, und sie war sich der Bedeutung bewußt, daß dies jetzt ihre eigene Entscheidung war.

Ihr Internist erörterte mit ihr die Frage, wie sie eine gewisse Gewichtszunahme erreichen könne, ohne daß das Essen außer Kontrolle geriet. Zum erstenmal hörte sie wirklich zu, was er zu sagen hatte, ohne dabei im Innern zu denken: »Das werde ich sowieso nicht tun.«

Annette teilte sich ein Apartment mit einer Zimmergenossin, doch sie hatten getrennte Kochgelegenheiten. Sie esse eine ziemlich große Portion zu Abend, erklärte sie, doch weder Frühstück noch Mittagessen. Im zweiten Behandlungsjahr hielt sie ihr Gewicht bei rund 80 Pfund. Während unserer Sitzungen erklärte sie wiederholt, sie könne nicht zunehmen, ihr Körper akzeptiere die Gewichtszunahme nicht, und die Leute hätten von ihr die Vorstellung einer schlanken Person. Als ihr aufging, daß sie »nicht zunehmen wollte« und keineswegs »nicht zunehmen konnte«, wie sie behauptet hatte, war sie überrascht, daß ihr Gewicht sich erhöhte, als sie mehr zu essen begann. Bis dahin konnte sie sich sagen, daß sie »zunehmen wollte«, weil sie sicher war, daß ihr Körper mehr Gewicht nicht akzeptieren würde.

Annettes Bemühungen, die Ratschläge ihres Internisten zu befolgen und zuzunehmen, gingen nicht ohne Schwierigkeiten ab. Als der Internist ihr eine gewisse Zusatzdiät empfahl, die in Drogerien zu kaufen war, fand sie heraus, daß es billiger war, im Supermarkt abgepackte Frühstückportionen zu besorgen. Als sie die Aufschriften studierte, fiel ihr auf, daß es das Billigste sei, einen Karton mit zwölf Packungen zu kaufen, deren ausgesuchte Geschmacksrichtungen sie zum größten Teil nicht mochte. Einzelpackungen in Geschmacksrichtungen, die ihr gefielen, waren auch zu bekommen; allerdings lag ihr Preis ein wenig höher. Sie konnte es nicht über sich bringen, mehr Geld auszugeben, nur um ihren Wünschen zu folgen, und so verließ sie den Supermarkt, ohne etwas eingekauft zu haben. Der Gedanke, Einzelpackungen einer ihr zusagenden Geschmacksrichtung einzukaufen, regte sie auf, und die Ausgabe von mehr Geld zu ihren Gunsten löste schwere Schuldgefühle bei ihr aus, und so entschied sie sich, überhaupt nichts zu kaufen. Daraufhin wurde sie wütend auf sich, weil sie eine weitere Einkaufsfahrt unternehmen und sich zwingen mußte, Einzelpackungen zu erstehen, unbeschadet der Tatsache, daß sie teurer waren.

Sogar während ihrer Genesung war diese geizige Einstellung für Annette ein großes Handicap. Selbst wenn sie zunehmen »wollte«, kam ihr Geiz, ihre verängstigte Weigerung, sich in irgendeiner Weise zu verwöhnen, dem Verlangen nach Gewichtszunahme in die Quere. Sie klammerte sich an das Bedürfnis, nicht als verwöhnt zu erscheinen, und gestattete sich nicht, irgend etwas außer der billigsten Lebensmittelmarke zu kaufen, noch bereitete sie sich frische Speisen zu, wenn noch nur Reste vorhanden waren. Sie verbrachte Stunden damit, Preise zu vergleichen, um eine billigere Marke als die in einem schneller zu erreichenden Laden zu finden. Sich die Dinge einfacher zu gestalten, interessantere und schmackhaftere Speisen zu essen, hieß für sie, »sich zu verwöhnen« und somit gegen eine Grundregel der Kindheit zu verstoßen.

Die Angst davor, ein »verwöhntes« Image zu bieten, schlug sich nieder in einer außerordentlich geizigen Einstellung sich selbst gegenüber, die viele Lebensbereiche durchdrang – einschließlich der Ernährung. Annette war bescheiden in der Art, wie sie sich kleidete, obgleich sie Tagträume hatte, in denen sie elegant und auffällig gekleidet war. In dem, was sie sich zu essen gestattete, war sie immer zurückhaltend gewesen und hatte gegenüber dem »Essen aus Vergnügen« immer ein Gefühl des Unbehagens empfunden. Diese strenge Einstellung zur Ernährung hatte sich lange vor dem tatsächlichen Gewichtsverlust herausgebildet.

An einem Punkt, als sie gerade ihre konflikthaften Gefühle gegenüber dem Wunsch, zuzunehmen, und dem gleichzeitigen Wunsch, nicht zuzunehmen, erörterte, entschlüpfte ihr ein Ausdruck, den sie nie zuvor verwendet hatte: »Die Kleine läßt es nicht zu.« Als ich sie darauf aufmerksam machte, wurde sie lebhafter und erklärte, sie habe das Gefühl, in ihrem Innern – sie konnte nicht sagen, wo, sondern meinte nur, irgendwo im Unterleib oder im unteren Brustbereich – sitze eine kleine Person, wie ein Kind, das jedesmal heftig protestiere, wenn sie irgend etwas für ihr eigenes Wohlbefinden tue. Als ich sie ermunterte, sprach sie ausführlicher über diese kleine Person, die dem Kind ähnelte, als das sie sich selbst sah, allerdings so, wie sie nie gewesen war, nämlich mit dem Fuß aufstampfend und aus Protest auf den Tisch schlagend, also all die Wut zum Ausdruck bringend, die sie niemals losgeworden war. Wir besprachen, wie dies sich mit ihrer anorektischen Krankheit vertrug und wie sich die kleine Person als Ausdruck einer Kindheit gerierte, die nicht an ihr Ende gekommen war, weil niemals ein offener, freier Selbstausdruck stattgefunden hatte. Sie sprach eindringlicher über »den kleinen Menschen in mir, der ›Nein‹ sagt«: »Der kleine Mensch äußert Widerstand in einem größeren Umfang, einen stillen, inneren, unausgesprochenen Widerstand. Dieser Widerstand darf nicht laut ausgesprochen werden, weil er kindisch und falsch ist und gegen das gerichtet, was Sie sagen, doch er gibt mir Stärkung und geheime Befriedigung. Ich empfinde Stolz, weil ich wirklich ans Ziel gelangt bin. Schließlich habe ich die Erwachsenen zum Narren gehalten.«

Sie sprach über die emotionalen Reaktionen, die mit Gewichtsänderungen einhergingen. »In mir ist soviel Stolz und mir selbst Auf-die-Schulter-Klopfen – alles im geheimen, natürlich –, wenn ich auf die Waage steige und nicht zugenommen habe. Ich bin konsterniert, wenn ich doch zugenommen habe, besonders wenn ich es nicht wollte und auch nicht versuchte. Mein kleiner Mensch ist überlistet und doppelt betrogen worden. All dies erinnert mich daran, wie ich mich als Kind fühlte, als ich tun mußte, was die Erwachsenen wollten, weil sie im Recht waren und stark und groß.«

Wenn wir über Körper sprachen, führte das oft dazu, daß Annette die weiblichen mit den männlichen Körpern verglich und die weiblichen für minderwertig hielt. Sie wünschte, dem Mann gleichgestellt zu sein und die gleiche Stärke zu besitzen, »und ich möchte schlank bleiben, weil ich dann eher wie ein Mann aussehe. Ich treibe mich dazu an, soviel zu tun, wie ein Mann leisten kann. Es fällt mir schwerer, mit einer Frau zu tun zu haben, die stark und effizient ist, und ich kann nicht zugeben, daß ich nicht so stark bin wie sie. Dies einem Mann zuzugeben, ist leichter.«

Im Laufe der Zeit wurde immer offensichtlicher, daß Annette irgendwo eine Vorstellung davon hatte, ein unabhängiges, selbstbewußtes Individuum mit einem klaren Selbstgefühl zu sein, doch sie konnte diese Vorstellung nicht mit der in Einklang bringen, eine Frau zu sein, was für sie gleichbedeutend war mit einem beinahe sklavenartigen Wesen. Sie hatte sich auch zur Karikatur eines gehorsamen Mädchens gemacht, das sich selbst dann noch an »die Regeln« hielt, wenn sie längst durch neue ersetzt worden waren.

Als ich anregte: »Wir sollten untersuchen, warum Sie sich immer noch an die unlogische Schlußfolgerung klammern, Sie müßten ein gehorsames gutes Mädchen sein«, antwortete sie: »Aber wie kann ich sagen, daß es unlogisch ist, wo ich doch weiß, daß es mein Verhalten ist?« Ich wies darauf hin, wie bereits viele Male zuvor, daß dieses Verhalten sich herausgebildet hatte, als sie noch ziemlich klein war, und daß es unmöglich für den Rest ihres Lebens von Nutzen sein könne. »Wie wäre Ihr Leben verlaufen, wenn Sie als Junge geboren worden wären – wie sehen Sie sich selbst?« Sie antwortete mit einem entschiedenen: »Es wäre schlimmer gewesen, weil ich das gleiche schauderhafte friedfertige Gemüt hätte, und das ist bei Jungen nicht zu akzeptieren. Zumindest bei Mädchen war es im allgemeinen akzeptabel, doch heutzutage ist es kein kulturell akzeptables Verhalten mehr. Doch ich verhalte mich weiterhin so.« Sie fügte hinzu: »Der Wunsch, mich zu ändern, ist immer präsent: Ändere den Körper, ändere das Verhalten, sei eine Führungspersönlichkeit, behaupte dich, doch wenn ich einen Schritt in Richtung Selbstbehauptung tue, bekomme ich es mit der Angst zu tun und sage mir: ›Nun, von mir nimmt man nicht an, daß ich so etwas tue.‹«

Ich versuchte genauer einzukreisen, wann die destruktiven Hemmungen beherrschend wurden, wann sich die Haltung verfestigte: »Ich schließe mich ab, die guten Dinge im Leben sind nichts für mich.« Nach langem Schweigen trug sie eine Erinnerung vor, die sie bis dahin nicht erwähnt hatte. Sie war zehn Jahre alt, in der fünften Klasse, in einem Schuljahr, an das sie sich als »hell und heiter« erinnerte: »Wir hatten einen guten Lehrer, und es war eine angenehme Klasse. Ich denke jetzt an die Zeit, als wir uns mit der Geschichte des alten Griechenlands beschäftigten und wir einen Aufsatz darüber schreiben sollten, wo wir, wenn wir Jungen oder Mädchen im antiken Griechenland wären, lieber aufwachsen möchten – in Sparta oder Athen? Die Jungen waren sozusagen gespalten: Die eine Hälfte wollte Athener, Großstädter, sein; die andere Hälfte spartanische Krieger, die in die Schlacht zogen und kämpften. Ich erinnere mich, daß der Lehrer sagte, alle Mädchen mit einer Ausnahme wünschten sich, in Athen aufgewachsen zu sein. Wäre das nicht interessant? Alle lachten, doch ich dachte irgendwie: ›Nun, ich bin auch einzigartig.‹ Ich wollte eine Spartanerin sein. Das war in der fünften Klasse. Somit reichen die Dinge doch ein ganzes Stück weiter zurück.«

Annette war ganz sicher, daß sie von niemandem beeinflußt worden war. »Ich hatte die Vision, einer Sache zu dienen und edel zu sein, eine Kämpferin, hart und in der Lage, für mich selbst zu sorgen.« Für andere mag Sparta das Sinnbild für Selbstverleugnung und Bestrafung sein; für sie hieß es Märtyrertum. »Ich wollte nicht im Haus herumsitzen und Harfe spielen und Lieder lernen. Ich wollte arbeiten. Ich habe mich wirklich mit den Mädchen verglichen, es war kein Wettstreit mit den Jungen. Ich glaube, zu jener Zeit wollte ich beweisen, daß ich körperlich stärker als alle anderen Mädchen war.«

Sie war selbst überrascht darüber, daß sie bereits solch starke Gedanken hatte, als sie noch so jung war, und das überdies zu einer Zeit, als sie ihrer Erinnerung nach ein dralles kleines Mädchen war, überhaupt nicht athletisch gebaut. Doch das Bedürfnis, sich als jemand zu beweisen, der Opfer bringen wollte, war bereits vorhanden, genau wie das Gefühl des Alleinseins. »Die spartanische Gesellschaft war ziemlich schwierig, etwa so, als wenn man in Rußland lebt. Nichts Sanftes war erlaubt, kein Fehler war gestattet; jedermann ist auf sich selbst gestellt, und wenn sie nicht gut genug sind, dürfen sie nicht bleiben, und es gäbe keine Hilfe für sie. Das war ganz genau das, was ich später empfand und wonach ich handelte – daß ich allein bin und niemand mir hilft.«

Ich stimmte ihr zu, diese Erinnerung lasse erkennen, wie früh sie bereits den Gedanken hegte, sich Beschränkungen aufzuerlegen, dem Körper seine Freuden vorzuenthalten und ihn zu Spitzenleistungen zu zwingen. Sie fügte hinzu: »In gewissem Sinne waren sie asexuell. Jedermann zog hinaus, um zu kämpfen, und jeder tat dies und jeder tat das. So lag über allem ein Gefühl von Asexualität – nun,

das war ein kleines Mädchen, das in einem Geschichtsbuch las.«
Und sie äußerte erneut ihre Überraschung darüber, daß all dies bereits vor mehr als fünfzehn Jahren vorhanden war. In diesem spartanischen Ideal deutete sich ihr Verhalten während der anorektischen Phase an, in der bescheiden, »nicht verwöhnt« sein ihre höchste Tugend war, und sie hatte wiederholt ihre Entschlossenheit betont, »durch dick und dünn zu gehen«.

Im Verlauf der Therapie hatte sie sich vergegenwärtigt, wie unerwünscht in Wahrheit ihr Zustand exzessiver Magerkeit im Sinne menschlichen Kontakts war. Bald nachdem sie zum erstenmal darüber gesprochen hatte, wie isoliert sie war, hatte Annette einen Traum, in dem sie sich als eine skelettdürre Magersüchtige sah, die sie gewesen war und der sie nie gestattet hatte zu leben. Zum Schluß empfand sie beim Betrachten dieser Kreatur wirklichen Horror; sie konnte nicht glauben, daß sie selbst jemals so gewesen war. Zum erstenmal sprach sie von der äußersten Verzweiflung, die sie während dieser Zeit ihres Lebens empfunden habe, von den Schrecken, die damit verbunden waren, in einer Falle gefangen zu sein, die sie sich selbst gestellt hatte.

Annette sprach erneut davon, daß sie sich während des Therapieverlaufs nicht menschlich gefühlt habe. Ich erklärte ihr, ich wisse, daß dies ein unheimliches Gefühl sei, doch viele andere Patientinnen hätten die gleiche Angst geäußert. Annette stimmte zu: »Das war sehr schwer zuzugeben. Es war irgendwie selbstverständlich, daß man nicht menschlich ist, wenn man sich selbst oder seinen Körper nicht so sieht wie jeder andere.« Ich erklärte, auch andere Magersüchtige, desgleichen übergewichtige Leute, die sich einer anstrengenden Diät unterziehen, berichteten von dieser Angst, nicht wirklich Mensch zu sein. Wenngleich viele Magersüchtige darunter litten, wenn ihr Gewicht sehr niedrig sei, schienen sie sich doch während dieser Zeit dessen nicht ganz bewußt zu sein. Annette sagte: »Nun, mir ist das viel bewußter geworden, seit ich in der letzten Zeit dieses beständige Verlangen habe, eine Person zu sein. Ich habe beinahe das Gefühl, daß die Art und Weise, wie ich mit meiner Dünnheit umging, mit dieser ganzen Einstellung, keine Frau oder Erwachsene sein zu wollen oder eine richtige Figur und das übrige zu haben, mit dem Körper zusammenhing und mit der Art, wie ich ihn wahrnahm.«

Später fragte ich sie, wie sie sich auf der Insel (siehe Kapitel 4) vorgekommen sei, und sie erklärte: »Wenn ich mich auf der Insel betrachte, so bin ich immer noch eine magere Unperson. In gewisser Weise spielt es keine Rolle, ob ich isoliert und anders bin. Ich meine, bei dieser Vorstellung ist es in Ordnung, daß meine Schwester (Josie) auf der Brücke steht, denn sie ist in engerem Kontakt mit der Menschheit als ich. Solange ich so weit entfernt davon bin, eine akzeptable oder akzeptierende Landsmännin aller Menschen in der Welt zu sein, kann ich auch genausogut auf der Insel bleiben.« Ich griff das Thema auf: »Sie haben also Ihr Dünnsein als eine große Entfremdung erlebt, als Entfremdung durch Anderssein?« Ihre Antwort: »Das erlebe ich heute so.« Ich erklärte ihr, viele Magersüchtige sprächen über ihre tiefsitzende Verzweiflung erst, wenn sie beinahe wieder wohlauf seien. Erst dann begriffen sie oder räumten sie ein, daß sie sich während ihres Magerseins als entmenschlicht, nicht als Teil der menschlichen Rasse gefühlt hätten.

Annette malte das Bild sogar noch weiter aus. »Es war auch so, daß ich es nicht verdiente, Josie um einen Platz zu bitten, weil ich mich zu diesem Phantom auf der Insel gemacht hatte. Ich hatte mich selbst zu diesem unzivilisierten Wesen gemacht, wenn nicht zu einem Kannibalen auf der Insel, so doch zu etwas, das mit der übrigen Welt so ohne Berührung und Übereinstimmung war, daß ich auf der Insel isoliert bleiben mußte.«

Das veranlaßte mich zu der Frage, welche innere Notwendigkeit ihrer Entwicklung zu der extremen Isolierung geführt haben mochte. Sie erklärte: »Wenn ich zu dem zurückkehre, was ich als das Schwärzeste von allem ansehe, so glaube ich, daß es mein wahnhafter Wunsch war, keine Person zu sein. Unter der Voraussetzung, daß die Anorexia nicht einfach eintritt, so ist es meine eigene Einstellung, die sagt: ›Ich möchte immer noch nicht normal sein.‹ Diese Einstellung ist letztlich an allem schuld. Sie ist wirklich ein aktiver Wille.« Ich verwies dann auf das Buch *I Never Promised You a Rose Garden* (deutsch: *Ich hab dir nie einen Rosengarten versprochen*), das damals gerade verfilmt worden war, und meinte, es sei schwierig zu entscheiden, worin sich mehr innere Verstörung äußere, in der Erschaffung einer Phantasiewelt oder in der Erschaffung eines anderen Körpers. Ich beendete die Sitzung mit dem Kommentar: »Es wäre abwegig, einen Rosengarten zu versprechen, doch ich kann mit aller Entschiedenheit sagen, daß es leichter und lohnender sein wird, in der realen Welt zu leben statt auf der Skelett-Insel zu bleiben.«

Ida: Übermenschliche Bemühungen

Wie in Kapitel 4 erwähnt, besuchte Idas Bruder sie zu einem frühen Zeitpunkt im Verlauf der Therapie und blieb für einige Tage. Sie verbrachten viel Zeit miteinander, doch eines Nachmittags war Ida sehr aufgebracht. Bevor sie zum College ging, hatte sie ihre Waage verstellt, so daß sie ein höheres Gewicht anzeigte. Eines Tages stellte sich ihr Bruder auf ihre Waage und hatte das Gefühl, die Gewichtsanzeige sei zu hoch, als sei er plötzlich übergewichtig. In einer Sitzung, an der er während seines Besuchs teilnahm, beschrieb er, was geschehen war: »Ich dachte, die Anzeige sei kaputt. Vielleicht hatte sie sie vorgestellt oder etwas Ähnliches. So stellte ich sie zurück, und sie ging hin und verstellte sie erneut. Dann trat sie auf die Waage und mußte erkennen, daß sie viel weniger wog, als sie brauchte, um auf eine Anhalter-Reise zu gehen. Es ergab sich eine sehr kritische Situation, als sie erkannte, daß sie die Reise nicht antreten konnte. Sie wiederholte, daß sie sich hasse, daß sie nicht verstehe, wie wir sie lieben könnten, daß sie eine so schlimme Person sei, daß sie nicht wisse, warum wir sie liebten. Sie sagte heute zum Beispiel wieder, daß sie sich häufig selbst zerstören möchte und daß sie das Gefühl habe, nichts wert zu sein.«

Ich erklärte: »Das ist das wirkliche psychiatrische Problem, dieses Ausmaß an Selbsthaß, dieser Mangel an Selbstachtung und an Selbstwertgefühl. Hat Sie dies beunruhigt, als Sie mich zum erstenmal aufsuchten? Das ist natürlich die Grundfrage: Wie kommt es, daß ein Mädchen, das unter so günstigen Umständen aufwächst, kein sinnvolles Selbstwertgefühl zu entwickeln vermag?«

Der Bruder ließ sich weiter über das Thema aus: »Ich kann mir nur vorstellen, daß sie die Realität in vieler Hinsicht falsch interpretiert hat. Wenn sie etwas, was sie kann, gut tut, betrachtet sie es nüchtern, doch wenn sie sich auf Gebiete vorwagt, auf denen sie nicht hervorragend sein kann, dann hält sie ihr Tun für widerwärtig, für nicht gut, und statt sich Dingen zu widmen, die sie beherrscht, schlägt sie sich fortwährend mit Dingen herum, die nicht ihre Stärke sind.«

Sie erklärte ihrem Bruder, der gesagt hatte, sie bemühe sich nicht wirklich, daß sie ihr Verhalten unter Kontrolle habe. Er betonte: »Wenn du dich so gut kontrollierst, wenn es bergab und bergab geht, dann solltest du auch in der Lage sein, dich zu kontrollieren, damit es bergauf geht.« Ihre Antwort war: »Wie es sich so trifft, habe ich es bereits zweimal getan, und er weiß nichts davon. In einer ganz ähnlichen Situation habe ich mich durch Essen daraus befreit. Also ist es nicht unmöglich.« Sie bezog sich dabei auf die Tatsache, daß der Internist zweimal nahe daran war, sie zu hospitalisieren, »doch ich habe mich durch Essen davor bewahrt – ich nahm zu«. Sie aß eine Woche lang ziemlich gut und nahm auch zu, doch sie verlor anschließend sofort wieder an Gewicht. In gewisser Weise war sie stolz darauf, die Ärzte dadurch auszutricksen, daß sie gerade soviel zunahm, um zu verhindern, daß sie ins Krankenhaus eingeliefert wurde.

Der Bruder meinte: »Es macht dich wütend, daß du denkst, daß ich denke, du strengst dich nicht genug an.« Sie antwortete heftig: »Weil du nicht weißt, wie man sich dabei fühlt. Ich weiß, daß es nicht vernünftig ist. Darum bin ich auch ursprünglich hierher gekommen, als mir klar wurde, daß es einfach nicht normal ist, wenn jemand einen stärkeren inneren Drang hat abzunehmen statt zuzunehmen, und daß dieser Drang so stark war, daß ich mir mehr Disziplin auferlegen mußte als die meisten anderen Leute. Wenn ich es objektiv betrachte, dann ist mir klar, daß es nicht gut für mich war. Doch du hast niemals einen solchen inneren Drang verspürt, und so kannst du auch überhaupt nicht verstehen, daß es irgend etwas geben kann, was nicht so simpel ist, und daß ich mich selbst nicht kontrollieren kann... Und nun habe ich den Plan gefaßt, daß ich es ein drittes Mal tue, nämlich zu essen. Aber ich kann nicht einsehen, warum ich weiterhin ständig zunehmen soll.« Ich erklärte ihr: »Das niedrige Gewicht ist wie eine Tarnung für die allem zugrunde liegenden wirklichen Probleme. Und Sie können die wirklichen psychiatrischen Probleme erst lösen, wenn Sie von der Tarnung ablassen.« Wütend antwortete sie: »Und inzwischen werde ich ein Ballon nur aufgrund psychiatrischer Probleme.«

Danach begann sie freier über ihren anfänglichen Gewichtsverlust zu sprechen. Die Diät hatte sie aufgenommen, als sie sich mit ihrem Leben unzufrieden fühlte, nicht so anerkannt, wie ihre Anstrengungen es nach ihrer Meinung verdienten, gelegentlich unbehaglich in Gesellschaft, von dem Gefühl bedrängt, die anderen Mädchen mißbilligten ihr kokettes Verhalten, obwohl sie sich gleichzeitig vor engerem Kontakt mit Männern fürchtete. Die Diät sollte ihre Willenskraft beweisen, doch dann entglitt sie langsam ihrer Steuerung. »Als ich damit anfing, hatte ich nicht die Absicht, viel Gewicht zu verlieren, nur einige wenige Pfunde. Ich habe nie daran gedacht, zwanzig Pfund abzunehmen.« Tatsächlich hatte sie fast 45 Pfund verloren.

Sie sprach ausführlicher über ihre Europa-Reise, während der ihr Gewichtsverlust einsetzte. Wenn sie in ein Restaurant gehen wollte, sollte es nur das beste sein. »Häufig suchte ich kleine Ortschaften auf, wo es nicht so gute Restaurants gab, und statt zu essen, zog ich es vor, einfach in der Landschaft herumzuwandern oder still in Kirchen zu sitzen und dem Geräusch auf den Gängen zu lauschen oder die Kühle zu spüren. In jenen Kirchen herrscht eine wundervolle Kühle, immer so wundervoll... Es stellte sich heraus, daß ich es konnte, es zeigte sich, daß ich stark war.« Sie hatte gehört, daß andere Menschen zusammenbrechen und anfangen, anfallartig zu essen. »Ich würde mich nie so gehenlassen, was auch geschieht.« Erst kürzlich hatte sie sich zum erstenmal schwach gefühlt. Bis dahin war sie stolz darauf gewesen, jeden anderen Menschen übertreffen zu können, stolz darauf, daß ihr Körper stärker war als ihre Gefühle.

Ida beschrieb den philosophischen Hintergrund ihres Gewichtsverlustes. »Es gab eine Zeit, in der ich sehr asketisch war und die Meinung vertrat, der Geist solle den Körper vollständig kontrollieren. Während jener drei Tage, an denen ich nichts aß, fand ich heraus, daß ich auch ohne Essen ausgezeichnet weitermachen konnte. Ich gewann die Überzeugung, daß der Geist mit dem Körper alles machen konnte, was er wollte. Und ich denke dies immer noch, heute mehr als früher. Der Geist bringt dem Körper auch bei, mehr oder weniger zu empfinden. Wenn ich Schmerz zu erdulden habe, sollte ich mit Hilfe meines Geistes in der Lage sein, zwischen diesem Schmerz und der Aktivität meines Geistes zu trennen.«

Während dieses ersten Behandlungsjahres nahm Ida ihre Mahlzeiten in der Mensa des Colleges ein, doch sie aß nur minimale Mengen. Sie ließ das Mittagessen aus und ging statt dessen schwimmen. In ihrem Leben spielte Schwimmen eine wichtige Rolle. Wenn sie zunahm, oder in Zeiten emotionaler Anspannung, vergrößerte sie die Zahl ihrer Schwimmrunden. Sie hatte das Gefühl, mit diesem mühevollen Training würden sich ihre Muskeln derart entwickeln, daß sich das Fett über ihren ganzen Körper verteilte und sich nicht an unerwünschten Stellen sammelte. Als Kind war sie dafür gelobt worden, daß sie so athletisch war und so wohlentwickelte Muskeln besaß.

Eine ganze Weile beschäftigte sie sich zwanghaft mit ihrem Gewicht. Jedesmal, wenn sie nach Hause fuhr, um Ferien oder kurze

Besuche zu machen, nahm sie vier oder fünf Pfund zu, die sie anschließend wieder loszuwerden trachtete, wenngleich ihr dies nicht immer gelang. Als sie 80 Pfund erreichte, gab sie schließlich zu, daß sie sich bei dem höheren Gewicht wohler fühlte und auch das Schwimmen mehr genießen konnte. Sie war auch noch weitergeschwommen, als ihr Gewicht sehr gering war, obwohl ihr Körper sich blau färbte und sie sich unendlich elend und kalt fühlte.

Im Laufe der Zeit wurde offenkundig, daß die anorektische Krankheit bestimmten Funktionen diente. Ida hatte das Gefühl, sie zeige ihr den Weg zum Heil, durch übermenschliche Disziplin werde sie sich ihre geheimste Hoffnung erfüllen, nämlich einen Blick in die jenseitige Welt zu werfen: »Je mehr Gewicht ich verlor, desto mehr war ich überzeugt, auf dem richtigen Weg zu sein. Ich wollte in Erfahrung bringen, was sich jenseits des gewöhnlichen Lebens befindet, was im Leben danach geschieht. Abstinenz war nur eine Vorbereitung auf besondere Offenbarungen; es war wie das Tun der Heiligen und Mystiker. Ich wollte auch dafür gelobt werden, daß ich etwas Besonderes war, und ich wollte für mein Tun auch mit Ehrfurcht bedacht werden. Ich fand heraus, daß es schwer ist, als ein erleuchteter Mensch von anderen Leuten anerkannt zu werden.« Genau aus diesen Gründen geriet sie so in Wut, wenn man versuchte, sie zum Essen zu veranlassen, und sie hatte Schuldgefühle, wenn sie zusammenbrach und Essen zu sich nahm, weil sie auf diese Weise das Erreichen ihres besonderen Ziels hinauszögerte. Es fiel ihr immer schwerer, mit anderen Leuten auszukommen. »Ich wollte nicht, daß irgend jemand dies wußte, doch ich war überzeugt davon, daß ich eines Tages die mystische Erleuchtung erlangen würde – ich wartete auf den Tag der großen Offenbarung.« Von anderen Magersüchtigen, mit denen sie Kontakt hatte, erfuhr sie später, daß sie alle etwas Besonderes als Belohnung für ihr Hungern erwarteten. Auch wenn jede Patientin etwas anderes erwartet, so ist es doch immer etwas Übermenschliches. Erst als Ida erkennen mußte, daß diese Hoffnung sich nicht erfüllen würde, willigte sie ein, in die Therapie zu gehen. »Es ist wie der Goldtopf am Ende des Regenbogens, nur daß dort kein Gold ist«, erklärte sie. »Es ist nichts Verdienstvolles, zu hungern, und man kann auf diese Weise sein Leben nicht ändern.«

Obwohl das Sprechen über ihre geheimen Erwartungen ihr dabei half, etwas spontaner zu werden, klammerte sie sich für lange Zeit an ihre übermäßige Disziplin. »Man fühlt sich dieser Art von Disziplin verpflichtet. Ich kann mir für mich überhaupt nicht vorstellen, jemals ohne besondere Disziplin leben zu können. Wenn man sich ihr erst einmal überlassen hat, verurteilt einen der Mechanismus der Überkontrolle dazu, ihn für den Rest des Lebens beizubehalten – zumindest solange der Körper normal funktioniert.« Hier merkte ich an: »Sie verwechseln etwas. Solange Sie über Ihren Körper diese Kontrolle ausüben, kann er nicht normal funktionieren. Ich weiß um Ihren Stolz auf Ihre besondere Disziplin, um die endlose Wiederholung des Verzichts, der es Ihnen erlaubt, diesen besonderen Stolz aufrechtzuerhalten. Niemand kann Sie zwingen, aufzugeben, doch solange Sie sich rühmen, etwas zu tun, was niemand sonst vermag, werden Sie die Konsequenzen zu tragen haben. Solange Sie Bewunderung und Anerkennung dafür einheimsen, sind Sie nicht bereit aufzugeben.«

Mit viel Gefühl antwortete sie: »Es ist etwas, was ich aufgebaut habe, und es hat sich so entwickelt, wie ich es haben wollte. Dies war meine Wahl, und man gibt nicht gern das eine Gebiet auf, wo man erreicht hat, was man wollte.« Ich wies sie darauf hin, daß es nach meiner Meinung eine Wahl aus Verzweiflung war. Sie habe versucht, ihren Körper zu einem Objekt ihres Willens zu machen, zu »Ihrem eigenen Königreich, wo Sie der Tyrann, der absolute Diktator sind«. Über die Verzweiflung, die sie dazu getrieben hatte, konnte man nur spekulieren, und sie konnte sich davon nur befreien, wenn sie die Gründe für ihre Verzweiflung verstünde und korrigierte. Ihr hauptsächliches Handikap war ihre Weigerung, die positiven Aspekte ihrer Existenz zu erkennen; ihre rigide Kontrolle war ein Indiz für das Ausmaß ihrer Verzweiflung. Daß ihr Körper zum Ziel dieser Disziplin wurde, ließ erkennen, wie verzweifelt sie befürchtete, niemals psychische Freiheit zu erlangen.

Nach und nach überprüfte sie ihren Zwang, hervorragend zu sein: »Vor einiger Zeit erkannte ich, was ein ›nicht besonderes‹ Leben bedeutet – es bedeutet, daß ich nicht eine so harte Arbeit zu leisten habe. Ich habe die Arbeit vermenschlicht. Gewöhnliche Leute sitzen nicht in der Falle, weil sie in nichts brillant sind.« Ich stimmte zu: »Das war das Geheimnis des Besondersseins. Es war die Alternative zu der Angst vor Wertlosigkeit.« Sie fuhr fort: »Ich bemerkte, daß gewöhnliche Menschen glücklicher und sorgloser sind. Für mich war ›gut genug‹ eine Verurteilung statt ein Zustand der Zufriedenheit.« Um sie zu ermuntern, bei diesem Thema zu bleiben, faßte ich ihren bisherigen Fortschritt zusammen: »Sie fangen an, sich ein vollständiges Bild von sich selbst zu machen und nicht mehr nur über isolierte Symptome nachzudenken. Ich bin so froh, daß diese Änderung schließlich doch noch eingetreten ist. Solange Mißtrauen herrschte, war diese ganze Krankheit die extreme Selbstgenügsamkeit – je weniger Sie in Ihren Körper reinließen, um so besser.« Sie griff dieses Thema auf: »Aber Selbstgenügsamkeit aus Angst, nicht aus Stärke. Jetzt, da mein Vertrauen gewachsen ist, fühle ich die Stärke. Ich halte es immer noch für ein Verbrechen, sein Potential nicht zu entfalten.« Ich fuhr fort: »Ich betrachte es als eine Tragödie, daß Sie sich bis zur äußersten Erschöpfung treiben wollen. Niemand muß so viel tun. Was halten Sie für ein Verbrechen?« Sie faßte ihre Position zusammen: »Die Welt um das zu berauben, was man beizutragen hat. Es wäre tragisch, wenn man aus reiner Faulheit oder Feigheit sein Potential nicht erkennen könnte. Ich könnte mir nicht verzeihen, wenn ich nicht den Mut hätte, ein Problem ins Auge zu fassen und es zu bewältigen. Dennoch stelle ich mich dem Problem nicht, mich vollständig zu entwickeln. Solange ich an dem niedrigen Gewicht festhalte, kann ich in der realen Welt nichts ausrichten. Bis jetzt konnte ich mir nicht vorstellen, daß ich nicht dünn bleibe.«

Magersüchtige sind Meisterinnen im Verschleiern oder Dissoziieren von Gefühlen. Mit wenigen Ausnahmen haben sie Schwierigkeiten, ihre negativen Gefühle zu äußern. Wahrscheinlicher manifestieren ihre Gefühle sich als das Ausbleiben von Gewichtszunahme oder als Schweigen in Therapiesitzungen. Doch Patientinnen verschleiern ihre Gefühle auf unterschiedliche Weise. Ida brachte ihre Zweifel indirekt zum Ausdruck. Gegen Ende des zweiten Behandlungsjahres wurde sie unruhig und fragte wiederholt, ob psychiatrische Behandlung noch notwendig sei. Sie hatte das Gefühl, ihre Beziehungen zu anderen Menschen, vor allem gleichaltrigen, seien viel besser geworden. Sie war immer noch überrascht darüber, daß die Menschen offen waren und sie mochten, ohne daß sie etwas Besonderes hätte leisten müssen. Dies war ein Gegenstand vieler Erörterungen gewesen, daß sie nie das Gefühl hatte, akzeptiert zu werden nur aufgrund dessen, was sie war, sondern ständig glaubte, sie müsse bei jedem Schritt ihr Akzeptiertwerden verdienen.

Nach Überprüfung mehrerer anderer Schwierigkeiten erklärte ich: »Ihre Frage, ob Sie weiter einen Psychiater brauchen, scheint also ein wenig voreilig zu sein.« Sie antwortete: »Ja, doch ich habe das Gefühl, lassen Sie mich dies sagen, daß sie im Kern etwas Konkretes enthält. Ich habe das Gefühl, wir suchen zuviel nach dem, was nicht in Ordnung ist mit mir.« Meine Antwort war unverblümt: »Da bin ich anderer Meinung. Mit Ihnen ist etwas ganz Wichtiges nicht in Ordnung. Sie haben von sich keine positive Meinung, Sie akzeptieren sich nicht so, wie Sie wirklich sind. Diese Selbstentwertung, diese Zweifel, ob jemand Sie mögen könne, dieser Abscheu, als Sie sagten: ›Aber 70 Pfund – dann hasse ich mich‹ – das alles waren Ihre Reaktionen. Ich konnte nichts Hassenswertes an Ihnen erkennen, obwohl Sie eine Menge über Selbsthaß gesprochen haben.« Ihre Antwort war interessant: »Ich habe Angst, daß ich übereitel werde, weil ich so viele Komplimente bekommen habe«, worauf ich erklärte: »Das ist völlig in Ordnung. Ein wenig Eitelkeit ist gar nicht so schlecht.«

Während der folgenden Sitzungen kam sie wiederholt auf das Thema zurück, daß alles sehr gut liefe und daß ihr gefalle, was sie mache. Ich erinnerte sie: »Es hat Ihnen *gefallen*, 60 Pfund zu wiegen – es hat Ihnen *gefallen* zu hungern.« Sie verbesserte mich und erklärte, nun fühle sie sich entspannter und nicht länger unter Druck. »Es gibt nicht mehr viel, was noch durchzuarbeiten wäre. Ich brauche die Überzeugung, daß ich mich nicht allein fühlen werde.« Ich fügte hinzu: »Und auch das Gefühl von Harmonie und Zufriedenheit mit Ihrem Körper und das Wohlgefühl in engen Beziehungen.« Darauf gab sie zu, enge Freundschaften verwirrten sie immer noch, obwohl es ihr leichtfalle, Freundschaften aufzugeben. Ich wiederholte, daß ich mir Sorgen mache über ihre Selbstzweifel, über ihr Gefühl, daß nichts Liebenswertes an ihr sei, und ich fügte an: »Was für ein Gefühl haben Sie gegenüber Ihrem Körper?« Sie antwortete: »Ich ignoriere ihn.« Doch sie hatte das Gefühl, sie sei nicht mehr so zwanghaft. »Aber ich schwimme immer noch achtzig Runden täglich – und bin immer noch besorgt, ich hätte ›einen Bauch‹. So bin ich halt. Ich mag es nicht, wenn andere Mädchen mager sind. Erst kürzlich konnte ich akzeptieren, daß es attraktiv sein kann, sanft und feminin zu sein. Ich habe das immer als widerwärtig empfunden. Ich fragte mich, wie irgend jemand es attraktiv finden könne, üppig zu sein.«

Diese Zweifel hinsichtlich der Notwendigkeit, die Therapie fortzusetzen, hatten einen gänzlich anderen Beigeschmack als die früheren Einwände, die zum Inhalt hatten, sie käme nur in die Therapie, weil sie sich mit ihrer Mutter nicht streiten wolle. Ihre Zweifelsgefühle veranlaßten uns, die Behandlungsziele neu zu überprüfen, und ein entscheidender Wandel zeichnete sich ab. Statt als Aufdecken von Schwierigkeiten und als Erklären von Fehlverhalten ließ sich unsere Arbeit nun verstehen als Suche nach unentwickelten Seiten ihrer Persönlichkeit und als Ermutigung zur Entwicklung von Fähigkeiten, die in ihr nie herangereift waren. Idas Neigung, mit dem, was in der Therapie geklärt worden war, übereinzustimmen, ohne die neuen Gedanken wirklich in ihre Vorstellungen zu integrieren, hatte häufig dazu geführt, daß sie allmählich die neu erworbenen Ansichten aus den Augen verlor und sich wieder den alten Auffassungen zuwandte. Echte Integration konnte nur stattfinden, wenn das neue Verständnis im emotionalen Gesamtzusammenhang betrachtet würde. Die Tatsache, daß Ida aktiv Zweifel zum Ausdruck brachte, war ein wichtiger Faktor dafür, daß sie das neue Verständnis integrierte.

Ich gebe jetzt einen Teil unseres Gesprächs über das Selbstgefühl wieder; er stammt aus der Mitte einer Sitzung. Mein Kommentar war: »In den letzten Wochen haben wir darüber gesprochen, daß es Ihnen nicht gelungen ist, Sie selbst zu sein.« Sie griff das Thema auf: »Ich wollte darüber reden, daß ich beim Einkaufsbummel das Gefühl hatte, ich sehe aus wie jemand aus (dem Film) *Der große Gatsby*. Während des Einkaufens ging mir auf, daß ich mich fragte: ›Wer möchtest du sein, mit welchem Lebensstil?‹ Und plötzlich war ich schockiert, als mir klar wurde, wie wenig ich doch ich selbst bin, eine eigenständige Person, sondern nur versuche, eine Form auszufüllen. In diesem Falle war es einfach, sich darüber zu freuen, eine Rolle zu übernehmen, doch ich stehe immer vor der Entscheidung, welche Rolle ich eigentlich annehmen möchte. Und ich genieße das, aber ich stehe immer auf der Bühne, sozusagen. Und die wenigen Male, da ich ich selbst bin – nun, tatsächlich bin ich öfter ich selbst, als ich mir klarmache.«

Ich äußerte Zweifel: »Mit Ihrem Verhalten hier haben Sie versucht mich zu überzeugen, daß es für Sie das höchste Lebensziel war, sich der Konstruktion irgendeines anderen anzupassen. Darüber mache ich mir große Sorgen, denn unser Ziel sollte es sein, daß Sie akzeptieren oder zum Vorschein kommen lassen, was Sie wirklich sind, und auch so zu leben. Und Sie betrachten es als größte Leistung, diszipliniert zu sein, die Ziele anderer Leute zu verfolgen, und jedesmal, wenn Sie dagegen Protest eingelegt haben, sind Sie rechthaberisch geworden.«

Sie erläuterte ihren Standpunkt: »Zur Zeit versuche ich gründlich auszusortieren, was ich bin und was meine Karikatur.« Dazu meinte ich: »Großartig. Doch es ist meine Aufgabe, Ihnen dabei zu helfen, dies auszusortieren. Und wenn Sie diese Fragen still mit sich ausmachen, kann ich Ihnen nicht helfen. In der Beziehung zu mir haben Sie zuweilen einiges Vertrauen gezeigt und gefordert: ›Helfen Sie mir.‹ Doch der größte Teil der Zeit ist mit Äußerungen verbracht worden wie ›Schauen Sie, wie gut ich mich mache‹ und ›Es ist praktisch alles großartig‹, und doch wissen Sie, daß es noch viele Dinge gibt, die zu korrigieren sind, statt ständig zu erklären: ›Alles ist großartig, und ich will nichts ändern.‹ Wie Sie so oft gehört haben, erst müssen Sie alle Ihre Gefühle ausdrücken, wie sie kommen – mögen sie auch sehr grob sein, mögen sie auch unanständig sein, mögen sie auch übertrieben sein, was weiß ich, doch sie müssen alle heraus. Wenn Sie versuchen, still und auf eigene Faust auszusortieren und mir nur wenige Einblicke gestatten, dann wird alles so gestört bleiben.«

Fawn: Weniger ist mehr

Fawns Einstellung zu ihren Eßgewohnheiten war ganz anders als die von Ida und Annette; sie war zum Teil mystisch und zum Teil spielerisch. Wie im vorangegangenen Kapitel bemerkt, hatte sie gegen die Behandlung sehr starke Einwände. Sie lehnte es rundweg ab, über ihren Gewichtsverlust und über die Art und Weise, wie er eingetreten war, zu reden, wenngleich sie sowohl ihrem Vater wie mir gegenüber vage Andeutungen machte, daß manche Leute von Luft leben könnten.

Als bei Fawn die intravenöse Ernährung eingestellt wurde, kam sie zu ihren Behandlungssitzungen zu mir ins Büro. In einer Sitzung machte ich sie darauf aufmerksam, daß ich über viele Dinge, einschließlich ihres Eßverhaltens, völlig uninformiert sei. Ich erwähnte, auch der Internist habe das Gefühl gehabt, daß er nicht genügend Informationen über ihre Nahrungsaufnahme habe. Das Unwissen der Ärzte schien ihr zu gefallen: »Nun, alle sind immer unsicher darüber, wieviel ich esse, weil ich es vorziehe, vage zu sein. Sie können ganz sicher sein, wäre ich mir im klaren darüber, was ich esse, würde ich entweder etwas Bizarres tun oder überhaupt nicht mehr essen. Ich mag es, wenn die Dinge ein wenig vage sind; dann gefallen sie mir besser. Ich esse mehr, wenn es unklar ist. Wenn ich tatsächlich sehen würde, wieviel es ist, würde ich nicht soviel oder überhaupt nicht essen. Das ist das Problem mit einem Stück Fleisch.

Nun, ich bin eben ein Augenmensch – und das gilt immer noch, und Sie können mit sich ausmachen, ob Sie das für anorektisch oder was immer halten.

»Die Wahrheit ist, wenn Sie mir zwei Portionen Erbsen geben und sie unter eine große Schüssel Reis mischen und wenn Sie mir soviel Zeit geben, wie ich haben möchte, und wenn ich dann noch einen schönen Kaffee trinken und mit einer Freundin zusammensitzen kann, dann mag es durchaus sein, daß ich alle Erbsen aufesse. Ich picke mir jede Erbse heraus und finde sie köstlich. Vielleicht gebe ich zu jeder noch etwas Senf, wenn ich mag, oder Majonäse oder weiß der Himmel was ich gerade herumstehen sehe. Wenn etwas Safran da ist, nehme ich ihn vielleicht, oder Basilikum oder Pfefferkörner. Doch geben Sie mir eine halbe Portion Erbsen und tun Sie sie einfach auf einen Teller, dann werde ich wahrscheinlich nicht eine einzige Erbse anrühren – das ist die Wahrheit.«

Ich erklärte, sie scheine die spielerischen Aspekte des Essens und den geselligen Rahmen zu betonen. Sie stimmte zu: »Das ist richtig, und wenn es kein Spiel ist, esse ich nichts. Ich meine, was glauben Sie, wie ich eine Schüssel mit Gemüsesuppe esse, Löffel für Löffel? Bei Gott nicht. Ich picke mir zuerst die Körner raus, dann die Erbsen, dann überlege ich mir: ›Hm, nun werde ich die Buchstaben rauspicken.‹ Wenn ich damit nicht spielen kann, macht es keinen Spaß. Ich esse nichts, nur um zu essen.« Es war mir erzählt worden, sie habe endlose Stunden in Restaurants verbracht, und nun gab sie eine Erklärung dafür ab. »Sie können den Teller nicht entfernen, solange Speisen darauf sind.« Mit den Stunden, die sie in der Cafeteria des Krankenhauses verbracht hatte, hatte sie bereits ihr Interesse an Eßlokalen gezeigt, doch sie hatte nicht darüber gesprochen.

Zu einem späteren Zeitpunkt in derselben Sitzung sprach sie zum erstenmal über ihre Einstellung zu ihrem Gewicht. »Was das Gewicht angeht, so bin ich gern dünn. Ich mag es, mich dünn zu fühlen, ich mag das Erlebnis des ›Weniger‹ mehr als das Erlebnis des ›Mehr‹. Ich mag es, wenn mir der Körper unbewußt ist, und wenn ich gegessen habe, ist er mir bewußt. Es gab Zeiten, da aß ich große Schüsseln voll Gemüse, und ich wußte, es war nur die Menge x an Nährstoffen oder was immer. Ich wollte es so einfach wie möglich haben. Ich glaube an einfache Dinge, und am Ende schraubte ich auch meine Diät ganz einfach runter, mit einigen zusätzlichen Dingen nebenher, damit ich mich im Kopf angenehm fühlen konnte – denn das spielt eine große Rolle, ob etwas in meinem Kopf angenehm ist. Doch bei meinem Körper konnte das nicht funktionieren, weil ich einfach nicht genug Erdnußbutter esse oder was immer, wenn man von einer Sache am Leben bleiben will. Auf diese Weise klappt es einfach nicht. Wie sich herausstellte, wurde ich so stromlinienförmig, daß ich mich fast stromlinienförmig aus der Existenz katapultiert hätte.«

Nachdem sie die ganze Zeit damit verbracht hatte, jede Ähnlichkeit mit der *Anorexia nervosa* zu bestreiten, fügte sie ziemlich entspannt hinzu: »Ich nehme an, jede Magersüchtige kommt mit einer neuen, einer anderen Geschichte über Nahrung daher. Ich habe in meinem Leben so viele verrückte Sachen wegen der Nahrung gemacht, und es gibt sicher noch Dinge, die Ihnen schwerlich einfallen dürften. Vielleicht liege ich falsch, aber ich kann mir vorstellen, daß es doch etwas anderes ist, wenn man mit all dem Nahrungseinmaleins aufwächst. Noch etwas anderes war es, herauszufinden, wie ich mit all dem so gut spielen konnte, um das Abendessen hinauszuzögern. Beim Abendessen hat man die Gelegenheit, mit anderen Menschen in Kontakt zu treten, und dann sind sie da und gehen nicht –« Plötzlich wechselte ihre Stimmung, und sie fügte hinzu: »Die meisten Mahlzeiten daheim sind die Hölle. Das Zusammensein beim Abendessen war ein sehr ungewöhnliches Erlebnis.« Ihre Äußerungen wurden ziemlich vage und konfus, und sie wiederholte ihre frühere Feststellung: »Nein, weil Sie nichts verstehen. Ich weiß einfach nicht, was Sie sagen wollen. Die Spannungen haben nichts mit dem zu tun, was ich essen mußte. Ich wurde niemals zum Essen gezwungen.«

Als ich mich dazu äußerte, daß sie in der Cafeteria des Krankenhauses soviel Paprika gegessen hat, meinte sie: »Sehen Sie, das ist etwas anderes. Das ist so würzig, daß es mir nicht bewußt ist, wenn ich mich damit abfülle, weil ich mir nur der Würze in meinem Mund bewußt bin. Das war nämlich ein wunderschöner Trick mit Pfeffer und Senf, den ich gegen mich selbst ausspielen konnte.«

Wenngleich es ihr nicht leichtfiel zu essen, beschloß sie am Ende doch, ausreichende Mengen zu sich zu nehmen. »Für mich ist es natürlich, weniger zu essen. Für mich ist es nicht sonderlich hart, wenn ich sehe, daß ich dünner geworden bin, im Gegensatz zum Fetterwerden. Ich habe mich von den verschiedenen Theorien über salzarme, zuckerlose Kost überreden lassen, und die Theorien erschienen mir stichhaltig. Doch ich bekam Schwierigkeiten ohne ausreichende Menge an Glukose. Ich bekam auch eine ungeheure Gier nach salzigen Sachen. Doch ich habe auf so viele Dinge verzichtet, daß ich meinen Körper ruiniert habe. Auch scheint mir, daß ich mich nicht soviel von dem Befürfnis nach fester, erdhafter Nahrung habe leiten lassen, wie ich es glaube heute zu tun. Ich meine, ich habe mich innerlich verpflichtet, auf gute Gesundheit und genügende Protein-Aufnahme zu achten. Was ich damit sagen will, ist, daß für mich das Essen nicht die natürlichste Sache von der Welt ist. Doch nun habe ich mich in die Pflicht genommen, und da ist es etwas ganz anderes. Vielleicht ist es für mich immer noch nicht so einfach wie für andere, doch das zählt nicht, denn ich bin eine Verpflichtung eingegangen, und ich glaube, daß es notwendig war.«

Als Fawn zu der, wie sich herausstellte, letzten Sitzung kam, gab sie einige spontane Erklärungen über ihr Essen ab. »Es ist nicht länger Luft, die mich nährt, noch Gedanken. Damit ich in diesem Körper am besten leben kann, muß ich natürliche Nahrung akzeptieren, wie ich nun weiß.« Sie schilderte noch im einzelnen, wie schrecklich es gewesen war, körperlich so schwach zu sein, wie sie es gewesen war, und meinte, sie sei nun entschlossen, eine solche Entwicklung nicht wieder einreißen zu lassen. Sie hatte das Gefühl, ihre Einstellung zum Leben habe sich geändert. »Ich habe mir vorgenommen, mich auf das Leben einzulassen.«

Helen: Die Angst, sich wohl zu fühlen

Manche Magersüchtige weigern sich, überhaupt von Nahrung zu reden, und behandeln sie wie ein großes Geheimnis. Andere sprechen ohne Unterlaß darüber oder beschreiben Verhaltensweisen, die nicht realistisch klingen. Helen, der wir im 5. Kapitel begegnet sind und die aufs heftigste gegen die Behandlung protestiert hatte, gehörte zu der letzteren Gruppe. Sie war sicher, am College, fern von zu Hause und der Überwachung, würde sie zunehmen und sei daher nicht auf Behandlung angewiesen.

Als sie einen Monat später zurückkehrte und mich aufsuchte, nahm sich ihre Situation ganz anders aus. Sie hatte sich überhaupt nicht gebessert. Vor allem nahm sie nicht zu, und sie hatte auch keine Verabredungen. Darüber war sie so entsetzt, daß sie mich um Hilfe bat und sich einer Behandlung unterziehen wollte. In den nächsten sechs Wochen hielt sie alle vereinbarten Termine ein und arbeitete aktiv mit. Wiederholt erklärte sie, sie würde erst dann wieder zum Urlaub nach Hause fahren, wenn sie ein wenig Gewicht zugelegt hätte, denn sie könne die ständigen Auseinandersetzungen über ihr Gewicht nicht ertragen. Doch eine Woche vor ihren Thanksgiving-

Ferien kündigte sie an, sie werde für zwei Wochen nach Hause fahren. »Ich fahre nach Hause, ruhe mich aus und esse, ruhe mich aus und schlafe und esse – mehr nicht. Nur das möchte ich, nur darum kümmere ich mich. Ich werde keine Freunde sehen – dazu bin ich zu dünn. Ich werde mir keine Kleider kaufen – dazu bin ich zu dünn. Ich möchte überhaupt nichts tun – denn ich bin zu dünn. Ich möchte nur ausruhen und essen.« Sie behauptete, genau das habe sie in den letzten Wochen getan, sich ausgeruht und gegessen – ungeachtet der Tatsache, daß sie noch abgenommen hatte. »Ich kann Ihnen nur sagen, welche Gefühle ich gegenüber dem Essen habe. Ich bin diejenige, die in diesem Körper lebt. Ich weiß, wann ich Angst vor Nahrung habe, wann nicht. Als ich zum erstenmal zu Ihnen kam, habe ich gesagt, ich könne nicht essen, weil die Speisen mit mir gesprochen und gesagt haben ›Fett, fett, fett‹. Ich weiß das alles. Doch ich tue das alles nicht mehr, und ich habe Milch getrunken, Butter gegessen, Gebratenes und Eis und alles, was ich in die Hand bekommen konnte. Sie sollten sehen, was ich alles tue. Gestern habe ich gegessen und gegessen, weil ich Hunger hatte, und ich habe mich wohl dabei gefühlt. Dann bin ich auf mein Zimmer gegangen und habe weitergegessen. Dann bin ich zu Bett gegangen und sagte mir: ›Das war gut.‹ Und dann bin ich um zwei Uhr morgens aufgewacht und habe noch etwas gegessen.«

Trotz dieser Beteuerungen blieb die Tatsache bestehen, daß sie weniger wog als drei Monate zuvor, als sie zu mir gekommen war. Als ich ihr dies sagte, meinte sie: »Mir geht es gut. Sie können ruhig in Panik machen, doch ich bin diejenige, die weiß, wann die Nahrung zu mir spricht und wann nicht. Sie spricht nicht mehr zu mir, und ich fahre heim und ich freue mich darauf. Es stört mich, wenn Sie alle sich Sorgen machen, sobald ich das Gefühl habe, daß es mir Spitze geht. Was wäre, wenn ich nicht so gut gegessen hätte? Wenn ich vorher so beschäftigt gewesen wäre, hätte ich abgenommen. Ich möchte Sie wirklich nicht in Sorge versetzen. Ich glaube alles, was Sie mir gesagt haben, und es beginnt sich in meinen Gedanken auszuwirken. Ich mag nur diese Zeitplanung überhaupt nicht.«

Helen berichtete, sie sei erfreut über den Fortschritt, den sie in einem anderen Bereich gemacht habe: »Kann ich mit Ihnen über eine gute Sache sprechen, die allerdings nicht zum Thema gehört? Darüber bin ich sehr glücklich. Irgendwie habe ich das Gefühl, daß ich gelernt habe, besser mit Menschen umzugehen und weniger aggressiv zu sein. Sie können es glauben oder auch nicht – und wie ich

Sie jetzt anschreie, klingt auch nicht gerade so, als sei ich weniger aggressiv –, doch ich denke, daß ich mich gegenüber Leuten ein wenig zurücknehmen und sie sprechen lassen kann, statt immer nur die Aufhetzerin zu sein und all die Fragen zu stellen. Ich möchte nach Haus fahren mit diesen schönen warmen Gefühlen ihnen gegenüber, meiner Familie.«

Es schien, als sollten sich die Ferien so gestalten, wie sie es geschildert hatte. Helens Eltern riefen an, um ihrer Freude darüber Ausdruck zu geben, daß Helen viel entspannter sei und so warmherzig sein könne, und sie waren dankbar dafür, daß Helen viel glücklicher sei und selbstsicherer, ohne dabei aggressiv zu sein. Doch sie waren in schrecklicher Aufregung darüber, daß sie praktisch nichts gegessen und Stunden auf dem Tennisplatz zugebracht hatte. Helen selbst berichtete enthusiastisch: »Ich habe mich entspannt, und ich habe eine ganze Menge gegessen, und es ging mir die ganze Zeit daheim gut, so gut, daß ich darüber nervös geworden bin.« »Gutgehen« hieß Essen und Zunehmen. »Ich habe schon das Gefühl, daß ich es überstanden habe. Ich hatte Angst davor, nach Hause zu fahren, und davor, daß alle sagen würden ›Oh, sie hat zugenommen‹. Ich fragte mich besorgt, ob ich damit fertig würde. Darum bin ich hier, nämlich um darüber zu sprechen. Sehen Sie, ich fange gerade an, ein wenig zu essen, und ich denke, alles ist jetzt ganz anders. Ich nehme auf einmal die ganze Angst an, die Angst davor, sich wohl zu fühlen, als wöge ich genau jetzt 110 Pfund.« Ihr Gewicht zu jenem Zeitpunkt lag um 70 Pfund.

Sie malte im einzelnen aus, welche Besserung sie erwartete, wenn sie nur eine Mahlzeit zu sich nähme. In diesem Augenblick wagte ich einen vorsichtigen Kommentar: »Essen und Gewichtszunahme sind nichts Magisches, das schöne Dinge herbeizaubern könnte.« Zornig meinte sie: »Aber das wird angenommen. Genau das hat mir jedermann versprochen.« Ich korrigierte sie und erklärte, daß ich dies zu keiner Zeit versprochen hätte. »Alles, was ich versprechen kann, ist, daß Sie weniger angespannt und selbstzentriert und ängstlich sein werden und daß Sie sich, um enge Beziehungen zu haben, ernsthaft und ehrlich darum bemühen müssen.« Sie protestierte: »Ich bemühe mich ernsthaft und ich nehme Nahrung zu mir, und dann fühle ich mich allein und bin entsetzt bei dem Gedanken, daß ich meine Krankheit ablege und dann nichts mehr habe. Daß ich keinen Freund habe und nichts, hinter dem ich mich verstecken könnte. Ich habe das Gefühl, als hätte ich meinen Schild abgelegt, und da stehe ich nun und habe nichts, hinter dem ich mich vor der Welt verbergen kann, vor der Angst und allem.«

Zu jener Zeit brach sie die Behandlung ab, blieb aber in Kontakt mit dem Internisten, der sie nach einigen Monaten an mich zurücküberwies, weil sie depressiv war und ihr Gewicht auf unter 72 Pfund abgesunken war. Ich bestand darauf, sie solle die Behandlung ernst nehmen und nicht als etwas behandeln, das man an- und ausschalten könne. In den nächsten Monaten beteiligte sie sich intensiv an der therapeutischen Arbeit und gewann allmählich ein besseres Verständnis für ihre Probleme.

Während des nächsten Thanksgiving-Wochenendes ging sie in einen Laden und betrachtete sich in einem Spiegel, und da war sie schockiert, als sie sah, wie knochendürr ihr Oberarm war: »Wie ein Tier, nicht wie ein menschliches Wesen. Von hinten sah er so unheimlich aus, so flach hier überall, und dann wird er hier noch schmaler und wird richtig winzig. Es sieht so aus, als wenn alles nur Knochen wäre. Ich war wie vor den Kopf geschlagen.« Sie gab zu, daß sie nicht zugenommen hatte. »Mein jetziges Gewicht ist 75 Pfund – doch lassen Sie mich ausreden, bevor Sie wieder etwas sagen, um mich abzukanzeln. In der Vergangenheit habe ich mich tatsächlich nach meinen Gefühlen gerichtet – das war noch so eine Lüge, an die ich geglaubt habe. Wenn ich etwas aß und mich voll fühlte, dann habe ich tatsächlich irgendwie gedacht, daß mein Körper sich blitzschnell geändert hätte. Ich schwöre, das dachte ich gewöhnlich und handelte danach. Ich aß etwas, und dann fühlte ich mich vollgegessen, und dann dachte ich: ›Das ist das Ende – ich bin voll, also muß ich besser werden. Das ist alles, was ich tun muß.‹«

An einem Punkt in einer Therapiesitzung kündigte sie trotzig an: »Ich werde nicht zu Abend essen, weil ich nicht mehr hungrig bin. Sehen Sie, das passiert, wenn ich tue, was immer Sie mir einreden. Es ist unmöglich, daß ich in zwei Stunden Hunger bekomme. Ich werde gegen neun Uhr ausgehen, wenn ich hungrig bin.« Sie erklärte, daß sie jedes Abendessen zu einer perfekten Veranstaltung machen möchte: »Ich möchte, daß jede Mahlzeit perfekt ist. Ich möchte meine Freunde dabei haben, ich möchte, daß die Speisen gut sind, und ich möchte, daß alle Jungen dabei sind. Ich möchte, daß es ein Vergnügen ist.« Auf ihren sarkastischen Ton erwiderte ich: »Sie sagen mir: ›Sehen Sie, Sie können mich doch nicht dazu bringen zu essen.‹ Ich kann nur wiederholen, daß ich Sie nicht dazu bringen kann zu essen und daß ich es auch gar nicht will. Das ist allein Ihre Sache.«

In einem ganz anderen Zusammenhang beschrieb Helen ihre Einstellung gegenüber Nahrung und Gewicht so: »Ich habe schreckliche Angst davor, auch nur das geringste Gewicht zuzulegen. Ich möchte nicht, daß meine Hosen enger anliegen. Wenn irgend jemand mich anschaute und mir sagte: ›He, du nimmst zu. Ich sehe einen kleinen Hintern. Du wirst noch ein kleines Dickerchen‹, dann würde ich aus dem Fenster springen und mich umbringen. Wenn jemals irgend jemand zu mir sagen sollte: ›He, Helen, du siehst fetter aus. Dein Gesicht sieht so besser aus. Du legst ein bißchen Gewicht zu‹, dann könnten Sie mich auch gleich erschießen. Dann holen Sie am besten gleich ein Gewehr her und drücken auf mich ab. Vor diesen Worten habe ich solche Angst.«

Megan: Eine »perfekte« Größe 36
Im Gegensatz zu Helens sporadischen und impulsiven Beschlüssen zu essen war Megan hoch organisiert und konnte praktisch für jeden Tag ihr Gewicht voraussagen. Der Vater dieser 22jährigen Collegestudentin rief an, um mit mir einen Termin für seine älteste Tochter zu vereinbaren, weil sie Anpassungsprobleme habe und exzessiv dünn sei. Sie war eine gute Studentin, dabei ganz schlank; 100 Pfund war ihr höchstes Gewicht gewesen. Sie hatte ein College außerhalb ihres Wohnorts besucht, war aber völlig unvorbereitet auf ein Leben fern von ihrer Familie gewesen; so war sie depressiv geworden und mußte das College verlassen. Eine Zeitlang war sie in einem Krankenhaus untergebracht, vor allem für eine pharmakologische Behandlung, doch sie unterzog sich auch einer »Tiefenanalyse«, das heißt, sie sprach mit ihrem Psychiater. Nachdem sie von der Depression genesen war, beschloß sie, mit ihrem Aussehen nicht mehr einverstanden zu sein, und verlor soviel Gewicht, bis sie nur noch 70 Pfund wog. Nach einem Jahr sprachen ihre Eltern erneut über eine Hospitalisierung, die ihr helfen sollte, wieder zuzunehmen.

Zur Zeit der Konsultation hatte Megan wieder einiges an Gewicht zugelegt; sie wog nun knapp unter 90 Pfund. Sie sprach ganz offen über die Geschichte ihrer Gewichtsschwankungen. Auf meine Frage »Wie sehen Sie dieses Gewichtsproblem?« antwortete sie: »Ich halte es nicht für ein Problem, überhaupt nicht. In der Vergangenheit war das niedrigste Gewicht, glaube ich, rund 70 Pfund. Ich wollte abnehmen. Mit meinem Aussehen war ich unzufrieden, und so beschloß ich abzunehmen, und das tat ich dann auch.« An dieser Stelle warf ich ein, daß dies gewöhnlich nicht so einfach sei, daß die meisten Menschen zwar über Diät reden und einige wenige Pfunde abnehmen, doch dann stellten sie ihre Bemühungen ein. Ihre Antwort lautete: »Aber nicht, wenn sie ganz entschlossen sind. Und ich bin das sehr. Wie ich Ihnen bereits gesagt habe, bin ich eine Perfektionistin. Wenn ich mir etwas vornehme, wenn ich meine Gedanken darauf richte, dann tue ich es auch. Wenn ich entschlossen war, Gewicht zu verlieren, gab es nie irgendein Problem. Ich weiß, daß ich viel abgenommen habe – und ich mochte das. Aber es schien mir, daß niemand sonst das mochte. Alle sagten: ›Oh, du bist so dünn, du bist so knochendürr.‹ Doch ich muß sagen, daß ich einige meiner besten Zeiten hatte, als ich jung war. Da hatte ich auch das Gefühl, ich hätte eine Menge mehr Energie, wenn Sie das glauben können. Ich habe gute Dinge gegessen, aber nur in kleinen Mengen. Ich glaube, diese Energie war ganz und gar nervös. Ich weiß, ich könnte das nie wieder schaffen.«

Sie beschrieb die genaue Menge, die sie an drei Mahlzeiten zu sich nahm, ohne zwischendurch etwas zu essen, keinerlei Imbiß. Über das Ergebnis ihrer eingeschränkten Nahrungsaufnahme hatte sie sich sehr gefreut. Als sie das Gefühl gehabt hatte, sie solle gezwungen werden zuzunehmen – und sie hatte das Gefühl, gezwungen worden zu sein –, konnte ihr Magen die Diät nicht länger vertragen. »Er knurrte. Er verkrampfte sich.« Bei der Beschreibung ihrer Eßweise war sie sehr undeutlich, ausgenommen, daß sie sagte, sie hätte damit begonnen, zwischen den Mahlzeiten Kleinigkeiten zu sich zu nehmen. Sie hielt sich rigide an die Art von Lebensmitteln, die sie während ihrer Gewichtsabnahme gegessen hatte, das heißt, sie ließ vor allem Kohlehydrate, Brot und Süßigkeiten aus. Sie war der Meinung, sie sei nun auf einer guten Diät und sie habe es völlig in der Hand, ob sie zunehme oder nicht. »Ich habe meinen Geist programmiert. Es gibt Dinge, die ich nie wieder essen möchte, nie. Zum Beispiel Brot. Ich beschränke mich ausschließlich auf ›gute‹ Dinge, wie Gemüse und Früchte. Ich aß und esse kein Brot oder Gebäck, keine Plätzchen oder Schokolade. Solche Dinge habe ich einfach nicht gegessen. Und ich denke, das hat mir bei meinen Allergien geholfen. Was die Ernährung angeht, so fühle ich mich prächtig.«

Sie fuhr fort: »Wie kommt es, daß ich jetzt, da ich etwas zugenommen habe, das Gefühl verspüre, ich würde faul? Ich habe die alte Disziplin nicht mehr. Vorher hatte ich das Gefühl, ich hätte alles unter Kontrolle, und ich mochte dieses Gefühl. Ich mag es, zu wissen, daß ich zunehmen könnte, wenn ich wollte, und wenn ich nicht wollte, würde ich nicht zunehmen. Doch jetzt habe ich das Gefühl, ich sei außer Kontrolle. Es ist wirklich komisch, denn ich hatte soviel Energie, als ich weniger wog als jetzt. Ich meine, ich konnte fünfzig Dinge auf einmal machen und mußte nicht so anstrengend für meine Prüfungen büffeln. Die Energie und den Schwung, den ich hatte, als ich dünn war, den habe ich nicht mehr. Damit werde ich nur schwer fertig. Ich mag das einfach nicht. Mir ist so, als hätte ich Kontrolle und Energie verloren – und ich habe auch nicht mehr die Disziplin wie früher.«

Ich fragte sie, welche Empfindungen sie gehabt habe, als sie so schlank ausgesehen habe. »Haben Sie zu jener Zeit nach Ihrem Gefühl schrecklich ausgesehen?« Sie erklärte: »Nein, überhaupt nicht. Tatsächlich habe ich nur wenig darauf geachtet, weil ich immer dünn gewesen bin. Was ich mehr als alles andere mochte, war die Tatsache, daß ich das Gefühl hatte, alles, was ich aß oder tat, unter Kontrolle zu haben, und niemand schrieb mir vor, was ich zu tun hätte. Und ich mochte die Tatsache – ich hasse es, dies zu sagen, und es fällt mir schwer, es zu sagen, doch ich weiß, daß es stimmt –, daß ich mir Anerkennung verschaffte. Weil ich eins haßte und immer noch hasse – selbst heute fällt es mir sehr schwer, in einen Laden zu gehen und sagen zu müssen: ›Ja, ich möchte Größe 38‹, weil das für mich so üblich zu sein scheint. Vorher konnte ich reingehen und sagen ›Ich möchte Größe 36‹, und jeder im Laden schaute sich um. Es war so, als wenn der ganze Laden mit allen Leuten, die da rumstanden, sagen würde: ›Donnerwetter, sind Sie dünn – muß das schön sein.‹ Und alle sagten: ›Oh, das ist großartig – Sie können all diese Kleider tragen, denn heutzutage ist alles für schlanke Leute gemacht, wie wunderbar muß es sein, so dünn zu sein.‹ Es schien mir, daß ich vorher wirklich nur stinknormal war. Alle meine Freundinnen schienen Größe 38 oder 40 zu tragen, und ich wollte einfach niemand aus der Masse sein.«

Bei der Erörterung ihrer Gewichtszunahme ergänzte sie: »Ich möchte nicht auf 90 Pfund kommen – noch nicht. Ich möchte das nicht, weil ich all diese Gefühle von Kontrollverlust habe. Ich möchte in Fünf-Pfund-Intervallen zunehmen. Ich sage mir: ›Wenn ich mich erst einmal auf 85 Pfund bringe und sehe, wie ich mich fühle‹ – mit ›fühlen‹ meine ich psychisch –, und wenn ich dann feststelle, wie ich mich wirklich fühle, und fühle ich mich dann okay, habe das Gefühl, nicht die Kontrolle zu verlieren, nicht die Zügel aus der Hand zu geben, dann mache ich weiter und bringe das Gewicht auf 90 Pfund.« Ich fragte sie: »Aber warum haben Sie denn solche Angst, die Kontrolle zu verlieren?« Sie erwiderte: »Weil das wirklich das einzige ist, was ich kontrollieren kann. Und weil ich das Gefühl habe, wenn ich dies verliere, dann verliere ich alles. Ich möchte einfach nicht die Kontrolle darüber verlieren. Ich möchte, daß man immer von mir denkt, ich sei dünn.«

Nora: Die Konkurrentin

Nora entwickelte bereits ganz früh rituelle Eßformen und dachte zwanghaft an Essen und Gewicht. Weniger als ein Jahr, ehe sie zu mir in die Konsultation kam, war sie an Anorexie erkrankt, und ihr Gewicht lag zwar tief, war aber nicht lebensbedrohlich. Sie war eine gute Beobachterin und konnte im einzelnen beschreiben, wie Situationen sich entwickelt hatten. »Kürzlich war ich nicht hungrig – doch ich habe mich zum Essen gezwungen.« Auf die Frage, ob sie sich daran erinnern könne, wann sie das Essen genossen hatte, gab sie eine ausweichende Antwort: »Zu jener Zeit habe ich darauf nicht geachtet.« Nach ihrem Gefühl hatte sie immer noch Spaß am Essen, doch keinen Hunger mehr oder kein Verlangen nach Nahrung. »Zur Zeit bin ich nicht sehr hungrig, doch alles, woran ich denken kann, ist Essen. Nachher habe ich oft das Gefühl, es wäre doch ganz gut gewesen zu essen.«

Von *Anorexia nervosa* hatte Nora nichts gewußt bis zum Sommer zuvor, als sie mit einer Gruppe von Mädchen auf eine Reise gegangen war und eines der Mädchen die Krankheitssymptome entwickelt hatte. Als Nora sich entschloß abzunehmen, war sie vorsichtig, weil sie nicht wußte, wie sie nach dem Gewichtsverlust aussehen würde. Bald nahm sie mehr ab, als sie geplant hatte, und beschäftigte sich fortan zwanghaft damit, wie sie das niedrige Gewicht halten konnte. Sie wollte bewußt nicht mehr zunehmen und wollte dann sogar noch mehr abnehmen. »Ich dachte auch, ich könnte wenigstens immer dünn bleiben, wenn auch alles andere schieflaufen sollte.« Sie hatte das Gefühl, wenn sie ihr Gewicht niedrig halte, dann würde sie dies davor bewahren, ›nichts‹ zu haben. Das niedrige Gewicht gab ihr auch ein Gefühl von Sicherheit, als sie zu einem College außerhalb ihres Wohnorts ging.

Manche Magersüchtige behandeln ihr Eßverhalten als ihr größtes

Geheimnis; andere erleben es ganz und gar im Sinne von Konkurrenz. Bevor Nora zu einem Ferienwochenende nach Hause fuhr, meinte sie: »Ich denke an all die Leute, mit denen ich an der Schule im Wettstreit lag, mit denen, die nicht aßen, und ich wette, daß sie während des Thanksgiving nicht essen. Das gilt auch für Zwischendurchhappen und Eis. Eine meiner Freundinnen von der High School nahm ab, als sie zum College ging, und wenn ich einmal Eis essen will, denke ich: ›Ich wette, daß sie das nicht tut‹, und dann kann ich es auch nicht.«

Über ihren Fortschritt an Thanksgiving berichtete Nora: »Es scheint mir so verrückt zu sein, an Essen zu denken, wenn ich nicht hungrig bin. Dann habe ich Angst, ich könnte außer Kontrolle geraten, wenn ich an Essen denke, obgleich ich überhaupt nicht hungrig bin. Es ist so gräßlich, etwas Schweres zu essen und dann immer noch an Essen zu denken, wenn ich weiß, daß ich nicht hungrig bin und mein Magen voll ist. Wie kann ich jemals wissen, wann ich genug habe?«

Bemerkungen wie diese waren das Leitmotiv ihrer Sorgen. Die Krankheit war bei ihr viel ausgeprägter, als ich ursprünglich gedacht hatte, und Nora wiederholte ihre Klagen darüber, sie denke an Essen, obwohl sie gar nicht hungrig sei, immer und immer wieder. Sie nahm die Gewohnheit an, spätabends noch ein Plätzchen zu sich zu nehmen, unabhängig davon, wie sie sich fühlte oder was sie gegessen hatte. »Wenn ich schon etwas esse, was fett macht, dann ist es leichter, abends zu essen. So warte ich darauf, spätabends mein Plätzchen, mein einziges Plätzchen zu essen – ich esse es wirklich langsam, und ich muß es allein essen. Ich warte auf die Nacht, nachdem ich ein großes Abendessen zu mir genommen habe. Ich bin nicht hungrig auf das Plätzchen, doch ich denke immer daran: ›Oh, das ist die Zeit, zu der ich mein Plätzchen esse, selbst wenn ich darauf keinen Hunger habe.‹«

Im Laufe der Zeit machte sie sich immer mehr Sorgen über diese Gewohnheit. »Mein einziges Glück ist, wenn ich dieses Plätzchen essen kann. Dann denke ich, daß ich essen werde, um glücklich zu sein. Dann habe ich Angst, daß ich über alles unglücklich sein werde, und nur dann glücklich, wenn ich mein Plätzchen esse. Dann habe ich Angst davor, daß ich mein Unglücklichsein heile, indem ich die ganze Zeit nur Plätzchen esse, denn meine größte Sorge ist, ich könnte die Kontrolle verlieren und fett werden.«

Ich erklärte ihr, mit ihren Worten vermittle sie den Eindruck, als befürchte sie, niemals andere Quellen der Befriedigung zu finden. Sie stimmte zu: »Es ist immer noch schwer, eine enge Beziehung zu irgend jemandem zu haben, weil ich noch nicht auf festen Füßen stehe. Ich bin mir meiner Reaktionen noch nicht sicher.«

7. Kapitel:
Kindheit in neuer Sicht

Seit die *Anorexia nervosa* zum erstenmal in der Literatur beschrieben worden ist, war die Rolle der Familie bei ihrer Entwicklung und in der Behandlung Gegenstand breiter Erörterungen. Manche Fachleute schätzen die Bedeutung der Familie als gering oder nicht vorhanden ein, während andere die Interaktion in der Familie als Schlüssel zum Verständnis aller Fragestellungen und Behandlungsprobleme ansehen. Eines der Rätsel bei der *Anorexia nervosa* ist ihr plötzliches Auftreten bei offensichtlich normalen oder sogar hervorragenden Kindern, die in privilegierten, stabilen Familien aufgewachsen sind. Als die *Anorexia nervosa* noch ziemlich selten vorkam, sahen sich die demographischen Beschreibungen der Familien erstaunlich ähnlich. Spezifischerweise besaßen die Familien einen hohen sozialen Status und waren wohlhabend, bei nur wenigen zerbrochenen Ehen; und die Eltern, häufiger der Vater, waren mittleren Alters, als das Kind geboren wurde. Die Väter waren häufig im sechsten oder siebten Lebensjahrzehnt, als die Krankheit ausbrach. Psychologische Merkmale umfaßten eine starke Hemmung des emotionalen Ausdrucks innerhalb der Familie, wenig Kontakte zwischen der Patientin und dem Vater (ausgenommen unter ungewöhnlichen Umständen) und eine exzessive Bindung an die Mutter. Diese Charakteristika wurden mehr oder weniger als Vorbedingungen der *Anorexia nervosa* angesehen. Seit einiger Zeit, seit die Krankheit vermehrt auftritt, bilden großer Wohlstand und gesellschaftliche Prominenz nicht länger ausschließlich den familiären Hintergrund. Doch im Vergleich zu den Erfolgen anderer Familien ihrer sozialen Gruppe ist das Ehrgeizniveau dieser besonderen Familien recht hoch. Die Väter sind ungewöhnlich erfolgreich, sind Selfmade-Männer, und der Aufstieg in der Oberschichtgesellschaft bedeutet für diese Familien so etwas wie ein Problem. In einer Familie lehnten es die Kinder im College-Alter ab, das neue Haus ihrer Eltern in einer Wohngegend der Oberschicht zu besuchen. In einer anderen sehr erfolgreichen Familie war es die Mutter, die sich weigerte, an dem Lebensstil der Oberschichtgesellschaft zu partizipieren. Doch ob nun der Wohlstand der Familie alt oder neu ist, das magersüchtige Kind fühlt sich nicht in der Lage, dem zu entsprechen, was es als hohe Erwartungen seiner Eltern ansieht.

Mit wenigen Ausnahmen beschreiben die Eltern ihre Familie als glücklich und das magersüchtige Kind als ungewöhnlich gut, kooperativ und zufriedenstellend vor Ausbruch der Krankheit. Die Patientinnen mögen zunächst zustimmen, daß es keinerlei Schwierigkeiten gegeben habe, und die überlegenen Eigenschaften ihres Heims und ihrer Familie hervorheben. Doch es ist wichtig abzuklären, was sich während der frühen Kindheit der Patientin abgespielt hat, denn fehlgeleitete Einstellungen können sich, wenn sie nicht angesprochen werden, das ganze Leben hindurch erhalten. Wenn die Behandlung fortschreitet und die Patientin beginnt, ihre rigide Einstellung gegenüber der Vergangenheit zu mildern und ihrem eigenen Denken zu vertrauen, verändert sich das Bild der Perfektion allmählich. Diese Neubewertung der Kindheit und ihrer Umstände bildet einen wichtigen Aspekt der Behandlung von Magersüchtigen.

Häufig ist es ziemlich schwierig, Fakten über die frühe Kindheit der Patientin zu erhalten, denn die Eltern haben ihre Erinnerung in ein schlüssiges Loblied auf das ideale Kindheitsverhalten ihrer Tochter umgewandelt. Das Bild muß unter dem Gesichtspunkt der kindlichen Entwicklung langsam zusammengesetzt werden, und man muß sich klarmachen, daß es sich mit Fortschreiten der Behandlung zu einem guten Stück verändern wird. Nur unter wenigen Umständen gibt es so große Diskrepanzen wie die zwischen den Kindheitsereignissen, wie sie von den Eltern geschildert werden, und den inneren Erfahrungen des Kindes, das sie durchlebt hat. Diese universale Diskrepanz veranschaulicht die Schwere des Problems. Die Art und Weise, wie das Kind (wahrscheinlich jetzt erwachsen) die Ereignisse während der Kindheit erlebt hat und sich ihrer erinnert, unterscheidet sich auffällig von den Erinnerungen der Eltern. Und diese Fehlinterpretation setzt sich bis in das Erwachsenenleben fort. Klarheit schaffen, so daß Patientin und Eltern miteinander kommunizieren können, ist ein wichtiger Behandlungsaspekt.

Probleme der Kommunikation sind ein Faktor, der dazu beiträgt, daß die Dynamik von Kindheitserfahrungen bei Magersüchtigen schwer zu erkennen ist. Erfahrungen, die auf der Grundlage dessen, was in der Therapie kommuniziert worden ist, rekonstruiert werden, sind unter Umständen höchst widersprüchlich. Dabei handelt es sich keineswegs um bewußte Entstellung von Fakten, sondern um Diskrepanzen in der Wahrnehmung von Ereignissen in der Kindheit. Für die meisten Magersüchtigen ist es sehr schwierig, die Fakten so darzustellen, wie sie stattgefunden haben, weil ihre Erziehung klares und unabhängiges Beobachten und Denken nicht gefördert hat. So ist ihnen beigebracht worden, »gut« zu sein und sich wohlzuverhalten, doch sie haben nur wenige spontane Gefühle oder Erlebnisse. In Familien wie den ihren sind die Menschen nett zueinander, und sie äußern nie irgendwelche anderen Gefühle. Der Kontakt mit den Eltern läßt erkennen, welche Atmosphäre in den Familien geherrscht hat. Die Höflichkeit kann dermaßen exzessiv sein, daß es schwierig ist, Informationen über tatsächliche Geschehnisse zu bekommen.

Was geht in diesen Familien vor sich, daß sie Kinder hervorbringen, die nicht in der Lage sind, sich dem Leben zu stellen? Die Frage ist nicht leicht zu beantworten, weil die daran beteiligten Faktoren ziemlich subtil sein können. Häufiger, als dies nicht der Fall ist, bietet die Familie, zumindest an der Oberfläche, ein Bild hingebungsvoller Kinderfürsorge, der Offenheit für erzieherische und kulturelle Gelegenheiten, des »Rechttuns« in vielerlei Hinsicht. Das übertriebene Gutsein kann Ausdruck zugrunde liegender Schwierigkeiten sein.

Die Schwierigkeiten in diesen Familien zeigen sich in den Interaktionsmustern, die zur Folge haben, daß das Kind in seinem eigenen Autonomiegefühl behindert ist. In den anscheinend wohlfunktionierenden Familien bin ich häufig einer Mißachtung für die geäußerten oder impliziten Wünsche des Kindes begegnet. In vielen Fällen bestimmt die Mutter die Aktivitäten des Kindes, plant alles im voraus und versucht das Kind nach ihrem eigenen Bilde zu erziehen. Die Kinder wiederum vermögen nicht das Gefühl zu entwickeln, daß sie eine eigene Persönlichkeit haben, sondern sie haben die Empfindung, sie hätten ihr Leben durch eine andere Person gelebt. Die Mütter behaupten, sie wüßten ganz genau, was das Kind wünsche, und sie schreiben ihre eigenen Gefühle dem Kind zu. In gewisser Weise haben diese Patientinnen niemals vor Lebenssituationen gestanden, in denen ihre eigenen Gefühle und Wünsche anerkannt und geschätzt wurden. Ein wichtiger Bestandteil des Behandlungsprozesses ist Klärung und Korrektur von Schlußfolgerungen, die aus diesen gestörten Früherfahrungen gezogen werden, ob sie nun gerechtfertigt und in Übereinstimmung mit den tatsächlichen Ereignissen und aktuellen Erfahrungen sein mögen oder nicht.

In der Anfangsphase der Behandlung sprechen viele dieser Patientinnen über die hervorragenden Eigenschaften ihres Heims und ihrer Familie und äußern Schuldgefühle darüber, daß sie dieses Bild getrübt hätten. Die Patientin benötigt viel Zeit, um Vertrauen in sich selbst und in den Therapeuten zu entwickeln und um sich zu öffnen und »die wahre Geschichte« zu erzählen, die Art und Weise, wie sie das Leben und die Menschen und die Ereignisse erlebt hat, die ihre Kindheit geprägt haben. Der langsame Verlauf dieses Prozesses ist an sich bereits ein Zeichen für die Defizite in der Kommunikation der Patientin, der Defizite vor allem bei der Identifizierung und Äußerung von Gefühlen. Selbst wenn die Vorstellung von der perfekten Familie in der Therapie in Frage gestellt und die Patientin in der Lage ist, die Rekonstruktion der weniger als perfekten Ereignisse durch den Therapeuten nachzuvollziehen, wird sich ihr eher spontanes Gefühl, daß alles perfekt gewesen sei, noch für eine ganze Weile erhalten. Eine Neubewertung dieser »Perfektion« bringt ans Licht, in welchem Ausmaß die Patientin ihr Leben durch jemand anderen gelebt hat.

Obwohl es zu den zentralen Aufgaben der Therapie gehört, die frühen Erfahrungen und Beziehungen zu klären und sie in realistischen Begriffen neu zu interpretieren, widerstrebt es vielen – wenn nicht den meisten – Magersüchtigen, die Merkmale ihrer Lebensgeschichte, die dazu beigetragen haben, sie ins anorektische Abseits zu drängen, einer gründlichen Prüfung zu unterziehen. Gelegentlich bricht sich während einer Konsultation die Erkenntnis oder das Zugeständnis von Schwierigkeiten wie eine plötzliche Offenbarung Bahn. Doch viele verweigern sich dieser Erforschung, und nach Monaten, selbst Jahren in der Behandlung klammern sie sich noch immer an ihre alte Vorstellung von einer perfekten Familie.

Annette: Allein auf einer Insel

Die frühen Lebensjahre von Annette zeigen deutlich viele Merkmale, die alle Fälle von *Anorexia* in ihrer Entwicklung gemeinsam haben. Das sich abzeichnende Bild der Kindheit ist geprägt von großer Einsamkeit und Isolierung, und das Kind hatte kaum die Möglichkeit, seine Erfahrungen mit den Eltern oder Geschwistern zu prüfen oder gegenzuprüfen. Ihre extreme Isolierung äußerte sie in den Worten, sie fühle sich wie die »Lady im Hafen« (die Freiheitsstatue), »wie die Statue, unberührt und unberührbar, auf einer kleinen Insel im grauen Ozean, ohne Beziehung zu irgend jemandem oder irgend etwas«. Mit unverhüllter Trauer sprach sie über die vielen vergeudeten Jahre, in denen sie menschlichen Kontakten ferngehalten worden sei.

Annettes Beziehung zu den Eltern war geprägt von der Überzeugung, daß sie es vermeiden müsse, jemals Vorwürfe oder Kritik auf sich zu ziehen. Sie würde nie etwas tun, daß ihre Mißbilligung hervorrufen könnte. Die große Anstrengung ihrer Kindheit bestand darin, herauszufinden, was »sie« wollten, das sie täte, was »sie« befürworten oder ihr ehrlich gestatten würden. Sie war sich im klaren darüber, daß sie von ihr wünschten, sie möge freundlich und rücksichtsvoll sein, doch darüber hinaus hatte sie das Gefühl, sie stehe unter ständigem Druck, sie einzuschätzen, herauszufinden, was sie wirklich wünschten. Sie setzte doppelgleisiges Denken ein, um sich niemals dem Dilemma auszusetzen, daß sie für etwas um Erlaubnis bitten könnte, von dem sie nicht sicher war, daß die Eltern es ehrlich billigen würden.

Sie erinnerte sich an eine Episode in der Tanzschule, als sie zwölf oder dreizehn Jahre alt gewesen war. Ein Junge fing an, ihr seine Aufmerksamkeit zu widmen. Auch sie mochte ihn, und zunächst war sie erfreut darüber, daß er sie bat, mit ihm ins Kino zu gehen. Doch sie hatte nicht den Mut, ihre Eltern um Erlaubnis zu bitten; sie wußte nicht, wie sie darauf reagieren würden, doch sie war überzeugt davon, sie würden unwillig reagieren, wenn sie sie überhaupt fragte. Mehrere Tage lang war sie voller Zweifel, fühlte sich zunehmend elend und unglücklich und konnte nicht schlafen, weil sie nicht wußte, ob sie ihre Eltern fragen oder dem Jungen eine Absage erteilen sollte. Als er an dem vereinbarten Tag zu ihr nach Haus kam, schickte sie ihn fort mit der Erklärung, sie habe sich erkältet und könne nicht mit ihm gehen. Die Qual dieses Dilemmas war so aufreibend gewesen, daß sie fortan sicherstellte, daß sich so etwas nie wieder ereignete. Sie machte es sich zur Lebensmaxime, niemals wieder das Interesse eines Jungen zu erregen. So hielt sie sich in einem weiteren Bereich von allen sozialen und möglicherweise sexuellen Erfahrungen fern.

Annette wunderte sich über eine ihrer älteren Schwestern, die eine entspannte und warmherzige Beziehung zu ihren Eltern zu haben schien, obwohl sie mit ihnen eine Erfahrung gemacht hatte, die in den Augen Annettes negativ war. Während diese Schwester in einem Internat war, wurde ein Segelausflug geplant, zu dem die Schülerinnen die Erlaubnis ihrer Eltern einholen mußten. Ihre Eltern gaben die Erlaubnis nicht, und die Schwester gehorchte, doch sie *wußte*, daß die Eltern im Unrecht waren, daß es für sie ein schönes Erlebnis geworden wäre und daß sie hätte mitsegeln sollen. Die Schwester hatte eine klare Vorstellung davon, daß sie recht hatte, und sie beschloß, daß sie sich von nun an nur auf ihr eigenes Urteil verlassen werde. Ihr Sinn für Unabhängigkeit stand in auffälligem Gegensatz zu Annettes Einstellung, die durch ständige Selbstquälerei gekennzeichnet war, da sie überzeugt war, die Eltern würden alles mißbilligen, was sie auch wünschte. Für Annette lag die größte Gefahr darin, daß sie nicht offen sagten, was sie fühlten, und Annette der Mühsal überließen, herauszufinden, wie sie die unausgedrückte Wut der Eltern vermeiden könnte.

In der Therapie wandte sich der Untersuchungsschwerpunkt mehr und mehr der Bedeutung, dem Sinn und den potentiell störenden Auswirkungen anscheinend positiver Erfahrungen zu. Allmählich wurde immer klarer, wie äußerlich ausgezeichnete Kinderfürsorge zu schweren Defiziten bei der Realitätswahrnehmung des Kindes führen kann.

Ein spezifisches Beispiel stammt aus einer Kindheitserinnerung, die mehr als angenehm klingt. Bei Cocktailpartys hatte Annette die Rolle einer »Helferin der Mutter« übernommen: Sie bot reihum Nüsse und Salzstangen an. Sie mochte diese Aufgabe nicht, doch ihre Mutter hatte sie mit den Worten überzeugt: »Sie wollen dich sehen.« Annette bemerkte, daß die Gäste nur flüchtig an ihr interessiert waren, sich jedoch dann wieder ihrer eigenen Konversation zuwandten. »All diese ritualisierten Dinge, sie schienen niemals echt zu sein. Alles, was sie sagten, und die Art, wie sie sich verhielten, galten nur meinen Eltern, gingen nicht auf mein Konto«, stellte sie fest.

Ich stimmte ihr zu und ergänzte noch: »Das ist eine der Tragödien Ihres Lebens, daß Sie in diesem wohlmeinenden Haus, in das Sie hineingeboren wurden, erleben: ›Ich bin nur ein Anhängsel, sie haben keine echte Anerkennung für mich.‹ Die Frage ist nun, ob Sie weiterhin so leben wollen, daß Sie an diesem Bild einer unglücklichen Kindheit festhalten, oder ob Sie in der Lage sind, es zu überprüfen und Ihre Kindheit wiederaufzusuchen. Mir ist klar, daß sie Ihnen damals so vorkam, doch ich kann auch erkennen, daß dies nicht die ganze oder wahre Realität darstellt. Sie haben nie geglaubt, daß die Leute Sie wegen Ihres wahren Selbst anerkannten, auch wenn sie es tatsächlich taten.« Ihre Antwort klang pessimistisch:

»Die Leute haben immer einen Hintergedanken. Der Grund, warum sie nett zu mir waren, war lediglich, daß sie meinen Eltern gefallen wollten, und heute sind sie nett zu mir, weil sie Mitleid mit mir haben.«

Ich setzte meinen Gedankengang unbeirrt fort: »Die wirkliche Frage ist, ob Sie fähig und willens sind, zu glauben, daß Sie so, wie Sie sind, ein wertvoller Mensch sind, und nicht nur, wenn Sie sich in irgend etwas Superperfektes verwandeln. Sie haben sich Ihr ganzes Leben geweigert, sich selbst als jemanden anzusehen, der lebenswert ist, nicht aus freien Stücken, sondern weil Sie geglaubt haben, diese unglücklichen Kindheitserinnerungen seien alles, die ganze Geschichte. Wenn Ihre Mutter sagte: ›Sie möchten dich alle sehen‹, haben Sie das bezweifelt, genauso wie Sie es bezweifelt haben, wenn sie Ihnen versicherte: ›Du warst ein großer Erfolg.‹ Sie wußten nicht, ob sie es wirklich so meinte oder ob sie es nur sagte, damit Sie sich wohl fühlten – und heute wissen Sie immer noch nicht, ob Sie sich gut verhalten haben.« Annette wiederholte ihre häufig abgegebene Erklärung, sie habe immer gedacht, die Eltern gäben ihr zuviel. Ich erwiderte, das Problem sei gewesen, daß »Sie das Gefühl hatten, Sie verdienten nicht soviel, wie sie Ihnen gaben. Wie auch immer, das Problem besteht darin, daß Sie sich unterschätzen. Das Dilemma ist, wie ein Kind in Ihrer besonderen Familie einen wahren Maßstab dafür gewinnen kann, was es gibt und leistet. *Sie* sind alle so großartig und tun großartige Dinge – erfolgreiche und bewundernswerte Dinge. Die Schwester spielte besser Klavier, Mutter malte besser, Vater verrichtete all diese wichtigen Arbeiten draußen in der großen Welt. Was immer es auch war, sie alle taten große Dinge. Wie kann da ein Kind zu einem Maßstab für seine eigene Wichtigkeit kommen oder hoffen, es werde jemals mithalten können?«

Ein auffälliges Merkmal an Annettes Kindheit war, daß sie niemals Tagträume über sich als Erwachsene hatte, über eine Person mit einer Zukunft und einem eigenständigen Leben. Obwohl ihre Schwestern aufwendige Hochzeiten feierten, als sie sechs oder sieben Jahre alt war, dachte sie nie an ihre eigene Hochzeit oder an eigene Kinder. Sie spielte nicht mit Puppen, weil sie es als »vergeudete Zeit« ansah. Selbst in den zwanziger Lebensjahren fühle sie sich weiterhin wie das Kind im Haus ihrer Eltern. Sie hielt es für ihr Lebensschicksal, bei ihren Eltern zu bleiben. Annette hatte Familien gekannt, in denen eine unverheiratete Tochter für die alten Eltern sorgte. In ihren Phantasien waren ihre Eltern senil geworden, körperlich behindert oder geistesgestört, so daß sie Annette brauchten. Auf diese Weise konnte sie am Ende doch noch ihre Hingabe und Liebe zeigen.

Die Stärke dieser Vorstellung, derzufolge sie für immer ein Teil des elterlichen Heims war, kam in aller Lebhaftigkeit ans Licht, als ihr Vater in einem seiner Briefe ganz zufällig erwähnte, ihre Mutter und er dächten daran, das Haus zu verkaufen. Auf den Gedanken, ihre Eltern könnten auch nur in Erwägung ziehen, ihr Haus zu verkaufen, reagierte Annette mit einem gefühlsmäßigen Aufruhr: »Das dürfen sie nicht… Das Haus bin ich – dort bin ich aufgewachsen, und wenn sie es verkauften, würde niemand wissen, wie wir lebten oder daß ich ein Heim hatte.« Nach ihrem Empfinden repräsentierte das Haus nicht nur ihre eigene Identität, sondern auch ihr Verlangen, den Eltern Liebe und Wertschätzung entgegenzubringen. Da die Familie nie über Gefühle gesprochen hatte, war »das Haus behalten« für sie Ausdruck dessen, was sie in Worten nicht geäußert hatte. Im Zusammenhang mit dieser starken Gefühlsreaktion erfuhr ich nicht nur viel über die emotional gestörte Art und Weise, wie die Familie interagierte, sondern auch über Annettes Gefühle, nach denen sie immer »im Weg« oder »etwas Nebensächliches« war, für das es keinen wirklichen Platz gab.

Obwohl während ihrer Kindheit ein wenig scheu, hatte Annette immer Freunde, die ihr unterschiedlich nahestanden. Vor der Schule hatte sie mit kleinen Jungen aus der Nachbarschaft gespielt, und die Entdeckung der Geschlechtsunterschiede hinterließ in ihr das Gefühl, die Natur sei ungerecht. Als sie in die Schule eintrat, verstärkte sich ihre Überzeugung von der Ungerechtigkeit noch, doch bezog sie sich auf andere Mädchen. Forsche und sportliche Mädchen wurden in der Jungengruppe akzeptiert, und diese Mädchen beneidete sie und wollte mit ihnen in Konkurrenz treten. Die anderen Mädchen, die Puppenhaus-Mädchen, waren so niedlich wie sie, doch sie hatte auch nicht das Gefühl, sie gehöre zu dieser Gruppe.

Bei Annette begann sich dadurch die Überzeugung zu festigen, sie werde niemals mit ganzem Herzen irgendwo dazugehören, sie sei ein für allemal dazu verurteilt, abseits zu leben. Ihre beste Freundin, die sehr aktiv und aggressiv war, war überzeugt, alles, was immer sie tat, sei genau das Richtige, und fühlte sich als Mittelpunkt. Annette beteiligte sich an ihren Aktivitäten, doch sie vermochte das starke Selbstvertrauen nie zu teilen.

In der siebten oder achten Schulklasse nahmen die Schwierigkeiten für Annette noch zu, denn nun entwickelten die Mädchen, die in den unteren Klassen sportlich führend gewesen waren und die »weichlichen« Mädchen ziemlich verachtet hatten, ein aggressives Gebaren bei der Herstellung von heterosexuellen Beziehungen. Jetzt begann sich Annette noch mehr im Abseits zu fühlen. Sie wußte nicht, mit wem sie Freundschaft schließen sollte, denn wenn man zu der sozialen Gruppe gehören wollte, mußte man im Umgang mit Jungen geschickt und aktiv sein, und Annette wußte nicht einmal, wie sie sich verhalten, worüber sie sprechen, ob sie küssen sollte oder nicht und worum es bei der Sexualität ging. Ihre Lösung des Dilemmas bestand darin, daß sie sich selbst »perfekter« machen wollte, und dieser Beschluß schien in Zusammenhang mit der zunehmenden Beschäftigung mit ihrem Körper zu stehen.

Sie hatte bemerkt, daß Männer soviel essen konnten, wie sie wollten, während Mädchen wählerischer waren und sich bemühten, nicht zuzunehmen. Sie war ziemlich schnell in die Höhe geschossen und war ganz schlank. Tatsächlich war ihr Kinderarzt in Sorge, sie könne im Verhältnis zu ihrem schnellen Wachstum nicht genügend an Gewicht zunehmen. Während die älteren Mädchen sie dazu beglückwünschten, daß sie so dünn war, versuchte Annette weiblich zu erscheinen, indem sie wie die anderen Mädchen aß. Bemüht zu zeigen, daß sie ein Mädchen war, achtete sie darauf, was sie aß, und lehnte, genau wie die anderen Mädchen, Nachspeisen ab.

Die Unzufriedenheit über ihre soziale Position übertrug sich auf den akademischen Bereich. Obwohl eine ausgezeichnete Studentin, war sie nie mit sich zufrieden. Um nur ein Beispiel zu geben: Annette schrieb gute Kurzgeschichten und erhielt dafür von ihrem Lehrer Lob und gute Noten. Sie hatte das Gefühl, sie könne sich glücklich schätzen, einen Lehrer zu haben, der die Art ihres Schreibens mochte. Als Annette jedoch ihr anorektisches Regiment installierte, glaubte sie, ihre Phantasie habe sie verlassen, obwohl sie für ihr Schreiben weiterhin gute Noten erhielt. Für sie war das der Beweis, daß ihr Lehrer Mitleid mit ihr hatte, und es stürzte sie in Verlegenheit, so gute Noten zu bekommen.

Zwei Punkte an der inneren Konfusion Annettes werden durch ihre Unzufriedenheit mit ihren Schulleistungen veranschaulicht. Ein Punkt war, daß sie nie sicher war, für wen sie eigentlich Leistungen erbrachte; gewiß nicht für sie selbst, sondern vor allem für ihren Vater, dem sie gefallen wollte. Doch ihre Vorstellung von dem, was er an Leistungen von ihr wünschte oder welche Handlungen er von ihr erwartete, diese Vorstellung war ziemlich vage und ganz unrealistisch. Der andere Aspekt ihrer Konfusion bestand darin, daß Leistungen in ihren Augen wirklich bewiesen, daß sie wie ein Mann war; ihre Erfolge waren nicht Ausdruck ihres eigenen Interesses oder ihres Vergnügens, sondern Dinge, die für die Umwelt so ausschauten, als hätte ein Mann sie vollbracht. Allmählich stellte sich heraus, daß alles, was sie auch erreichte, nicht zufriedenstellend war; die Leistung verwandelte sie weder in einen Mann noch stellte sie sicher, daß ihres Vaters Wünsche sich erfüllt hatten.

Sie hatte das Gefühl, daß ihr Bedürfnis, sich einzuschränken, »durch Dick und Dünn weiterzumachen«, mit der Tatsache zu tun habe, daß sie als Kind übernachsichtig behandelt worden sei. Sie verglich die Zeit ihres Aufwachsens mit dem, was sie über ihre älteren Geschwister in Erfahrung gebracht hatte: »Es war nicht ganz gerecht. Sie wuchsen während der Kriegsjahre auf, und damals war alles rationiert. Sie lebten auch in einem kleineren Haus. Ich hatte immer das Gefühl, daß ihre Lebensweise die richtige war. Ich wurde zu sanft und zu nachsichtig behandelt.« Lebhaft erinnerte sie sich an eine Bemerkung, die ihre Schwestern häufig machten: »Ist sie nicht verwöhnt?« Obwohl diese Worte offensichtlich spaßig gemeint waren und mit Zuneigung ausgesprochen wurden, zog Annette daraus den Schluß, für ein Kind sei es etwas Schimpfliches, verwöhnt zu sein, und so setzte sie alles daran, ihr Leben als »nicht verwöhnt« erscheinen zu lassen. Um nicht als »verwöhnt« dazustehen, äußerte sie niemals einen Wunsch nach irgend etwas, sei es materiell oder etwas anderes, und Geschenke und Privilegien nahm sie nur an, wenn sie es nicht verhindern konnte. Doch sie fühlte sich niemals berechtigt, sie anzunehmen. Ihre wohlhabenden Eltern waren ihr sehr ergeben. So erhielt sie viele Geschenke, von denen jedes die Verpflichtung in ihr wachrief, zu beweisen, daß sie es auch wert war. Nur wenige Geschenke stellten sie zufrieden und bestärkten sie, nämlich solche, von denen sie das Gefühl hatte, sie seien wirklich für sie gedacht und nicht etwas, das ihr zu geben die Eltern sich verpflichtet fühlten. Aufgrund seines Berufs mußte der Vater auch ins Ausland reisen, und Annette erinnerte sich mit einem Gefühl der Wärme, daß er ihr in seiner Aktentasche fremde Puppen mitbrachte. Diese Dinge nahm sie mit Liebe und Dankbarkeit an; sie waren ein Beweis dafür, daß ihr Vater während seiner Reise an sie gedacht hatte. Die meisten anderen Geschenke hatten für sie keine Bedeutung. Sie zeigten nur die Güte ihrer Eltern, und daß sie »das Richtige« taten. Annette dachte sich, daß die Geschenke den Eltern das Gefühl gaben, sie seien großzügig und sorgten für sie.

Ich versuchte ihr nahezubringen, daß ihre Schlußfolgerungen nicht nur ihr eigenes Denken und Verhalten beeinflußten, sondern auch das ihrer Eltern. »In Wirklichkeit müssen Sie es Ihren Eltern schwer gemacht haben, wenn Sie niemals einen Wunsch äußerten. In gewisser Weise haben Sie sie gezwungen, zu raten und etwas nach ihrer eigenen Wahl zu geben.« Ihre Antwort: »Doch ich war bereits ein verwöhntes Kind aufgrund dessen, was meine Eltern taten. Ich war verantwortlich dafür, alles zu tun, damit ich nicht verwöhnt wurde.«

Sie versuchte das Thema auf das Problem zu verschieben, daß sie auf die Gesellschaft junger Eltern habe verzichten müssen, doch am Ende äußerte sie wieder ihre Angst vor Isolierung: »Ich habe eine Nichte, die jetzt zwölf ist, und ich habe das Gefühl, sie hat eine viel bessere Beziehung zu ihren Eltern, die noch jung sind.« Nach ihrem Empfinden hatten ihre älteren Schwestern ein viel besseres Familienleben, »weil meine Eltern damals noch jung waren. Alles, was dazu gehört, Mitglied einer jungen Familie zu sein, das habe ich nie erlebt. Ich wurde verwöhnt, weil mir *Dinge* gegeben wurden, aber nicht weil wir Dinge gemeinsam gemacht haben... das war die ganze Zeit so. Sie sind keine für sich lebenden Leute, sondern gehören als Familie zusammen – sie sagen einander, was sie wirklich fühlen... Ich möchte immer noch zu ihrem Leben gehören. Der Gedanke, ich könnte mich wohlfühlen, erschreckt mich – ich habe mir nie Pläne gemacht, wie ich einmal als Erwachsene leben würde. Ich kann mir nicht vorstellen, eine Familie oder eine Wohnung für mich zu haben.«

Ich versuchte sie bei ihrem schmerzlichen Geständnis zu unterstützen. »Ich bin froh, daß Ihre wahren Gefühle ans Licht kommen. Sie haben soviel Zeit damit verbracht, die Vorstellung aufrechtzuerhalten, daß Ihre Familie perfekt gewesen sei, und aus Angst davor, es könne so klingen, als gäben Sie ihnen die ›Schuld‹, haben Sie nie darüber gesprochen, was Sie verletzt hat. Niemand hat die Schuld. Sie können sich nicht Ihr ganzes Leben lang von den Gefühlen beherrschen lassen, die ein einsames und verbittertes kleines Mädchen gehabt hat, ein Mädchen, dessen höchstes Ziel es war, keine Forderungen zu stellen, keine eigenständige Person zu werden.«

Sie wiederholte: »Mich erschreckt der Gedanke, daß es mir gut gehen könnte. Ich möchte immer noch zu ihrem Leben gehören. Doch ich gehöre nicht mehr zu ihnen, aber auch nicht zu irgend jemand anderem. Ich kann mir nicht helfen, aber ich habe das Gefühl, ein Fehlgriff zu sein. Ich werde niemals das Gefühl haben, zu ihnen zu gehören... Ich mußte immer superfreundlich sein, um die Dinge zu verdienen, die sie mir schenkten, und sie überhäuften mich damit, ganz gleich, was ich auch tat.« Doch die großzügigen Geschenke beschwichtigten nicht den Schmerz, »nicht dazu zu gehören«, und dieses Thema tauchte über lange Zeit immer wieder in unseren Gesprächen auf.

Auch bei der Beschreibung ihrer Beziehung zu den Schwestern war Annette gleichermaßen vorsichtig und zurückhaltend. Annettes frühe Erinnerungen an ihre älteren Schwestern war sehr vage. Es waren Geschwister, die sie erst kennenlernte, als sie bereits Erwachsene waren und nicht mehr daheim wohnten. Obwohl sie auf ihre gute Meinung sehr erpicht war, waren sie in ihren Augen fremde, erwachsene Frauen, die ihr Elternhaus besuchten und so taten, als wenn sie dazu gehörten. Josie, die Schwester, die acht Jahre älter war als Annette, war für sie ein Problem, gestand Annette, doch sie »meinte es gut«. Josie spielte in Annettes Leben nicht deshalb eine negative Rolle, weil sie gegenüber ihrer kleinen Schwester aggressiv gewesen wäre oder sie bestraft hätte, sondern weil sie Annette praktisch ignorierte und sie wie nichtexistent behandelte. Nur allmählich enthüllte Annette, wie oft Josie für sie eine Quelle von Schmerz und Trauer gewesen war, nicht so sehr durch ihre Handlungen, sondern durch ihre Mißachtung. Als Annette klein war, teilten sie sich ein Zimmer, und Annette hatte das Gefühl, sie habe deswegen keinen Ton von sich gegeben, wenn sie in ihrem Bettchen aufgewacht war, weil sie Angst vor ihrer Schwester gehabt habe. Ein Jahr lang fuhren sie gemeinsam im Schulbus, doch Annette hatte den strikten Befehl erhalten, niemals mit Josie zu sprechen. Eine traurige Widerspiegelung ihres Gefühls, daß »die guten Dinge im Leben nicht für mich da sind«, war ihre Einstellung gegenüber Süßwarenläden. Josie war zu jener Zeit ein Teenager und ließ Annette allein nach Hause gehen, während sie bei ihren Freunden blieb und im Süßwarenladen an der Ecke Erfrischungen zu sich nahm. Annette war traurig, weil sie nach Hause geschickt wurde, aber mehr noch, weil sie überzeugt war, daß sie keine Freude dabei empfinden würde, den Süßwarenladen aufzusuchen, wenn ihre Zeit käme und sie ein großes Mädchen wäre. In gewisser Weise war dies eine sich selbst erfüllende Prophezeiung, denn als sie das Alter erreicht hatte, war sie mit rigider Diät und ihrer Anorexie beschäftigt.

Annettes Bedürfnis, ein günstiges Bild von ihrem Familienleben zu geben, war so stark, daß sie selbst dann, als wir bereits viel über das Thema gesprochen hatten, immer noch häufig zögerte, offen über ihre Erfahrungen als Kind zu reden. Sie achtete sorgsam darauf, über ihre Eltern nur positive Erinnerungen zu haben. Alles andere bezeichnete sie als: ihnen die »Schuld« geben – und das verstärkte ihre negativen Gefühle sich selbst gegenüber. Wie es bei vielen magersüchtigen Patientinnen der Fall ist, mußten Annette und ich viele Vorfälle wiederholt besprechen, ehe sie sich traute, an die Verläßlichkeit ihrer eigenen Erinnerungen zu glauben, und mir genügend Vertrauen entgegenbrachte, um weniger günstige Ereignisse ans Licht kommen zu lassen.

In den frühen Phasen der Behandlung war Annette zwar kooperativ, doch sie war höchst widerstrebend, wenn es darum ging, die Rollen verschiedener Familienmitglieder zu klären. Wie in Kapitel 3 erörtert, dauerte dieses Widerstreben an, bis sie beschrieb, wie sie ihre Beziehung zu ihrer Schwester Josie erlebt hatte. Die Einsicht, daß sie hinsichtlich dieser Beziehung Irrtümern unterlag, vermittelte Annette ein neues Freiheitsgefühl, und mit dieser Befreiung fand sie sich bereit, ihre Vorstellung von ihrer Position in der Familie zu erörtern und zu erkunden und die Frage zu klären, warum sie sich von den Hauptströmungen des Lebens ausgeschlossen fühlte. Sie schrieb die Macht, sie auszuschließen, einer Schwester zu, die sie stets als einschüchternd und verbietend erlebt hatte. Nachdem der Irrtum dieser Überzeugung aufgeklärt war, ging Annette daran, ihre eigene Rolle in der Isolierung zu betrachten; wie sie sich aus eigenen Stücken aus dem Leben zurückgezogen hatte, als wäre sie eine Unperson. Die Erkenntnis, daß sie in Beziehung zu einer Person so hatte daneben greifen können, ermöglichte es ihr, auch andere Beziehungen aus einem neuen Blickwinkel zu sehen. Dieses Durcharbeiten umfaßte eine Überprüfung vieler verschiedener Erfahrungen und Beziehungen.

Ein wichtiger Wendepunkt in Annettes Behandlung bestand darin, daß es ihr gelang, sich nicht mehr als passives Opfer zu sehen, sondern als aktive Teilnehmerin an ihrer ganzen Entwicklung, vor allem der Entwicklung einer Anorexie-Krankheit. Bei vielen, wenn nicht den meisten Patientinnen wird das anorektische Symptom anfangs als etwas dargestellt, das eben geschehen ist wie ein finsteres

Schicksal, das die Patientin und deren Familie befällt. Wenn es zu einer wirklichen Lösung des zugrunde liegenden Problems kommen soll, muß die Patientin sich ihrer eigenen Rolle bei dieser Entwicklung bewußt werden. Doch es ist nicht genug, ein neues Verständnis von seinem Problem zu gewinnen. Damit im aktuellen Leben ein wirklicher Wandel stattfinden soll, muß jeder Punkt in seinen vielen Verästelungen geklärt werden.

Wie erwähnt, hatte Annette zu Beginn der Behandlung über ihr Heim und ihre Familie in positiven und bewundernden Worten gesprochen. Es war für sie ausnehmend schmerzlich, erkennen zu müssen, daß es bei ihr zu Hause Erfahrungen gegeben hatte, die bei ihr die Entwicklung eines positiven Selbstbildes, das Gefühl persönlichen Werts und Würde störend beeinträchtigt hatten. Die frühen Erfahrungen hatten in ihr ein tiefes basales Mißtrauen hinterlassen, ein Mißtrauen den Menschen in ihrer Nähe gegenüber, und Zweifel vor allem an ihrem eigenen Wert. Sie hatte gegen die Überzeugung anzukämpfen, daß es der Fehler des Kindes ist, wenn es »als später Einfall« zur Welt kommt, und war immer in Gefahr, dem Gefühl zu erliegen, sie sei ein lästiger Quälgeist, der im Wege stehe. Allmählich festigte sich in ihr die Überzeugung, sie habe ein Recht, ihr eigenes Leben zu führen und die eigenen Gefühle und Wünsche zu akzeptieren. Doch Annette erkannte auch, daß sie exzessiv mit dem beschäftigt war, was sie ihr »Bild in den Augen des Betrachters« nannte, und sie war immer noch in Zweifel darüber, ob es ihr je gelingen werde, ihrer eigenen Echtheit zu vertrauen.

Ich faßte ihre früheren Aussagen zusammen: »Wenn ich richtig verstanden habe, was Sie mir sagten, dann haben Sie den Eindruck, Ihr ganzes Leben sei ein fassadenhaftes Zurschaustellen gewesen, das heißt, Sie hätten nur ein freundliches, zuvorkommendes, unterwürfiges Verhalten hervorgekehrt. Ist es nicht das, was Sie als ›das große Vorspiegeln‹ bezeichnet haben?« Sie gab zu, daß es ihr Angst bereitet habe, das zu zeigen, was unter der Oberfläche lag, und sie fügte hinzu: »Ich mußte den Deckel fest draufhalten.« Weiter erklärte sie: »Wenn ich weinte, hatte ich Angst davor, sie könnten sich darüber ärgern. Natürlich würden sie das nie zeigen.« Ich kommentierte: »Doch ein Kind hat ein Recht auf das Gefühl, bedingungslos angenommen zu werden, so, wie es ist. Sie hatten das Gefühl, sie würden Sie nicht lieben, wenn Sie Ihr wahres Selbst zeigten.« Annette wiederholte: »Sie hätten es nie gezeigt, daß sie gereizt waren, doch ich fühlte, daß sie es waren.«

An dieser Stelle verweilte ich: »Das ist sogar noch trauriger, als ich angenommen habe. Das Kind ist gezwungen, ständig zu erraten, ob ihre Familie verärgert ist oder nicht. ›Wenn ich ein Störenfried bin, werden sie mich nicht mehr lieben.‹ Doch niemand zeigte dem Kind gegenüber seine wahren Gefühle. Diese Form der Interaktion ist schlimm für das Kind, das sich immer in Gefahr wähnt, als lästig erklärt zu werden. Eltern, die ihren Kindern gegenüber offen sind, mögen sie sogar anschreien, wenn sie wütend sind, doch der Streit wird dann beigelegt. In ihrer Familie kam nichts jemals ans Licht.« Sie stimmte zu: »Das ist richtig. Bei Vater wußte ich nie, wie er sich gerade fühlte. Von seinem Gesicht oder aus der Art, wie er sprach, konnte man nie ablesen, was er gerade fühlte. Wenn ich mich offen zeigte, hatte ich das Gefühl, in der Luft zu hängen.«

Ich erläuterte das Bedürfnis jedes Kindes nach ständigem Feedback. An dieser Stelle ergänzte sie: »Ich habe jedes positive Feedback erhalten«, eine Äußerung, auf die ich mit einem Ausdruck des Zweifels antwortete: »Doch das ist nur die eine Seite der Sache. Die Frage ist, ob es echt war oder nicht.« Annette erklärte dann, wie sie ihre Eltern kritisch beobachtet und vorweggenommen habe, welches Verhalten ihre ehrliche Zustimmung finden werde, so daß ihre Reaktion zumindest echt erschienen sei. Sie übertrug diese Äußerung auf die Geschichte, wie sie sich während der Schlafenszeit verhalten hatte: »Ich wußte immer, wenn ich weinte, würden sie sagen: ›Sei kein Schreihals.‹ Das wäre gesagt worden. Niemals wurde direkt etwas Hartes gesagt, und ich sorgte dafür, daß sie niemals einen Grund hatten, so etwas zu sagen.« Diese kritische Beobachtung war Annettes Art und Weise, es gar nicht erst so weit kommen zu lassen, daß die Eltern ihr Verhalten mißbilligten, doch es war auch ein Versuch, ihre Reaktionen buchstäblich ehrlich zu machen. »Ich sorgte dafür, daß sie sagten, was sie wirklich meinten, und nicht, was man von ihnen hätte erwarten können. Sie konnten sagen: ›Sie ist ein so niedliches Kind‹, und das war nicht nur höflich und nett, sondern sie meinten es wirklich so.« Mein Kommentar dazu lautete: »Das heißt doch, anzunehmen, daß das, was sie zeigten, nur ihre Fassade war.« Sie erwiderte: »Das meiste meinten sie wirklich. Ich wollte mich so verhalten, daß ich sicher sein konnte, daß sie ehrlich meinten, was sie sagten.«

Dazu meinte ich: »Offene Kritik wäre besser gewesen als diese ständige Sorge darüber, was sie wohl wirklich meinten. Es gibt so etwas wie fehlendes Urvertrauen. Sie konnten glauben, was sie sagten, doch Sie konnten nie sicher sein, was sie wirklich meinten.« Sie war überzeugt, daß »sie niemals negative Gefühle geäußert hätten – obwohl Josie dies tat«. Hier warf ich eine Verallgemeinerung ein: »Es ist ein schrecklicher Zustand, in der Überzeugung aufzuwachsen, daß niemand sagt, was er wirklich denkt. Sie sind sehr früh zu der Überzeugung gekommen, daß es wichtiger ist, den Menschen zu gefallen, als klar und ehrlich mit ihnen zu kommunizieren.« Sie hatte das Gefühl, dieses ihr kritisches Beobachten beeinträchtige ihre gegenwärtigen Beziehungen zu Menschen, etwa zu ihren Mitarbeitern und zu ihrer Zimmergenossin. »Und die ganze Zeit über muß ich so perfekt sein, wie man nur sein kann, um sicher zu sein, daß sie nicht verärgert sind oder daß ich sie nicht wütend mache.« Ich sagte etwas darüber, wieviel Unsicherheit dieses Verlangen nach Perfektion mit sich bringen müsse. Annette stimmte zu: »Ich weiß, daß es nicht leicht ist, mit mir zu kommunizieren. Und ich bin nicht perfekt.« Das bestätigte ich: »Zum Glück. Wer möchte mit jemandem zusammenleben, der perfekt sein will? Menschliche Schwachheit führt zu Konflikten. Und das ist auch so eine Sache, die Ihnen vorenthalten wurde: Sie haben niemals erlebt, daß auf den Konflikt die Versöhnung folgt. Für Sie hat der Konflikt etwas Tödliches. Ihr Problem sind nicht Gefühle von Entzweiung und Wut, Ihr Problem ist, daß Sie sich niemals getraut haben, solche Gefühle zu äußern. Sie haben darauf mit dem ›großen Vorspiegeln‹, wie Sie es gewöhnlich nannten, reagiert, mit Krankwerden.«

Ida: »Ich hatte kein Recht zu essen«
Gleich von Anfang an muß der Therapeut sich aktiv beteiligen an der Erkundung des familiären Hintergrundes, der ermutigenden oder schwierigen Anteile in der frühen Kindheit der Patientin. Im Falle von Ida benutzten wir das Konkurrenzverhalten – und die Erwartung hervorragender Leistungen, eine Erwartung, die sie wahrscheinlich als fordernder empfand und verstand, als sie wirklich war – als Einstieg in die Neubewertung dessen, was sich in ihrem frühen Kinderleben abgespielt hat.

Ida war von europäischen Gouvernanten betreut worden, die sie nach ihren eigenen Worten allesamt gemocht hatte. Sie verhielt sich immer untadelig, und die Gouvernanten hatten nie Grund, sich bei ihrer Mutter über sie zu beschweren. Sie fügte hinzu: »Ich wußte, daß sie mich alle liebten – und ich sorgte dafür, daß sie es taten.« Ich wies sie auf die tiefsitzende Unsicherheit hin, die in diesem Satz zum

Ausdruck kam: auf die Tatsache, daß sie sich der ihr entgegengebrachten Liebe nur so lange sicher sein konnte, als sie gehorsam und willfährig war. Dies war eine der ersten Gelegenheiten, die wir benutzen konnten, um in ihrer Lebensgeschichte einige Merkmale zu entdecken, die nicht superperfekt waren.

Viele weitere Gelegenheiten folgten, bei denen sie Erfahrungen erkennen konnte, die auf Beeinträchtigungen in der Entwicklung von Selbstvertrauen, Spontaneität und Initiative hindeuteten. Bei ihr zu Hause gäbe es viele strenge Regeln, wie nicht zwischen den Mahlzeiten zu essen. Am College hielt sie sich an dieses Verbot von Zwischenmahlzeiten. Sie ließ zwar Mahlzeiten ausfallen, aber sie gestattete sich nicht, bis zur nächsten Mahlzeit irgend etwas zu essen, wie hungrig sie auch sein mochte. Als Kind hatte sie zu essen, was auf den Tisch kam, und sie hatte bei der Wahl dessen, was und wieviel serviert wurde, keinerlei Mitspracherecht. Gezwungen zu sein, auch dann noch zu essen, wenn sie längst satt war, hatte sie als eines der wenigen unangenehmen Erlebnisse in Erinnerung.

Ida machte im ersten Jahr ihrer Behandlung gute Fortschritte, und am Ende ihres zweiten Semesters am College war sie bei viel besserer Gesundheit und war weniger ritualistisch und gekünstelt in ihrem Verhalten. Sie reiste für einige Wochen nach Haus, doch während der ersten Tage daheim fühlte sie sich unglücklich, weil sie das Gefühl hatte, nicht dazuzugehören, nichts beisteuern zu können und nicht großartig genug zu sein. Ein Bild fiel ihr ein, sie sei wie ein Spatz in einem goldenen Käfig, zu farblos und simpel für die Luxusausstattung ihres Zuhauses, doch der Freiheit beraubt zu tun, was sie wirklich wollte. Käfige wurden hergestellt für große bunte Vögel, die ihr Federkleid zur Schau stellen und sich damit zufrieden geben, herumzuhüpfen. Sie empfand sich als ganz anders, als Spatz, unauffällig und energievoll, von dem Wunsch erfüllt, herumzufliegen und sich auf eigenes Risiko davonzumachen, nicht geschaffen für einen Käfig. Zum erstenmal sprach sie offen über den Schmerz und die Frustration ihrer Kindheit, als jüngstes Kind in einer wohlhabenden Familie mit vielen Regeln und Vorschriften. Sie hatte das Gefühl, ihre eigenen Bedürfnisse und Wünsche seien nicht beachtet und es seien zu viele Forderungen an sie gestellt worden.

Den Rest der Sommerferien verwandte sie auf eine Europa-Reise, die sie gemeinsam mit einer Gruppe aus ihrem College unternahm. Bei ihrer Rückkehr sah sie gut aus, und sie hatte auch ein wenig zugenommen. Nach ihrer Meinung lag ihr Gewicht jetzt nahe bei

90 Pfund, doch sie wußte es nicht genau. Sie erklärte, sie sähe aus wie mit sechzehn Jahren, als sie nach Frankreich gereist sei, und so fühle sie sich auch. Tatsächlich trug sie ein ziemlich schick aussehendes Kleid; das letzte Mal hatte sie das Kleid auf einer früheren Reise tragen können. Sie mußte verschiedene Kleidungsstücke aussondern, weil sie zu eng für sie geworden waren. Zu diesem Zeitpunkt äußerte sie kein Unbehagen über ihr Gewicht, sondern gelegentlich nur die Besorgnis, sie könne zuviel zunehmen. Obwohl sie wiederholt von ihrer Angst sprach, sie könne möglicherweise nicht aufhören zu essen, war sie doch ganz entschlossen, daß sie nicht wieder ganz mit dem Essen aufhören würde, denn sie sei sich dessen viel zu sehr bewußt, daß sie sich bei höherem Gewicht besser fühle.

Sie war ein wenig beunruhigt darüber, daß sie leicht depressiv werde, was nach ihrem Empfinden »absurd« war, weil sich alles nach ihren Wünschen entwickelt habe. Sie war von ihrer Familie freundlich aufgenommen worden, wurde in Gespräche über Geschäftsangelegenheiten einbezogen, aus denen sie sich früher ausgeschlossen gefühlt hatte, und sie hatte den Eindruck, die anderen sprächen mit ihr auf demselben Niveau, wie mit einer Erwachsenen. Sie stellte fest, daß sie die Kunstexpertin der Familie war, und diese Entdeckung schockierte sie in einer merkwürdigen Weise. Sie hatte für Menschen, die weniger wußten als sie, nur Verachtung übrig, und das bezog sich auf alles. Sie hatte das Gefühl, ihre Mutter wolle all die Einzelheiten, die sie jetzt wußte, einfach nicht lernen: »Schon die Tatsache, daß sie nicht so fühlen wie ich, führt dazu, daß ich mich isoliert fühle.« Sie erwähnte wieder die erfreulichen Diskussionen, die sie mit ihrem Vater vor dessen Tod gehabt hatte, Diskussionen über politische Ideen und philosophische Schriften. Sie sorgte sich darüber, sie könne »außerhalb einer anregenden Umwelt« aufhören, Interesse zu empfinden, und werde dann unfähig sein, sich an solchen Aktivitäten zu beteiligen. Es wurde ihr auch klar, daß niemals Zeit für längere Erörterungen gewesen war, weil die Familienmitglieder an ihrem Ferienort so sehr mit ihren täglichen Verrichtungen beschäftigt waren.

Nach meinem Empfinden machte sie gute Fortschritte. Ida war bereit, ihre früheren Erfahrungen nicht im Sinne ihrer Perfektion, sondern ihres Beitrags zu ihrer Entwicklung, vor allem zu den Schwierigkeiten in ihrer frühen Kindheit, zu untersuchen. Etwa zwei Wochen nach ihrer Rückkehr aus den langen Sommerferien bemerkte ich ihr gegenüber, daß wir über etliche ihrer Probleme in

Beziehung zu ihrer Mutter, ihrem Bruder und verschiedenen Freunden in aller Offenheit gesprochen hätten, daß sie jedoch über die Beziehung zu ihrem Vater ziemlich zurückhaltend gewesen sei. Ich faßte zusammen, was wir nach meinem Gefühl bis dahin erfahren hatten, nämlich daß sie über eine besondere Nähe zwischen ihm und ihr gesprochen und daß sie sein Interesse an Philosophie und Religion geteilt habe. Dies stellte weiterhin ein geheimes Band zwischen ihnen dar. Doch von den wenigen Fakten, die sie mitgeteilt hatte, hatte ich den Eindruck gewonnen, daß sie in Wahrheit wenig Kontakt zu ihrem Vater gehabt und mit der Hoffnung gelebt hatte, er werde sich ihr mehr widmen, wenn sie erst älter sei. Wiederholt hatte sie erklärt, daß sie es nicht nötig gehabt hätte, krank zu werden, wenn er noch lebte, daß er zur falschen Zeit gestorben sei und daß sein Tod sie der Möglichkeit beraubt habe, von ihm anerkannt zu werden. Ihr Streben nach Besonderheit durch exzessive Disziplin und Schlankheit war für sie ein Phantasieweg gewesen, ihm zu gefallen und seine Aufmerksamkeit zu erringen, doch es war auch ein Akt trotzigen Widerstands.

Sie hörte meiner Zusammenfassung intensiv zu und begann dann leise zu weinen, ohne auf das, was ich gesagt hatte, verbal zu reagieren. In der nächsten Sitzung berichtete sie, ihre anorektischen Symptome seien mit voller Wucht wiedergekehrt. Sie sei unfähig zu essen, habe den Verbrauch von Laxativen verstärkt und schwimme zweimal so viel wie vorher. Innerhalb von zwei Wochen fiel ihr Gewicht auf 77 Pfund, und sie sah sichtlich dünner aus. Sie brauchte fast vier Monate, um ihr Gewicht wieder auf 81 Pfund zu steigern, und fast anderthalb Jahre, um auf über 85 Pfund zu kommen, und das bei vielen Auf und Abs. Eine Zeitlang äußerte sie schwere Selbstbeschuldigungen, wenn sie an Gewicht zunahm, und bezichtigte sich, »nachgegeben« zu haben. Diese Episode klärte alle Zweifel, die sie über die Beziehung zwischen Magersucht und seelischen Erfahrungen je gehabt haben mochte. Ida konnte nicht umhin anzuerkennen, daß ihre Gewichtsschwankungen Hand in Hand gingen mit ihren emotionalen und psychischen Einstellungen und Reaktionen.

Allmählich – ganz allmählich – sprach sie über ihr geheimes Innenleben. Sie glaubte an ein Leben nach dem Tode und hatte auch nie akzeptiert, daß der Tod ihres Vaters endgültig sein sollte, sondern war überzeugt, sie werde ihn in irgendeiner neuen Körpergestalt wiedersehen. Selbst jetzt glaubte sie, seine Gegenwart spüren zu können und unter seiner Überwachung und Leitung zu leben. Das war auch der Grund dafür, warum es ihr so unmöglich erschien, irgendeine der Regeln und Maximen ihres frühkindlichen Lebens aufzugeben.

Anschließend sprach sie über ihr Bemühen, ihres Vaters wert zu sein, der immer »mehr« geleistet habe und der sich offensichtlich in einer anderen Welt befinde, in einer Welt über der unsrigen, in der auch höhere Anforderungen gestellt würden. Nach ihrer Meinung sollten Menschen, die mit mehr Gaben auf die Welt kämen, auch mehr von sich geben, das sei ihre Pflicht. »Ich fühle, daß von mir mehr erwartet wird und daß ich moralisch verpflichtet bin, mehr zu geben. Tatsächlich habe ich das Gefühl, daß da etwas ist, das den absolut letzten Tropfen, den ich herzugeben habe, aus mir herausquetschen wird, denn sonst habe ich nicht genug gegeben. Nur wenn absolut alles gegeben ist, wenn ich wirklich nichts mehr hergeben kann, dann erst habe ich meine Pflicht getan.« Nach ihrer Meinung war dieses Pflichtgefühl für ihre anorektische Erkrankung wichtig. »Ich habe der Welt nichts gegeben, also habe ich auch kein Recht zu essen. Ich konnte nur dann innerlichen Frieden haben, wenn ich zu Bett ging und nichts mehr tun konnte, wenn ich körperlich und geistig erschöpft war. Dann konnte ich mir sagen: ›Ja, habe ein Recht auf Schlaf, und ich habe ein Recht auf Essen.‹ Doch nur dann. Wenn ich zu Bett ging, ohne wirklich erschöpft und müde zu sein, hieß das, daß es noch mehr gab, was ich hätte tun können und nicht tat. Ich erfüllte meine Pflichten, indem ich unterernährt und übermüdet war. Nur dann konnte ich das Gefühl verspüren, daß ich genug getan habe.«

Diese Philosophie äußerte sie auf vielfältige Weise und über einen langen Zeitraum, und sie wandte sie auf alle Aktivitäten und Beziehungen an. Wann immer es möglich war, bezog ich diese Überzeugungen auf die Reaktion eines Kindes gegenüber den Realitäten seiner Lebensgeschichte; diese grausame Vorstellung von Pflicht sei die Widerspiegelung einer Kindheit, in der sie nur die Forderungen und Erwartungen vernommen hatte, die klar zum Ausdruck gebracht worden seien, in der sie aber wenig oder keine Bestätigung ihrer Fähigkeiten und Bedürfnisse erfahren habe.

Als die Behandlung fortschritt, brachte ich stärker und mit vielen Einzelheiten die unrealistischen Aspekte dieses Pflichtgefühls zur Sprache und machte deutlich, daß sie die Weltanschauung eines verängstigten Kindes darstellten. Ida erklärte, sie sähe dies auch, doch sie habe Angst, von diesen Verpflichtungen abzulassen: »Ich klammere mich an sie, weil ich nicht weiß, was an ihre Stelle treten soll.« Meine Worte über ihre unterentwickelten und unausgedrückten menschlichen Qualitäten waren für sie lange Zeit ohne Sinn und Bedeutung. Genau davor hatte sie Angst, nämlich daß ihr natürliches Selbst – was sie sein würde, wenn sie sich nicht selbst so hart antriebe – nicht gut genug sein würde, daß es mittelmäßig oder vulgär wäre. Einen großen Teil der Behandlungszeit verwandte ich darauf, ihr dabei zu helfen, sich ihrer Gaben, Fähigkeiten und Leistungen bewußt zu werden, und sie hatte ein wirkliches Opfer an Stolz zu bringen, ehe sie von ihren übermenschlichen Ehrgeizstrebungen lassen konnte.

Sara: Haß und Mißgunst

Anders als das oben erörterte klassische »perfekte« Familienbild beleuchtet Saras Familie einen jüngeren Typ, der sich dadurch auszeichnet, daß in ihm offene Konkurrenz und unverhüllter Konflikt zwischen den Familienmitgliedern herrschen. In diesem Fall besteht der Konflikt zwischen Mutter und Tochter, wie das häufig zu beobachten ist.

Saras Mutter beklagte sich offen über ihre Tochter, eine 21jährige Frau, die seit fünf Jahren magersüchtig war und im Verlauf dieser Krankheit ein Bulimie-Syndrom mit Erbrechen ausgebildet hatte. Die Krankheitssymptome waren so gravierend, daß Sara nicht am College bleiben konnte. Das einzige Interesse, das sie jemals geäußert hatte, bestand darin, Schauspielerin zu werden, ein Wunsch, dem die Mutter heftig widersprach. Sie zögerte nicht, ihre Mißbilligung zu äußern, betonte aber andererseits ihre eigenen frustrierten Bemühungen: »Sie hat keinen Respekt. Sie respektiert ihren Vater, mich aber nicht. Sie hört nie auf mich... Ich gab ihr Tanzstunden, doch ich mußte mich die ganze Zeit bemühen, sie bei der Stange zu halten. Ich gab ihr Klavierstunden, doch das wollte sie nicht. Sie widersetzt sich die ganze Zeit. Sie ist arrogant und überaus feindselig gegenüber allem, was ich für sie zu tun versuche.« Später fügte sie noch hinzu: »Ich habe Angst vor ihr, und ich spreche nur zu ihr, wenn ihr Vater dabei ist, denn dann weiß ich, daß ich Schutz habe.«

Sara äußerte ihre negativen Gefühle genauso unverhüllt. Sie räumte ein, in den Beschwerden ihrer Mutter stecke eine gehörige Portion Wahrheit. »Doch es gibt eine Menge an ihr, was sie einfach nicht sieht. Wir haben eine ganze Reihe von Psychiatern aufgesucht, doch wir sind jedesmal wieder gegangen, denn jedesmal, wenn sie anfingen, irgend etwas über sie zu sagen, hat sie einfach das Weite gesucht. Sie sagte: ›Ich mag diesen Doktor nicht – er weiß nicht, wovon er redet.‹«

Sara hatte das starke Gefühl, ihre Mutter habe ihr nie Gelegenheit gegeben, unabhängig zu werden und Verantwortung zu übernehmen. »Als ich klein war, hat sie gewöhnlich mein Portemonnaie durchsucht, sie hat meine Kleider immer untersucht, sie hat ständig mein Zimmer aufgeräumt, sie pflegte mich hierin und dorthin zu schleppen, und sie wollte immer alles regeln, was ich auch tat. Mein ganzes Leben war ständig von ihr beherrscht. Die Leute witzelten über sie als ›meine Mutter‹. Sie ist eine größere Neurotikerin als ich. Sie hat sich zuviel in mein Leben eingemischt. Sie war überall – in meinem Leben, in meinem ganzen Leben. Sie hat mir beigebracht, daß ich sie brauche und daß ich ohne sie nicht sein kann. Wenn ich zur Schule nach außerhalb gehe, werde ich sie nie anrufen und sie nie um Hilfe bitten, glauben Sie mir.«

Die Konsultation drehte sich um die Frage, wo Sara sich einer Behandlung unterziehen solle. Sie war für etwa zwei Monate in einem guten psychiatrischen Krankenhaus gewesen, doch ihre Eltern hatten sie dort wieder fortgenommen, weil sie sich beklagte, sie werde eingeschränkt. Tatsächlich hatten die Eltern sie tagtäglich angerufen, um in Erfahrung zu bringen, wie es ihr ginge und wie sie sich fühle, ein Zeichen, das ganz deutlich erkennen ließ, daß sie sich durch die Abwesenheit ihrer Tochter beunruhigt fühlten.

Bei der Betrachtung ihrer frühen Entwicklung erklärte die Mutter ihre Schwierigkeiten mit Sara im Sinne ihrer eigenen Lebenserfahrungen: »Sehen Sie, ich war sehr arm, und noch heute schrubbe ich den Fußboden und tue alles im Haus, obwohl wir uns leicht eine Haushaltshilfe leisten könnten. Ich bin nicht der Typ, der in der Weltgeschichte herumläuft, und ich habe versucht, dies auch Sara einzutrichtern. Ich wollte, daß sie genauso wird.« Auf die Frage: »Was wollten Sie ihr eintrichtern?« antwortete sie ohne Zögern: »Bescheidenheit. Ich wollte, daß sie freundlich ist. Ich wollte, daß sie in der Schule lernt. Ich wollte nicht, daß sie trinkt. So bin ich nie erzogen worden, und ich mag diese Art zu leben nicht. Sie putzt sich heraus und geht mit Freunden in eine Bar und kommt nicht vor ein Uhr nach Haus, und ich mag das nicht.«

Sara machte ohne Zögern ihre Mutter für ihre Krankheit verantwortlich. »Meine Mutter ist an allem schuld, und ich habe diesen gewaltigen Haß auf sie, wirklich. Sie ist sehr neurotisch – wenn sie etwas als Problem ansieht, dann wird es auch ein Problem. Vor gar nicht langer Zeit hat sie mich als Alkoholikerin hingestellt, nur weil ich mit Freunden ausging.«

Wie so viele Magersüchtige äußerte auch Sara den Wunsch: »Alles, was ich möchte, ist, allein gelassen zu werden, ein normales, gesundes Leben zu führen.« Meine Antwort auf solche Erklärungen, und sie sind als Äußerungen guten Willens sehr verbreitet, lautet etwa wie folgt: »Lassen Sie uns dies mit anderen Worten sagen: Ihr Ziel ist, in der Lage zu sein, ein normales, gesundes Leben zu führen. Sie haben in diesen letzten fünf Jahren, vielleicht auch länger, kein normales, gesundes Leben geführt. Sie haben ein wütendes, rebellisches, gereiztes, impulsives Leben geführt.« Ihre Antwort darauf: »Sicher. Meine Mutter hat mir immer erzählt, ich sei ein Problemkind gewesen. Es bringt mich einfach in Rage, wenn ich daran denke, daß sie zu mir, als ich klein war, genauso gefühllos war. Warum konnte sie nicht erkennen, daß etwas mit mir nicht stimmte, als ich klein war, oder mit ihr etwas nicht in Ordnung war? Warum konnte sie das nicht erkennen? Wie kann jemand so blöd sein? Wie kann jemand da rumsitzen und so borniert sein?« Ich gab ihr zur Antwort: »Ganz so einfach ist es nicht. Sie hätten auch einen anderen Weg einschlagen können, doch Sie haben diesen gewählt. Denken Sie nicht, ich wüßte nicht, daß Sie eine schwere Kindheit hinter sich haben und daß Sie positive Schritte versucht haben.« Sara erwiderte: »Doch ich habe diese Mißgunst so satt. Ich hasse es sogar, sie nur anzuschauen. Diese putzige, naive Hilflosigkeit – ich ertrag sie nicht länger. Seit Jahren schon wünschte ich, meine Eltern würden sich scheiden lassen oder so etwas und meine Mutter müßte auf ihren eigenen Füßen stehen.« Ich erklärte ihr: »Das glaube ich. Ihr Haß und Ihr Unwillen sind der Grund, warum ich meine, Sie sind vielleicht nicht in der Lage, sich außerhalb Ihres Wohnorts einer Behandlung zu unterziehen. Ihre Gefühle sind so stark, und Sie brauchen menschlichen Beistand, wenn Sie darüber wütend werden.« Sara räumte jetzt ein: »Ich verstehe das nicht: Wie kommt es, daß es immer das gleiche ist, auch wenn ich nicht bei Mutter bin, etwa in der Schule? Wieso hat das irgend etwas mit meiner Mutter zu tun, wenn sie Tausende von Kilometer entfernt ist?« Ich erklärte ihr das Konzept der »Inkorporierung«, das heißt die Tatsache, daß Saras Reaktion auf Ereignisse, die sie während der Kindheit wütend gemacht hatten, zu einem Bestandteil ihrer Persönlichkeit geworden waren. Solche Gefühle sind nicht länger von der Anwesenheit der anderen Personen abhängig. »Die Geographie verändert eine Beziehung nicht«, erklärte ich ihr.

Am Ende der Konsultation waren sowohl Sara wie ihre Eltern bereit, die empfohlene Behandlung in einem örtlichen Therapiezentrum zu akzeptieren. Im Gegensatz zu der früheren Hospitalisierung, die mehr oder weniger auf einen Impuls zurückging, hatten sie diesmal Verständnis für den Plan und folgten ihm.

Carol: Ein »gutes« Familienleben

Dieser Fall veranschaulicht auf dramatische Weise den Gegensatz zwischen idealisierter Beschreibung und tatsächlicher Repression. Seit ihrem Eintritt ins College, wo sie nun Studentin im vorletzten Jahr war, hatte Carol erheblich an Gewicht verloren, von rund 135 auf 66 Pfund. Hinter ihr lagen verschiedene Krankenhausaufenthalte und Konsultationen, bei denen die Familie den Eindruck hinterlassen hatte, daß sie ein »gutes« Familienleben führte.

Carol war das älteste Kind in einer erfolgreichen Familie aus der Mittelschicht. Sie beschrieb ihr Zuhause in solch großartigen Worten, daß es dem Zuhörer schwerfiel, sich die Perfektion vorzustellen. Es sei ein Ort, an dem es keinen Streit gab, an dem es jedem wohlerging und an dem die Mutter alles tat, kochen und sich um die Familie kümmern. Carol erklärte: »Sie hilft uns. Meine Eltern sind niemals autoritär.« Der Vater sagte: »Wir sind eine sehr glückliche Familie. Ich habe die Probleme anderer Leute kennengelernt, und verglichen damit sind wir, glaube ich, sehr glücklich. Ich denke, daß Carol zu einem bestimmten Zeitpunkt gedacht hat, wenn sie ein wenig abnähme, würden die Leute sie noch mehr mögen. Doch das glaube ich heute nicht mehr.«

Carol ließ sich über die Bedeutung von Gewichtszunahme aus: »Wenn Sie seit langem Gewicht verloren haben und sich selbst für jedes Pfund gratulieren, das Sie verloren haben, verstehen Sie dann nicht, wie schwer es sein kann, sich selbst zu sagen, daß das keine gute Arbeit war?« Ihr Vater stimmte zu: »Sie hatte soviel Erfolg beim Abnehmen, und sie beglückwünschte sich, daß sie von einem Dickerchen zu einer Bohnenstange geworden war. Ich glaube, daß der Gewichtsverlust sie psychologisch beeinträchtigt hat. Und das macht uns Sorge. Solange sie mit sich glücklich ist und die Lebensweise ihr gefällt, kann sie das Gewicht, das sie jetzt hat, beibehalten.« Ich betonte, es sei schwer, sich bei jemandem, der körperlich so zerrüttet sei, eine glückliche Lebensweise vorzustellen. Die Mutter fügte hinzu: »Das wahre Problem ist, daß sie nicht wieder fett werden will.«

Dafür zog der Vater die Verantwortung an sich, weil er ein Beispiel gegeben hatte, wie man wieder zunimmt. Er hatte sich einer Reis-Diät unterzogen und erhebliches Gewicht verloren, doch anschließend hatte er wieder zugenommen und war jetzt fett wie vorher. Er fragte Carol direkt: »Bist du stolz auf dich?« Und Carol antwortete: »Ich bin nicht stolz darauf, daß ich dünn bin. Wirklich nicht. Ich bin verlegen oder so was.« Der Vater unterbrach sie: »Aber bist du denn nicht stolz darauf, daß du dein Gewicht kontrollieren kannst? Bist du nicht glücklich, daß du es getan hast?« Er wiederholte die Frage: »Bist du nicht glücklich?« auf verschiedene Art und Weise.

Wir beschäftigten uns mit dem Zeitraum, in dem Carol abgenommen hatte. Die Mutter äußerte das Gefühl, während dieser Zeit habe sich ihre ganze Persönlichkeit verändert. »Oh, sie war ja vorher so lustig, und alle haben ständig gesagt, daß sie es sei.« Der Vater warf ein: »Das ganze Problem liegt in ihrem Wunsch, den Eltern zu gefallen, da liegt der Hase begraben. Und sich selbst zu gefallen. Doch unsere Kinder würden ja auch alles tun, um uns zu gefallen. Oh, ich denke, sie sind die großartigsten Kinder von der ganzen Welt. Das denke ich wirklich.« Und die Mutter ergänzte: »Das sagt er ihnen jeden Tag.« Der Vater zustimmend: »Ich sage ihnen, daß ich sie jeden einzelnen Tag liebe. Sie sind die Größten, sage ich ihnen.«

Ich hatte diesem Gedankenaustausch zugehört und darüber nachgegrübelt. »Und nun möchten Sie von mir etwas hören? Die Art und Weise, wie Sie eben miteinander umgegangen sind, gehört zu dem Problem. Wir haben ein Wort dafür. Wir nennen es ›familiäre Verstrickung‹, bei der jeder mit jedem anderen verwickelt ist. Und das ist bei Familien mit Magersüchtigen charakteristisch. Die Kinder wachsen nicht in echter Unabhängigkeit, mit Selbstvertrauen und Selbststeuerung heran, und sie fühlen sich außer Kontrolle. Ich habe das Gefühl, Carols Problem liegt in dieser Richtung.«

Der Vater fügte hinzu: »Kann sein, sie tut es, um mir zu gefallen«, und Carol antwortete darauf: »Es gibt andere Dinge, die ich tun könnte, um dir zu gefallen.« Er antwortete: »Alles, was du tust, gefällt mir. Du hast niemals etwas getan, was mir nicht gefallen hat.« Die Mutter gab dazu folgenden Kommentar ab: »Nun, ihr Vater setzt wirklich hohe Erwartungen in sie – sie soll im Leben erfolgreich und zufrieden sein.« Als ich sie fragte, was sie mit hohen Erwartungen meinte, erklärte sie: »Er möchte, daß sie Direktorin eines Krankenhauses oder Chef-Diätikerin einer Luftfahrtgesellschaft oder etwas ähnliches wird.« Carol ließ sich dann in Einzelheiten darüber aus, wie sehr sie ihre Arbeit und das Studium der Hauswirtschaft genieße. Das Problem war nur, daß sie ständig unter Druck stand, bessere Noten zu erhalten, die ihr die spezielle Ausbildung und Karriere ermöglichten, von der ihr Vater für sie träumte.

Frühere Konsultationen hatten die Tatsache übersehen, daß die überehrgeizigen Pläne des Vaters einen enormen Druck auf die Kinder ausübten und mit der Vorstellung eines gut funktionierenden glücklichen Zuhauses nicht zu vereinbaren waren. Es war unsinnig zu erwarten, Carol könne eine gesunde Einstellung gewinnen, solange sie unter einem solchen Druck stand. Meine Empfehlung war, mit dem Vater zu arbeiten (zusätzlich zu den Gesprächen mit Carol), damit er seinen Kindern größere Entwicklungsmöglichkeiten einräumen könnte.

Lisa: Das »Schwindelmädchen«

Lisa kam zur Konsultation mit 28 Jahren, nach zehn Jahren anorektischer Krankheit. Viele Jahre jünger als ihre Geschwister, war sie zur Welt gekommen, als ihre Eltern im besten Alter waren. Als sie noch ein kleines Kind gewesen war, hatten die älteren Geschwister bereits auswärtige Schulen besucht, dann hatten sie das Haus verlassen und waren nun buchstäblich über alle Winkel der Erde verstreut. Lisa galt als wohlgebautes, etwas molliges Kind. Im Alter von 15 Jahren gelang es ihr zu aller Zufriedenheit, ihr Gewicht auf 105 Pfund herabzudrücken. Mit 18 Jahren, als sie die High School abschloß, zum College überwechselte und vorher eine Abschiedsparty gab, fiel ihr Gewicht plötzlich auf 63 Pfund.

Von da an verteidigte Lisa ihre Schlankheit mit aller Kraft wie einen kostbaren Schatz. Sie betrachtete das Essen als grobe, beschämende, niedrige Tätigkeit und fühlte sich allen überlegen, die ihrem Appetit nicht widerstehen konnten. Sie schloß das College mit hohen Noten ab, doch bei der Graduierung wog sie nur noch 54 Pfund. Lisa unternahm viele Anstrengungen, die allerdings allesamt nur kurzlebig waren, um ihr Gewicht zu erhöhen und unabhängig von ihrem Elternhaus zu leben. Für eine Weile konnte sie eine kirchliche Berufstätigkeit ausfüllen, doch alle anderen Aktivitäten waren schwer beeinträchtigt.

Als Lisa zur Konsultation kam, wog sie 54 Pfund. Sie war sehr stolz darauf, daß ihr Gewicht während der vergangenen zehn Jahre nicht auf über 67 Pfund gestiegen war. Unter starkem Protest nahm sie zur Kenntnis, daß eine psychiatrische Behandlung wenig Sinn habe, solange sie sich in einem so bedrohlichen Zustand von Unterernährung befinde. Ich skizzierte ein Therapie-Programm: Sie solle zunächst eine intravenöse Ernährung erhalten und zunehmend feste Nahrung, welche die flüssige allmählich ersetzen solle. Doch die Gewichtszunahme ging weit langsamer vonstatten als erwartet, und es wurde offenkundig, daß sie die Nahrungszufuhr manipulierte.

Immer wenn ich die Notwendigkeit einer stetigeren Gewichtszunahme zur Sprache brachte, brach Lisa in hilfloses Weinen aus und beschuldigte andere Leute, sie unter Druck zu setzen und ihr das Gefühl zu vermitteln, sie sei eine Versagerin. Wenn ihre Behandlung davon abhinge, daß sie zunähme, dann könne sie sich ihr nicht unterziehen, erklärte sie. Allmählich wurde deutlich, daß sie nicht das Essen und das Dicksein fürchtete, sondern das Gefühl, nicht in der Lage zu sein, ein normaleres und unabhängigeres Leben zu führen, was von ihr erwartet würde, wenn es ihr besser ginge. Daher dehnte sie die Zeit ihres Krankenhausaufenthalts absichtlich aus.

Ungefähr ein Monat nach ihrer Krankenhauseinweisung stieß sie im Anschluß an die übliche zornerfüllte Beschuldigung, niemand verstehe ihren gespaltenen Geisteszustand, plötzlich hervor: »Sie haben recht – ich weiß, ich hätte dies nicht nötig, wenn mein Leben anders verlaufen wäre.« Sie beschrieb sich als ein glückliches normales Mädchen, das wirklich alles getan habe, was es vermocht habe und was man von ihm erwartet hätte, doch dann sei alles schiefgelaufen. Sie könne immer noch nicht verstehen, warum alles schiefgelaufen sei, doch sie könne erkennen, daß ihr ganzes Leben ein einziger Betrug gewesen sei. Tatsächlich sei ihre ganze Kindheit nicht ihr eigenes Leben gewesen, vielmehr habe sie ihr Leben darauf verwandt, das zu tun, was von ihr erwartet worden sei. Weil ihre Mutter nach Lisas Geburt depressiv geworden war, hatte der Vater sich um sie gekümmert und ihre Erziehung übernommen. Lisa hatte das Gefühl, es sei das höchste Ziel ihres Lebens, ihrem Vater zu gefallen, zu tun, was er erwartete. Als sie glaubte, sie könne dies nicht mehr, versuchte sie zu entkommen, und während sie ein Leben führte, das sie als Schwindel ansah, entwickelte sie eine Krankheit, die gleichfalls ein Schwindel war. Und dieses »Schwindelmädchen« hatte das

Gefühl, es könne nicht essen, weil es dann zunähme und zurückkehren müßte, um wieder die gehorsame Sklavin seines Vaters zu werden.

Die Einsicht änderte nicht ihre allgemeine Einstellung, die darauf hinauslief, daß sie dünn bleiben wollte und sich weigerte, mehr als 67 Pfund zu wiegen. Wir versuchten sie zu veranlassen, sich einer stationären Behandlung zu unterziehen, doch innerhalb eines Monats überredete sie ihren Vater, sie heimzuholen. Fünf Jahre später und nach mehreren erfolglosen Behandlungen war Lisa schließlich »erfolgreich« in ihrem Sinne, das heißt, sie lebte zu Hause und hielt ihr Gewicht unter 67 Pfund.

8. Kapitel:
Gesundung: Das Selbst wiederentdecken

Die Frage, was zur Heilung der *Anorexia nervosa* beiträgt – anhand welcher Anzeichen der Fortschritt eingeschätzt werden kann und inwieweit der anorektische Zustand einer Behandlung zugänglich ist –, diese Frage ist komplex, und sie kann von einer Vielzahl theoretischer Gesichtspunkte aus beantwortet werden. Die *Anorexia nervosa* ist einer der schwereren psychiatrischen Zustände, und sie hat nicht selten Tod oder chronische Invalidität zur Folge. Doch viele Publikationen sprechen von hohen Heilungsquoten infolge bestimmter therapeutischer Maßnahmen wie Verhaltensmodifizierung und Familientherapie. Daraus kann ich nur schließen, daß die sich widersprechenden Beobachtungen bei höchst unterschiedlichen Patientinnengruppen gemacht worden sind. Die besten Resultate werden bei sehr jungen Patientinnen (unter sechzehn Jahren) zu Beginn ihrer Erkrankung berichtet, zu einem Zeitpunkt also, wenn die *Anorexia* noch nicht durch gegensätzliche Behandlungsmaßnahmen und erschreckende Hospitalisierungen verschlimmert worden ist. Behandlungsergebnisse, die auf der Verbesserung psychologischer Faktoren, einiger sehr subtiler, beruhen, stehen im Gegensatz zu Resultaten, die auf der ausschließlichen Betonung des Ernährungszustandes und des Wiedereintritts der Menstruation basieren. Beide Faktoren sind zur Genesung unabdingbar, doch wenn die zugrunde liegenden psychologischen Faktoren nicht geklärt sind, erweist sich die sogenannte physische Verbesserung in der Regel als kurzlebig. Es hat den Anschein, als ob die umfangreichen Berichte über bemerkenswerte Besserungen innerhalb kurzer Zeiträume sich beinahe ausschließlich auf junge Patientinnen beziehen, die ständig in großer Zahl Kliniken aufsuchen, die Behandlungsprogramme anbieten, bei denen die Betonung auf der Gewichtszunahme liegt. Neuerdings werden auch zunehmend die Therapiebedürfnisse »älterer« Patientinnen (von sechzehn Jahren und mehr) und die Notwendigkeit eines umfassenden Behandlungsansatzes hervorgehoben. Ein wichtiger Bestandteil der Gesundung liegt in einer Änderung der inneren psychologischen Orientierung, die einhergeht mit einer besseren Realitätsprüfung, mehr Vertrauen in die

Selbststeuerung und mit der Fähigkeit zu einem Leben auf der Grundlage einer ganzheitlichen, nicht aufgespaltenen Selbst- und Körpervorstellung.

Gesundung ist kein isoliertes Ereignis, das plötzlich geschieht; sie ist vielmehr ein Prozeß, der sich in einer großen Spanne subtiler Veränderungen äußert, die sich im Verlauf der Behandlung vollziehen. Solche Veränderungen spiegeln sich am augenscheinlichsten in der Gewichtszunahme und in auffallenden Verhaltensänderungen wider, doch Anzeichen von sich wandelnden Einstellungen können sich sogar von Behandlungsbeginn an zeigen. Der Therapeut muß solche Veränderungen anerkennen, damit die Patientin »Besserung« in vielen verschiedenen Bereichen erkennen kann, etwa den Abbau von Muskelspannungen, gewandteres Sprechen, größeres Interesse an Menschen und einen größeren Tätigkeitsspielraum.

Zur Konsultation an mich überwiesene Magersüchtige waren zum größten Teil bereits seit vielen Jahren krank und zahlreichen sich widersprechenden Behandlungsprogrammen ausgesetzt gewesen. Dennoch sprachen sie erstaunlich gut auf einen Therapieansatz an, der auf ihre spezifischen Entwicklungsdefizite abgestimmt war. Eine der Aufgaben des Therapeuten zu Anfang der Behandlung besteht darin, die anscheinend widersprüchlichen Einstellungen zur Grundlage eines therapeutischen und konstruktiven Verstehens zu machen und die Wege dorthin zu ebnen. Doch da die magersüchtigen Patientinnen rigide Gedanken und Gefühle haben, kann es unter Umständen eine ganze Weile dauern, ehe ihnen diese Einsichten mitgeteilt werden können. Gerade die Tatsache, daß solche Diskrepanzen bestehen, kann als Mittel eingesetzt werden, um Widersprüche zu klären und den ängstlichen, übernervösen und rebellischen Magersüchtigen zu helfen, Erfahrungen wahrzunehmen, die auf die Notwendigkeit von Veränderungen hinweisen.

Die Aufgabe des Therapeuten hat darin zu bestehen, sich ganz auf die zugrunde liegenden Probleme zu konzentrieren, die regelmäßig das Vorhandensein einer schweren Störung in der Entwicklung eines positiven Selbstbildes erkennen lassen. Für den Therapeuten ist es von Nutzen, sich immer zu vergegenwärtigen, daß es positiv und vorteilhaft ist, einer Patientin zu der Überzeugung zu verhelfen, daß sie nicht schlecht, nichtssagend und bar jeglicher positiven Eigenschaft ist, das heißt so, wie sich eine Magersüchtige in der Regel darstellt. Nur zögernd wird eine Magersüchtige den Hintergrund ihres Selbstmißtrauens und ihres Selbsthasses ausleuchten.

Die Patientin verteidigt anfangs ihre Problemlösung, nämlich skelettartige Dünnheit und fortgesetztes Hungern, während sie zur gleichen Zeit Schuldgefühle und Selbstbeschuldigungen äußert, weil sie soviel Unglück und Chaos geschaffen habe. Auch wenn es endloser Wiederholungen bedarf, die Aufgabe des Therapeuten muß es sein, solche negativen Einstellungen in Beziehung zu setzen zu tatsächlichen Vorfällen in der gegenwärtigen Lebenssituation der Patientin oder sie vor dem Hintergrund ihrer Entwicklung zu betrachten. Am Anfang mögen zwischen Patientin und Therapeut vielerlei Unstimmigkeiten bestehen, zwischen der Patientin, die ihr seelisches Selbstbild als großes Geheimnis bewahrt, und dem Therapeuten, der seine Aufgabe darin sieht, ihr zu helfen, die falschen Annahmen, auf denen ihr Verhalten beruht, erneut oder zum erstenmal zu überprüfen. Ehe es bei der Magersüchtigen nicht zu einer Änderung grundlegender Annahmen über ihre unverbrüchlichen Lebensverpflichtungen kommt, wird der Zwang, perfekt zu sein, weiterhin ihre Möglichkeit, Zufriedenheit zu erleben, beeinträchtigen. Wenn sie jedoch diese Änderungen vollzieht und ihre Selbstzweifel allmählich abbaut, kann sie sich auch erlauben, Gewicht zuzulegen.

Die von mir dargebotenen Beispiele sollten veranschaulichen, welch tiefe und weitreichende Veränderungen die Selbstvorstellung und der Denkstil der Magersüchtigen im Verlaufe der Behandlung durchmachen. Traditionell sind Änderungen des Eßverhaltens und Gewichtszunahme als Zeichen von Besserung genannt worden – zuweilen als die einzigen, die angeblich zählen. Dieses Konzept scheint lange Bestand gehabt zu haben, trotz all der Anhaltspunkte, daß Gewichtszunahme allein keine Heilung bedeutet, daß sie kurzlebig sein und schwerwiegende, sogar suizidale Depressionen hervorrufen kann und daß Genesung sich auf einer viel breiteren Basis einstellt. Ich habe die *Anorexia nervosa* hier als ein Bemühen, eine Pseudolösung der Patientin dargestellt, um die Restriktionen ihrer unangemessenen frühen Entwicklung zu kompensieren. Ein Zustand wie die *Anorexia nervosa*, das Ergebnis komplexer Ursachen, erfordert auch einen komplexen Genesungsprozeß. Die ganze Behandlung beruht darauf, einen Ausgleich zu schaffen für die Defizite in der Lebensgeschichte; sie ist ein Bemühen um Entfaltung von Selbstvertrauen, Autonomie, Entscheidungsfreude und Initiative. Aufmerksame und sensible Magersüchtige nehmen die Veränderungen in sich wahr, und am Ende der

Behandlung können manche im einzelnen beschreiben, wie Lebensereignisse sie nun anders berühren.

Annette: Ein neues Gefühl von Wahlmöglichkeit

Wenn die Behandlung sich dem Ende nähert, ist es wichtig, sich zu vergegenwärtigen, was geschehen ist und was sich geändert hat. Wie man dabei verfährt, hängt davon ab, ob die Patientin daran interessiert ist, sich über das Vergangene zu äußern. Annette begann eine ihrer letzten Sitzungen, indem sie sich beschuldigte, sie wäre beinahe wieder einem alten Verhaltensmuster erlegen. Sie wußte, daß dieses Verhaltensmuster sich in der Vergangenheit viel häufiger durchgesetzt hatte und daß sie nun gleichsam zurücktreten und es anders betrachten könne. Doch sie war unzufrieden und ungeduldig mit sich, weil sie durch ihre alten Neigungen in Versuchung geführt worden sei.

In den Jahren ihrer Behandlung hatte Annette viele offenkundige Fortschritte gemacht. Der Besuch eines Colleges außerhalb ihres Heimatortes war für sie sehr hart gewesen, und sie war sehr stolz darauf, daß sie es geschafft hatte, in Houston zu bleiben, auf sich gestellt, von ihren Eltern geographisch getrennt. Über die Jahre hin hatte sie verschiedene Berufstätigkeiten angenommen, zunächst als Kellnerin und dann in verschiedenen Positionen, die anspruchsvoller waren und ihrer College-Erziehung besser entsprachen. An diesen Arbeitsplätzen war sie wegen ihrer Intelligenz, Verläßlichkeit und Gewissenhaftigkeit hoch geschätzt. Obwohl sie anfangs nicht in der Lage war, ihr Gewicht auf dem erwarteten Niveau zu halten, begann sie allmählich, normale Mengen zu essen und ein akzeptables Gewicht beizubehalten. Sie schloß sich verschiedenen Clubs an, die sinnvolle Abend- und Wochenend-Aktivitäten anboten und ihr dabei halfen, ihre Einsamkeit zu überwinden, wenngleich sie sich über lange Zeit im Grunde isoliert fühlte.

Annettes Einstellung zu Leistung und Lernen wurde während ihrer Behandlung von zunehmend praktischer Bedeutung, weil sie sich entscheiden mußte, welche Laufbahn sie einschlagen wollte. Während ihres letzten Jahres am College hatte sie den dringenden Wunsch, ihren Studienberater zu bitten, er solle ihr genau sagen, welchen Beruf sie wählen solle, denn sie selbst wußte es nicht. Es war ihr klar, daß dies nicht richtig wäre, und daher fragte sie nicht, doch sie fühlte sich weiterhin nicht in der Lage, eine Entscheidung über ihre Laufbahn zu treffen.

Wirklichen Fortschritt machte sie erst, als sie sich verschiedenen Grundproblemen ihrer Entwicklung gestellt hatte. Sie hatte für sich akzeptiert, daß ihre große Unsicherheit und Unentschlossenheit mit ihren entmutigenden Kindheitserfahrungen zusammenhingen, unter denen die vielleicht verhängnisvollste war, daß sie weder ihren Eltern noch irgend jemand sonst sagen konnte, wie sie sich fühlte. Ich faßte zusammen: »Sie haben sich immer zurückgehalten, weil Sie das Gefühl gehabt haben: ›Ich darf es ihnen nicht sagen, weil sie sich sonst aufregen.‹ Als den wirklichen Schrecken Ihrer Kindheit können wir die Tatsache bezeichnen, daß Sie sich niemals wirklich beklagen konnten.« Sie stimmte zu und fügte hinzu: »Ich habe gestern darüber nachgedacht. Ich spazierte über den College-Campus und dachte daran, wie ich mir wünschte, alles noch einmal von vorn anfangen zu können und die Dinge zu genießen, die mir geboten worden waren, die man mir gegeben hatte oder die vorhanden gewesen waren. Zu der Zeit, als sie mir gegeben oder angeboten wurden, habe ich jene Dinge nicht wirklich gewünscht oder geschätzt. Das ist so traurig.«

In der darauffolgenden Woche hatte sie, wieder auf dem Campus, ein deutliches Gefühl von Befreiung. Während sie sich über mehrere Jahre hin sorgenvolle Gedanken über die richtige Berufswahl gemacht hatte, kam ihr jetzt zu Bewußtsein, ihr Wetteifer und ihr Ehrgeiz könnten sie in die falsche Richtung lotsen. »Gestern war ich nicht wirklich daran interessiert, ob ich nun Richterin oder Historikerin werde oder ob ich den Magister oder Doktor erwerbe. Ich brauchte keinen akademischen Grad mehr, um Zufriedenheit zu erlangen. Nun frage ich mich irgendwie, ob ich überhaupt hinter irgend etwas her bin. Ich habe angefangen, an andere Dinge zu denken, die vielleicht Spaß machen – ich habe sogar daran gedacht, Lehrerin zu werden.«

Sie hatte nostalgische Empfindungen, als sie einige Gedichte wieder las, die sie in der Schule gelesen hatte. Wenn sie jetzt Wehmut empfinden könne, erwiderte ich, dann erinnere sie sich vielleicht auch daran, daß es in ihrer Entwicklung auch gute Erfahrungen gegeben habe, daß nicht alles repressiv gewesen sei, sondern daß sie auch Ermutigung erlebt habe. Sie bezog dies nicht nur auf die Schule, sondern auch auf ihr Elternhaus. Auf andere Menschen hatte ihr Elternhaus warm und anregend gewirkt. »Doch ich empfand diese Routine als unflexibel und unveränderbar und formal. Ich glaubte, daß es eine unausgesprochene, aber akzeptierte Lebensweise sei. Niemals, denke ich, war mein Elternhaus für mich ein Ort der Freiheit. Später dann, als ich Teenager war, hatte es den Anschein, als wenn sich urplötzlich jeder veränderte. Das war ein scheußliches Erlebnis. Ich wollte nämlich an den Regeln festhalten.«

Sie erläuterte dann im einzelnen, wie sie sich selbst rigide Regeln auferlegt und wie sie sich sicherer gefühlt hatte, wenn sie sich isolierte: »Das einzige, was ich zu tun versuchte, war, herauszufinden, welchem Satz von Regeln ich folgen sollte. So wie ich mich damals fühlte, war die Frauenbewegung oder so bei mir einfach für die Katz.« Dazu bemerkte ich, daß mir häufig Magersüchtige begegneten, die auf Befreiungsaufrufe in einer konformen Art und Weise reagierten. »Nun, wir sind für alles offen, und wenn es nicht dies ist, dann eben etwas anderes. Die Frauenbewegung bietet die Gelegenheit oder sagt, es gäbe die Gelegenheit, dies oder jenes zu tun und sich selbst mehr zu respektieren. Nun, der Gedanke ist einfach der, sich nach einem Ersatz umzusehen, und da wir in den 70er Jahren leben, lautet der Ersatz: ›Mach Karriere, das ist wunderbar und herrlich.‹ Wir dachten, wir seien mit diesem oder jenem gesegnet. Und das ist ein Haufen Mist, wenn es das einzige Motiv ist, etwas zu tun. Ich meine, ich bin durchaus dafür, wenn die Frauenbewegung erklärt, die Frauen sollten Gelegenheiten erhalten und das gleiche tun wie Männer und gleichen Lohn für die gleiche Arbeit bekommen. Doch ich steige aus, wenn sie die Männergesellschaft beschuldigen, sie unterdrücke uns, verstehen Sie. Alles, was mit Hausfrau zusammenhängt, ist fast schon ein Schimpfwort. Eine Menge daran ist kulturelle Konditionierung.«

Sie fuhr fort: »Ich denke, daß ich einfach ein neues Gefühl für Wahlmöglichkeiten bekommen habe, Freiheit von der Verpflichtung, mich dazu zu zwingen, etwas zu tun, was ich als ehrenhaft oder mehr als ehrenhaft, als *außerordentlich*, ansehen könnte. Nun bin ich in der Lage zu sagen: ›In Ordnung, ich werde etwas tun, was sich lohnt.‹ Nun halte ich Ausschau nach etwas, das meinen Interessen entgegenkommt. Es besteht kein Grund, sich auf einen Arbeitsplatz oder eine Situation oder eine Stadt oder einen Ort oder eine Person einzulassen, die ich nicht mag. Ich muß das nicht. Es gibt eine Menge anderer Dinge in der Welt. Es wird wahrscheinlich ewig lange oder zumindest ein Leben lang dauern, aber ich habe die Zuversicht, daß ich irgendwann irgendwo einen Platz finden werde, der für mich geeignet ist. Ich muß für ihn geeignet sein, und es muß nicht die Karriere eines Nobelpreisträgers sein.«

Sie erklärte weiter: »Nun, ich hatte ein vorgefaßtes Urteil – nicht auf mich selbst zu hören und auf meine eigenen Interessen, nicht auf meine Fähigkeiten oder auf einen Mangel daran zu schauen. Was ein Lehrer sagte, war gut und richtig, und folglich mußte ich es tun, statt zu sagen: ›Und was denke ich?‹ oder ›Was fühle ich?‹, mochte ich nun mit ihm übereinstimmen oder nicht. Doch ganz plötzlich habe ich das Gefühl, daß der Druck vorbei ist, soweit ich sehen kann. Vorher glaubte ich, daß ich alt und grau würde und daß ich mich beeilen und entscheiden müßte, was ich tun wollte. Nun ist mir klar, daß ich es nie herausfinde, wenn ich nicht irgend etwas tue. So als wenn man fast willkürlich irgend etwas aus einem Sack herausgriffe und es dann tut. Vielleicht bleibt es bei dem, was ich zuerst herauspicke, oder als zweites oder drittes, doch ich weiß nun, daß es nicht darauf ankommt, sondern nur darauf, daß ich es mögen muß.«

Wie in anderen Fällen auch geht die rationale Erkenntnis des Problems nicht unmittelbar in Handeln über. Es bedurfte eines aufwendigen Durcharbeitens grundlegender Dinge, ehe Annette darangehen konnte, ihr Recht auf Selbstbehauptung einzufordern und eine erfolgreiche Entscheidung über ihre Berufslaufbahn zu treffen.

Annette kam in den ersten drei Jahren ziemlich regelmäßig zu ihren Behandlungsterminen, anfangs dreimal, später dann zweimal in der Woche. Als sie erst einmal eine Berufsausbildung aufnahm, drängten die Arbeitserfordernisse ihr Interesse an der Behandlung in den Hintergrund, und fortan suchte sie mich nur noch in unregelmäßigen Abständen auf; sie behauptete, die vereinbarten Termine seien mit ihrem Arbeitstag nur schwer zu vereinbaren. Zu Beginn unserer Arbeit war sie in ihrer Einstellung zu mir so passiv gewesen wie als Kind gegenüber denjenigen, die alle Regeln aufstellten. Während der ganzen Behandlung erklärte ich ihr, daß ich es als Zeichen von Fortschritt betrachten würde, wenn sie in aller Offenheit meiner Meinung widersprechen könnte. Mit zunehmender Unabhängigkeit wurde ihr schmerzlich bewußt, daß sie in bestimmten Bereichen aufgrund der alten, aus der Kindheit stammenden Einstellungen weiterhin Probleme hatte, auch wenn sie intellektuell erkannte, daß diese Einstellungen überholt oder, um ihren Ausdruck zu verwenden, »antiquiert« waren. Zu dem Zeitpunkt, als Annette ihre Berufsausbildung aufnahm, hatte sie ein besseres Gefühl für ihre Autonomie entwickelt, dachte unabhängig von anderen über Probleme nach und machte eigene Beobachtungen. Allmählich vermochte sie einzuräumen, daß sie erkennen konnte, wie ihre Reaktionen sich änderten.

Während sie in aktiver Behandlung war, verwendeten wir große Mühe darauf, ihre Gefühle und Einstellungen gegenüber verschiedenen Familienmitgliedern zu »festigen«. Wenngleich liebevoll und freundlich, beruhten die Beziehungen doch noch zu sehr auf der alten Abhängigkeit. Einen großen Teil ihres Gefühls, etwas Nebensächliches zu sein, jemand, der keine Forderungen stellen dürfe, des Gefühls, im Wege zu sein, hatte Annette klar als Behinderung erkannt. Als sie versuchte, dies mit ihrer Mutter zu besprechen, wie sie es verschiedentlich getan hatte, reagierte ihre Mutter auf ihre Klagen mit Hinweisen auf tatsächliche Vorkommnisse. Beispielsweise erinnerte sich Annette an ein Hausmädchen, das nach ihrem Eindruck sehr tüchtig gewesen sei; im Vergleich zu diesem Mädchen hatte sie das Gefühl: »Ich bin nur geduldet, nur ein kleines Kind, das nicht im Weg herumstehen darf.« Als sie dies, noch in der Therapie, mit ihrer Mutter zu diskutieren versuchte, entwarf die Mutter ein sehr vorteilhaftes Bild von der Verläßlichkeit der Hausangestellten und erklärte, sie sei sicher, daß diese Frau Annette sehr geliebt habe. In der Therapie besprachen wir, warum Annette nicht den Mut aufgebracht hatte, ihrer Mutter auf den Kopf zuzusagen, wie sie sich wirklich gefühlt habe. Als ich auf ihre Unsicherheit hinwies, erklärte sie: »Nun, ich sehe, wie ich es erlebt habe. Und für mich ist es völlig gleichgültig, ob sie es weiß.« Meine Antwort lautete: »Dann sind Sie zu bescheiden. Ich habe das Gefühl, es ist von großer Bedeutung für Sie – ich meine, vom Gesichtspunkt der subtilen Änderungen, die zu erwarten sind –, daß man Ihre Erfahrungen für wichtig hält und nicht für Meinungsunterschiede. Für das Kind ist es wichtig, daß die Mutter erkennt, was in dem Kind vorgeht.« Ich erklärte weiter, wie wichtig es für die Entwicklung eines Kindes ist, daß seine Gefühle verstanden und bestätigt werden. »Die Frage von richtig oder falsch hat in dieser Situation nichts zu suchen. Hier geht es um Ihre Mutter, die nicht erkennt, welche Angst Sie beim Anblick der perfekten Haushälterin verspürten.« Annette gab eine versöhnliche Erklärung ab, auf die ich erwiderte: »Sind Sie völlig frei von dem Gedanken, Sie dürften keine unberechtigten Forderungen stellen?« Sie gab zu, das wäre sie nicht. »Doch ich weiß jetzt genauer, woher das kommt und warum ich so empfinde. Ich weiß, daß ich daran weiter arbeiten muß. Aber ich kann nicht erkennen, wie es mir oder meiner Mutter helfen soll, wenn wir die ganze Sache noch einmal durchmachen. Mag sein, daß es irgendwo hilft. Doch ich bin deswegen nicht mehr wütend auf sie.« Ich erklärte, das sei nicht eine Frage von Wut oder Rechtfertigung, sondern es gehe schlicht darum, daß ihre eigenen Reaktionen bestätigt und erkannt werden.

Um die schwierigen Änderungen, welche die Patientin durchmacht, zu erreichen, ist es notwendig, das gleiche Material in der Therapie immer und immer wieder durchzusprechen. Während der gesamten Behandlungszeit von Annette zog ich die Episode, die ihre Eltern während der allerersten Sitzung erwähnt hatten – daß Annette, wenn sie ausgeschlafen hatte, geduldig und friedlich gewesen sei und niemals nach ihnen gerufen habe –, Hunderte Male heran, um ihr zu zeigen, daß sie zu eingeschüchtert gewesen sei, um ihre Bedürfnisse zu äußern. Ich wiederholte einen Gedanken, der ganz häufig zur Sprache gekommen war: »In seinen eigenen Gefühlen bestätigt zu werden, nicht die Einstellung anderer zu ändern, das ist ganz wichtig. Ich bin sicher, daß ich das mehr als einmal erklärt habe, wenn ich von Ihnen sagte: Die große schmerzliche Erfahrung, das große Unglück und Leid Ihrer Kindheit bestanden darin, daß Sie niemanden hatten, bei dem Sie sich beklagen konnten. Und daß es niemanden gab, der Ihre Beschwerden, Ihren Schmerz als berechtigt anerkannte, als Sie ihn empfanden. Das ist es, was Ihnen fehlte, und das vermisse ich immer noch in Ihrer Bescheidenheit. Es kann nicht darum gehen, Ihre Mutter zu überzeugen, daß sie eine ungeeignete, rigide Frau eingestellt hatte, die sich um Sie kümmern sollte. Sondern daß Sie in der Situation, wie sie sich ergab, Schmerz verspürten und niemanden hatten, dem Sie sich anvertrauen konnten. Das ist die Form von Bestätigung, auf die Sie verzichten mußten, nicht nur Sie, sondern auch andere Magersüchtige. Sie sind alle sehr gut behandelt worden, Sie hatten alle höchst gewissenhafte Elternhäuser, sehr großzügige Elternhäuser – die Großzügigkeit Ihrer Eltern wurde für Sie zum Problem –, doch es war niemand da, der Ihren Schmerz und Ihr Elend anerkannte.«

Annette hatte das Gefühl, sie solle sich entschließen, ob oder wann sie dieses Gespräch mit ihrer Mutter haben sollte, und darauf antwortete ich: »Sie haben völlig recht – es ist Ihre Entscheidung.« Sie erwiderte: »Ich denke, ich sollte meine Energie nun darauf verwenden, nicht das zu wiederholen, was ich mit vier getan habe. Ein Teil des Überdrucks, der Einstellung, des Zugangs ist noch da, und ich muß mich mächtig anstrengen, daß ich nicht nachgebe.« In meiner Antwort versuchte ich diese Auffassung zu korrigieren: »Wir sprechen nicht über das Alter von vier Jahren. Wir sprechen über das Alter von sechzehn, vierundzwanzig, selbst dreißig, wenn Sie immer noch das Gefühl haben, die guten Dinge im Leben ständen Ihnen nicht zu, wenn Sie immer noch das Gefühl haben: ›Ich darf keinen Wind machen.‹ Oder wie sagen Sie das? Sie fühlen sich besonders schlecht, wenn irgend jemand für Sie etwas tut, was Sie auch selbst hätten tun können. Sie haben immer noch Hemmungen, die Großzügigkeit anderer zu akzeptieren. Oder wenn Sie sie akzeptieren, haben Sie immer noch die Befürchtung, das könne Ihnen als Ausnützen ausgelegt werden. Darüber möchte ich reden. Es begann, denke ich, mit zwei Jahren, mit drei oder vier, doch es ist immer noch wirksam, und Sie haben immer noch eine Heidenangst bei meinem indirekten Vorschlag, Sie sollten mit Ihrer Mutter darüber sprechen, und so geraten Sie in eine Lage, in der Sie ›unnötigerweise unglücklich‹ sind.

Ich spreche über die heutige Zeit. Welchen Grund haben Sie, unglücklich zu sein? Sie sind eine gesunde junge Frau. Sie sind erfolgreich in dem, was Sie betreiben. Sie haben die freie Wahl, Ihre Zukunft zu planen. Sie können sich selbst als eine anteilnehmende Person betrachten, nicht nur sozial und beruflich, sondern auch in intimen Beziehungen. Alles das ist großartig. Doch nun kommt das große ›Aber‹. Sie sind nicht mehr das kleine Kind, das das Gefühl hat, ›im Wege zu sein‹ und: ›Ich darf keine Forderungen stellen‹, wenn die Eltern jemanden bitten, mit ihm bei einer Cocktail-Party zusammenzusitzen. Nein, ich spreche nicht über das Alter von vier Jahren. Ich spreche darüber, daß Sie berechtigte Forderungen an das Leben stellen und sich dabei insgeheim schuldig fühlen, sowohl weil Sie Forderungen stellen als auch dafür, daß Sie nicht so glücklich sind, wie man von Ihnen erwartet.«

Zu diesem Zeitpunkt fühlte sie sich angesprochen und räumte ein: »Und die Tatsache, daß die Oberfläche gut ausschaut, doch darunter – niemand ahnt etwas.« Ich bestätigte das: »Genau. Die Trägodie Ihres Lebens war, daß unter der schönen Oberfläche niemand Anteil nahm – und Sie nicht das Gefühl hatten, die Freiheit, den Mut, das Vertrauen zu haben, Ihr Unglück mit anderen zu teilen. Ich möchte hier keinen konkreten Vorschlag machen, aber betrachten Sie es als Möglichkeit, mit Ihrer Mutter darüber zu sprechen.« Ich gab eine allgemeine Erklärung ab: »Es ist sehr leicht, eine unglückliche Kindheit zu rekonstruieren, mit einem Vater als Trunkenbold und einer

Mutter als dies oder jenes oder auch einer zerbrochenen Familie und so weiter. Es ist dagegen sehr schwer, vor allem für wohlmeinende Eltern, sich klarzumachen, daß man aufgrund subtiler Mißverständnisse unglücklich sein kann. Ich glaube, es könnte für Sie und Ihre Mutter hilfreich sein, wenn Sie darüber offen sprechen könnten.«

Zu einem späteren Zeitpunkt in derselben Sitzung trug sie noch einige weitere Themen vor. Ein Thema war, wie immer, die Frage, wie sie sich selbst durch die Situationen anderer Menschen definieren könne. »Ich möchte nichts tun, was andere aufregt. Vor allem ältere Menschen möchte ich nicht in ihrer Ruhe stören. Ich habe sie auch schon älter gemacht, als sie in Wirklichkeit waren, und als eingerosteter. Ich glaubte, daß sie einfach nur etwas wünschten und daß sie der Chef sein wollten. So habe ich es zugelassen. Und dazu gehört auch eine ziemlich bizarre Idee, die mir zum erstenmal in der letzten Woche gekommen ist: daß sie so lange so jung bleiben würden, wie sie waren, als ich ein Kind war, wenn ich nur selbst ein Kind bliebe.« Ich wiederholte, was sie gesagt hatte: »Habe ich richtig verstanden: Indem Sie sich wie ein Kind verhalten, lassen Sie die Zeit stillstehen? Weil Ihre Beziehung fixiert ist, sind auch Sie fixiert und haben das Vorrecht, von längerer Nützlichkeit zu sein? Habe ich Sie da richtig verstanden? Jemand, der sechzig war, als er Sie zum erstenmal als Kind kennenlernte, ist jetzt, zwanzig Jahre später, da Sie sich selbst als Kind verstehen, weiterhin sechzig oder fünfundsechzig und nicht achtzig.« Sie bestätigte: »Und unsere Beziehung hat sich nie geändert, so daß ich das Gefühl habe, ich könnte mit ihm immer noch umgehen wie jemand, der unverändert ein Kind ist.«

Dieses Fixieren der Beziehungen auf ein bestimmtes Alter kam viele Male zur Sprache, gewöhnlich im Zusammenhang mit jener Sommerzeit, als Annette sechzehn Jahre alt gewesen war und in Abwesenheit ihrer Mutter den Haushalt geführt hatte. »Der Alterswirrwarr ist das Wichtigste an allen Dingen. Als ich ein kleines Kind war, konnte ich kein Kind sein. Ich mußte mich so verhalten, als ob ich eine Erwachsene wäre. Mit acht Jahren mußte ich mit meinem Vater über Geschäfte und Finanzen und Themen auf seinem Niveau sprechen. Einen Augenblick – sprechen wir über Wirrwarr! Für mich war die Grundlinie, vor allem bei mir, immer, daß nichts an mir als Kind zählte.«

Dieses Thema griff ich auf: »Das ist genau das Wort, um das ich meine früheren Kommentare gruppiert habe, daß niemand das, was Sie erlebten – den Schmerz, die Angst und die Kritik –, als etwas bestätigte, was für Sie zählte. Doch seit Sie das Wort selbst benutzten, es ist genau das, worüber ich gesprochen habe. Nicht daß Ihre Mutter entschuldigend erklärt: ›Wenn ich gewußt hätte, wie du dich in Gegenwart des Hausmädchens gefühlt hast, hätten wir sie nicht behalten.‹ Nein, das war nicht das Ziel. Sondern daß sie erkennt, daß Ihr Unglücklichsein zählt, während das Nichterkennen Ihr Unglück nur verstärkt, und daß die Anteilnahme dabei hilft, das Gefühl aufzulösen. Doch das Kind, das nie erwachsen wird, erhält in diesem Punkt auch niemals Hilfe.«

In derselben Sitzung brachte ich noch eine andere Frage zur Sprache. »Bisher haben wir die alten Probleme wieder erörtert. Meine Frage ist jetzt: Haben Sie soviel Distanz zu ihnen, um sie zu erkennen oder sie zu analysieren und sie dann hinter sich zu lassen?« Sie antwortete: »Ich versuche es. Keines der Probleme zeigt sich leicht, doch seit ich weitersehe, kann ich mich irgendwie daran erinnern, daß ich noch immer in dem alten Dialog stecke. Jemand fragt mich, ob ich mit zum Essen gehe, und die automatische Antwort ist nein. Ich muß mich daran erinnern: ›Sag nicht nein, sag ja und geh mit‹, und dann schaffe ich es irgendwie. Es ist immer noch nicht einfach, doch ich habe das Gefühl, daß ich daran arbeite.« Dazu gab ich den Kommentar: »Und der Grund, warum Sie automatisch nein sagen, ist das unterdrückte Kindheitsgefühl: ›Ich bin im Wege.‹ Sie meinen das nicht wirklich. Nur Josie hat die ganze Wahrheit gesagt. Sie war das Sprachrohr, und alles andere war nur Täuschung.«

Annette selbst griff noch einen anderen Punkt auf, nämlich, daß das Gefühl, zum Essen auszugehen, sie in die Adoleszenz versetzte, in der alles begonnen habe.« Ich hatte dieses gräßliche Gefühl: ›Wenn ich mit jemanden zum Essen gehe, was werden *sie* dann sagen? Werden meine Eltern das billigen? Nein, sie werden es nicht, daher gehe ich besser nicht, denn ich möchte mich darüber nicht mit ihnen oder mit ihm auseinandersetzen.‹« Ich ergänzte: »Sie glauben, daß Sie sich gezwungen fühlten, ja zu sagen, um nicht rigide zu erscheinen, doch im Grunde glaubten Sie nicht daran, daß sie wirklich gern gesehen hätten, wenn Sie gegangen wären. Das alles war so kompliziert.« Und sie stimmte zu: »Es ist es noch. Weil alle diese Gefühle im Kreise herumlaufen, wenn das Thema einmal hochgekommen ist, und dann fangen sie wieder von vorn an. Die Lösung ist nicht, nein zu sagen und mich dem Bild dessen anzupassen, was jemand anderes zu denken wünscht, sondern mich auf den Weg zu machen und das zu tun, was eine Dreizehnjährige tun sollte.« Ich warf ein: »Oder nicht tun möchte, aber neugierig ist, es zu versuchen und herauszufinden, wie sie in einer solchen Rolle handeln wird.« Sie fügte hinzu: »Und nicht unbedingt darauf aus ist, da anzufangen, wo eine Dreizehnjährige sein sollte, wenn man bereits achtundzwanzig ist.« Ich faßte das Gespräch zusammen: »Doch es ist wichtig und nötig, mit achtundzwanzig ehrlich zu sein, einschließlich eines ehrlichen: ›Ich habe nicht viel Erfahrung, so kann es durchaus sein, daß ich mich schrecklich fühle bei verschiedenen Dingen, doch das ist der einzige Weg, um da rauszukommen.‹ Es ist gut, daß auch Männer sich sehr darin unterscheiden, wie sie Erfahrungen mit Mädchen gewinnen und was sie von einem Mädchen erwarten. So wird es Männer im richtigen Alter und aus der richtigen Schicht geben, die nicht die Don Juans sind, als die alle erscheinen möchten. Das hat zwei Seiten. Wenn Sie sich sorgenvoll fragen: ›Wie gut bin ich?‹, dann wird daraus folgen, daß Sie von anderen Perfektion erwarten.« Ihre Antwort lautete: »Ich weiß – ich bin immer noch wählerisch. Ich bin ziemlich kritisch.«

Dazu gab ich eine allgemeine Erklärung ab: »Es ist sehr schwierig, Dinge zu erklären, die so subtil sind, denn wir haben über Dinge gesprochen, die nicht offen auf der Hand liegen, etwa daß die Eltern Fehler gemacht haben, sondern es handelt sich um eine besondere Mischung, das heißt stets um das Zusammenspiel zwischen einer Botschaft und der Art und Weise, wie man mit dieser Botschaft umgeht. Und man geht damit auf viel komplexere Weise um, als sich irgend jemand sonst vorstellen kann, und die Gegenbotschaft führt in die Irre. Ohne Verständnis für diese Komplexität müßten wir annehmen, daß jeder in dieser verwirrenden Situation ein Lügner ist – was er nicht ist. Sie erinnern sich, wie interessiert ich stets war, wie überzeugt von der Tragödie des kleinen Mädchens, das nicht gefordert hat: ›Komm her und heb mich auf.‹ Ich denke, Sie verstehen jetzt, was das bedeutet.« Sie ergänzte: »Das sind alles, wie Sie sagen, subtile Fehlwahrnehmungen, Fehldeutungen, alles wird nur um einen Bruchteil verfehlt.« Ich antwortete: »Genau. Es ist nicht ein Kind, das nichts versteht, im Gegenteil, ein Kind, das zu gut versteht. Und was viele Kinder tun, was wir alle unser Leben lang tun, wir alle verallgemeinern – nur haben Sie eine kleine Episode wie jene verallgemeinert und alles andere abgewertet: ›Sie möchten nicht, daß ich…‹«

»Welche Dinge haben Sie nun als wichtig, wenn nicht als Wendepunkte erkannt?« Sie berichtete über zwei Episoden mit einer

Freundin, die sie in den unteren Klassen beherrscht hatte. Einmal hatte sie im letzten Augenblick eine Rolle in einem Spiel übernommen, und ihre Freundin hatte sie runtergemacht, weil sie die Regeln nicht gut genug kannte. Zu einem späteren Zeitpunkt hatte dieselbe Freundin Annette gerügt, weil sie bestimmte Dinge ihrer Mutter mitgeteilt hatte. Ich machte Annette darauf aufmerksam, daß sie aus dieser Episode die allgemeine Schlußfolgerung gezogen hatte: »Ich werde nicht mehr mit Mutter sprechen.« »Ich dachte immer und tue es noch heute, daß die Dinge, die ich mit Mutter besprach, von geringer Bedeutung seien. Doch meine Freundin bezweifelte, daß ich beurteilen könnte, welche Bedeutung die Dinge haben. Es war, als ob ich immer auf sie wütend gewesen wäre und meinen Zorn an mir selbst ausgelassen hätte, indem ich nichts mehr mitteilte.« Ich bestätigte dies: »Das ist genau richtig. Die Übertreibung lag darin, daß Sie sich sagten: ›Sie sagt mir, ich solle meinen Mund halten, und ich werde ihr zeigen, daß ich schweigen kann.‹« Annette stimmte zu: »Genau. Wenn ich mich betrachte, so lag das Problem, glaube ich, darin, daß ich alles zu ernst und zu wörtlich nahm. Ich erlaubte den Leuten nicht, Dinge zu sagen, die sie nicht meinten. Als sie mir sagte: ›Sag ihr nichts‹, habe ich nicht widersprochen und ihr erklärt: ›Ich weiß, was ich ihr sagen kann.‹«

Ich bestätigte: »Statt zu sagen: ›Ich verlasse mich auf mein eigenes Urteil‹, erklärten Sie: ›In Ordnung. Ich werde dir zeigen, daß ich meinen Mund halten kann.‹ In dem ganzen Gespräch zeigt sich ein gewisser Sarkasmus.« Sie meinte: »Ich bin jetzt sehr sarkastisch.« Und ich pflichtete ihr bei: »Auf diese Weise haben Sie mich behandelt. Ich war für Sie eine dieser Erwachsenen, die Sie nicht wissen lassen wollten, wie sarkastisch Sie sein können.« Sie stellte mir eine persönliche Frage: »Aber Sie haben es doch herausgefunden?« Ich erklärte, ich hätte dafür viele Beispiele, doch ich würde sie nicht gern damit konfrontieren, weil sie dies als Kritik erleben könnte. »Doch Sie haben sich offener über Ihre Einstellung des ›Ich kann dieses Spiel spielen‹ geäußert. Ich hatte immer das Gefühl, bei Ihnen sei die Verbitterung stärker als der Sarkasmus. Das kleine sechs- oder siebenjährige Mädchen, das bei der Hochzeitsfeier denkt: ›Sie behandeln mich wie eine kleine Schachtel, die man vergessen hat, genauso‹ – das ist bitter. Um so sarkastischer wird man etwas in die Wege leiten, das sie in Verlegenheit bringt.« Sie stimmte zu: »Sie haben recht, es ist bitter, weil ich es hinnahm. Es ist so, als wenn jeder nur eine Chance hätte, und wenn man sie einmal hat verstreichen lassen, dann war's das halt.« Ich ergänzte: »Und für Sie war das gleich eine Bestätigung, daß Ihre grimmige Ansicht von der Welt berechtigt ist.«

Kurz darauf beendeten wir die Behandlung, und sie verließ Houston, um eine neue Berufslaufbahn einzuschlagen. Drei Jahre sind nun verstrichen, und nach allem, was ich höre, geht es ihr persönlich und beruflich gut. Vor kurzem schrieb sie mir in einem Brief: »Ich bin jetzt wirklich ein anderer Mensch als vor zehn Jahren bei unserer ersten Begegnung. Es ist erstaunlich, wenn ich bedenke, wie viele Jahre vergangen sind. In gewissem Sinne fühle ich mich jünger als vor fünfzehn Jahren, lebensvoller, zielbewußter und neugieriger. Ich hoffe, daß sich in den kommenden Jahren meine Fähigkeiten und Möglichkeiten, geistig und gefühlsmäßig zu wachsen, auf dem Wege weiterentwickeln, den Sie gewiesen haben.«

Ida: Die andere Seite der Mauer

Im zweiten Jahr ihrer Behandlung, um die Zeit von Thanksgiving (letzter Donnerstag im November), erreichte Idas Gewicht 83 Pfund. Ein Jahr später wog sie 85 Pfund, und das Jahr darauf betrug es gut 90 Pfund. Es hat sich seither, über einen Zeitraum von sechs Jahren, um 100 Pfund herum stabilisiert, und ihre Menstruation hat sich wieder eingestellt. Die Zahlen veranschaulichen, daß bei Magersüchtigen das Wiedererreichen des früheren Gewichts häufig ein langsamer Prozeß mit Höhen und Tiefen ist, ein Prozeß, der mit der Lösung zugrunde liegender Probleme zusammenhängt.

Während der letzten Behandlungsphase besteht die Neigung, nicht nur eine Bestandsaufnahme zu machen, sich zu vergegenwärtigen, was sich in der Therapie abgespielt hat, sondern sich auch auf Fragen zu konzentrieren, die bisher vernachlässigt oder völlig übersehen worden sind.

Ida zeigte großes Interesse an ihrer Genesung und an der erneuten Überprüfung der Faktoren, die zu ihrer Erkrankung beigetragen hatten. Wir schauten uns auch an, was es ihr nunmehr ermöglichte, die Krankheit als eine Angelegenheit der Vergangenheit zu betrachten. Während des letzten Jahres der Therapie vergegenwärtigten wir uns Idas Gesamtentwicklung und den Verlauf ihrer Krankheit. Wiederholt kamen Fragen auf, die sich auf die Umstände vor Ausbruch der Krankheit bezogen, auf die Krankheitsauslöser, aber auch auf die Faktoren, welche die Krankheit hatten bestehen lassen. Wir konzentrierten uns auf zwei Fragestellungen. Eine betraf die Angst davor, was geschehen könnte, wenn sie sich änderte. Ihre Furcht um den Körper stand damit in enger Beziehung. Sie befürchtete, sie würde wortwörtlich in die Breite gehen und fettsüchtig werden, wenn sie ihre rigide Kontrolle der Nahrungsaufnahme einstellte. Die andere Fragestellung betraf ihren zu angestrengten Versuch, Disziplin aufrechtzuerhalten, so daß ihr Innenleben sich nicht entwickeln konnte. Sie erklärte dazu: »Es ist nicht nur eine Fassade. Dazu bedarf es der Disziplin. Sie haben ein Bild von sich, davon, wie Sie sein möchten, und Sie glauben, Sie hätten es erreicht. Sie möchten dieses Bild nicht aufgeben. Es wäre eine Niederlage, nachdem Sie versucht haben, dieses Ideal zu erreichen, und wenn Sie schließlich dort angelangt sind, haben Sie das Gefühl, es sei wundervoll. Ich hatte immer das Gefühl, ich sei jeden Tag nahe daran, ›das Licht zu sehen‹. Und wenn Sie stets das Gefühl haben, jede Minute könne etwas geschehen, dann sind Sie übersensibel und angespannt. Sie verlieren den Sinn dafür, was normal ist, und Sie glauben, daß Sie in der Minute, in der Sie wieder essen ›wie ein Schwein‹, alles bisher Erreichte wieder verlieren.«

Während der Genesungsphase sprach Ida mit viel mehr Spontaneität und Ehrlichkeit von den schrecklichen Leidenszuständen dieser Krankheit, darüber, wie die Hungererfahrung alles beherrscht und verändert. Bei Beginn der Krankheit, als sie sich in Europa aufhielt, habe sie die Mahlzeiten noch genossen. »Ich war noch nicht an Diät interessiert. Ich war nur glücklich, daß es mir gelang, ein wenig Gewicht zu verlieren, doch das war nicht mein Ziel. Damals hielt ich noch keine Diät. Es wurde zu einem Vorsatz etwa um die Zeit, als ich anfing, eine Menge Sport zu betreiben. Das meiste machte mir Spaß, doch das Fechten mochte ich nicht, denn es war so schwierig. Das Training war absolut aufreibend. Ich war erstaunt darüber, wieviel der Körper vertragen konnte, und das wollte ich irgendwie austesten. Ich war erstaunt, daß ich bei zwei kleinen Mahlzeiten täglich über längere Zeit hin drei oder vier Stunden Sport betreiben und zehn Stunden oder so studieren konnte. Zu jener Zeit hatte ich das Frühstück ausgelassen und aß überhaupt nur wenig. Das ist alles so neu, und Sie entdecken wirklich viele Dinge. Es war etwas, das nur mir gehörte, und ich tat es auch. Niemand in meiner Familie betrieb Fechtsport, und niemand sonst konnte es so gut wie ich.« Sie betrachtete Fechten fast als etwas Exzentrisches. »Je mehr man mich für exzentrisch hielt, und wenn die Leute mir sagten, ich sei verrückt, desto mehr fühlte ich mich geschmeichelt! Sie hätten mir überhaupt nichts Schmeichelhafteres sagen können.« Dünnsein würde zu einem Ziel an sich, und sie wollte das, was sie erreicht hatte, um keinen Preis aufgeben. »Ich war überzeugt, ich würde explodieren, wenn ich nachgab und zu essen anfing. Sie sind so erfreut darüber, daß Sie dies leisten können, daß Sie alles andere aus den Augen verlieren.«

Sie erinnerte sich an ihre Probleme mit der Schlaflosigkeit, der Überwachheit und dem Verlust des Zeitgefühls. »Ich wußte nur, ob es Tag oder Nacht war. Es gab eine gewisse Zeiteinteilung, da ich zur Schule gehen mußte – der Gang von zu Hause zur Schule und wieder zurück. Das Essen wurde vermieden – irgendwie tat man es nur, wenn man dazu gezwungen wurde. Man ist in ständiger Benommenheit – Sie haben nicht das Gefühl, als seien Sie wirklich vorhanden. Das ging so weit, daß ich bezweifelte, die Leute um mich herum wären tatsächlich vorhanden. Ich war nicht sicher, ob sie wirklich existierten. Ich konnte überhaupt nicht mehr mit Menschen kommunizieren. Es gab wirklich nichts zu erzählen, und da war dieses ständige Gefühl, sie würden ohnehin nichts verstehen.«

Ihr Zeiterleben war verwirrend, es schwankte zwischen schrecklicher Beschleunigung und einem so langsamen Zeitablauf, daß die Tage endlos lang waren. Sie schlief nur drei Stunden, die übrigen einundzwanzig Stunden blieb sie wach und tat irgend etwas. »Die Zeit kann sehr schnell verstreichen – doch dann stellt sich das Gefühl ein, als ob die Zeit völlig still stehe oder daß sie irrelevant sei. Es war höchst seltsam. Wenn ich sage ›jetzt‹, dann meine ich diese Minute oder etwas, was ich genau jetzt und hier tue. Doch bei jenem extremen anderen Zustand war die Zeitvorstellung des Hier und Jetzt nicht mehr da. Alles war unwirklich – ich verstehe es nicht ganz und kann es auch nicht weiter erklären. Alles lief so ab, als ob die Zeit überhaupt nicht existierte. Es gab Tag und Nacht, und das war auch schon alles. Während des Tages herrschte viel mehr Licht, und das war schmerzlich, und ich konnte mich nicht darüber freuen, und es herrschten eine Menge mehr geschäftige Aktivitäten, und da gab es immer Leute, die etwas wollten, und nie war Ruhe. In der Nacht war es angenehmer. Darum blieb ich auch so lange auf und wollte nicht ins Bett gehen. Nachts herrschte Stille, und es war kühl. Wenn es nicht Tag und Nacht gegeben hätte, hätte ich wirklich alles vergessen und hätte kein Gefühl von Existenz gehabt.«

Eines der Dinge, die sie weitermachen ließen, war das außerordentliche Vergnügen, das es ihr bereitete, wenn sie sich eine Verwöhnung gestattete. »Ich kann das Vergnügen nicht beschreiben, das mir eine Tasse Kaffee bereitete, die ich mir spät in der Nacht erlaubte, wenn ich die Lichter abgedunkelt hatte. Der Kaffee war warm, und wenn ich ihn trank, fühlte ich mich besser, denn mir war kalt – das Vergnügen war so groß, daß ich es nicht in Worte fassen kann. Es war wie eine Exstase. Heute würde ich sagen, das ist kein Wunder, denn wenn Sie hungern und frieren, ist eine Tasse Kaffee etwas Erfreuliches.«

Sie benutzte ein interessantes Bild, um diese Zeit ihres Lebens zu beschreiben: »Sie errichten eine künstliche Mauer zwischen sich und dem Rest der Welt. Das Schlimme ist, diese Mauer ist so schwer zu durchbrechen. Sie hätte niedergerissen werden sollen, ehe der Mörtel angebracht wurde, denn jetzt, da er fest geworden ist, trete ich dagegen, ohne daß die Mauer sich rührt.« Ich pflichtete ihr bei, daß das Bild eine gute Beschreibung sei: »Sie errichten so etwas wie eine zeitweilige Mauer, doch anstatt daß das Mauerwerk locker bleibt, verfestigt es sich und wird unzerstörbar.«

Sie erinnerte sich auch an den fortwährenden Kampf mit den Schularbeiten und an die ungeheure Anstrengung, die mit dem Schreiben von Aufsätzen verbunden war. »Das ganze Leben ist so, als wenn man ein Kreuz trüge – etwas Heroisches, etwas, das sehr schwierig ist und Bewunderung erheischt. Ich hatte das Gefühl, etwas zu tun, was nicht hart war, sei ganz unvorstellbar. Es wäre unnütz und verächtlich. Leben war wie die Taten des Herkules – Dinge, die er tun mußte, obwohl er sie gar nicht mochte. So ähnlich empfand ich das Leben – alles war eine schwere Pflicht, die mir aufgebürdet wurde.« Solche Gefühle äußerte Ida während des akuten Hungerzustandes selten, wenn überhaupt, obwohl sie erkennbar waren an der abwehrenden Gereiztheit, die sie zum Ausdruck brachte, wenn ich versuchte, die Bedeutung ihres Verhaltens zu verstehen.

In einer weiteren Sitzung sprach sie über das frühere Diäthalten: »Heute kann ich lachen über das, was ich gewöhnlich tat. Doch ich habe Schwierigkeiten, mich an Einzelheiten zu erinnern. Ich wollte genau das finden, was ich tun sollte, wozu ich hier war. Ich hatte das Gefühl, der Weg dorthin führe durch all diese Kasteiungen, die ich mir auferlegte, über das Diszipliniertsein, über das irgendwie ›Perfektsein‹. Doch das hat sich jetzt geändert. Ein interessantes Beispiel ist der Unterschied, den ich beim Schwimmen festgestellt habe. Als ich zum erstenmal hierher kam, ging ich gewöhnlich während des

Mittagessens zum Schwimmen, um nicht essen zu müssen. Heute gehe ich dreimal in der Woche während der Mittagszeit, doch zwischen früher und heute liegen Welten, denn heute gehe ich anschließend zum Essen.«

Bei einer Gelegenheit war sie leicht gereizt und befürchtete, sie könne ihre anorektischen Gewohnheiten noch nicht vollständig abgelegt haben. Plötzlich hatte sie das beängstigende Gefühl, sie habe zuviel von einem schmackhaften Auflauf gegessen, und die alten Fragen: »Wieviel kann ich noch zunehmen?« quälten sie erneut. Sie brachte dieses Gefühl mit der Besorgnis um eine Freundin am College in Verbindung. Die Freundin hielt eine rigide Diät ein, und Ida befürchtete, sie könne magersüchtig werden. »Ich weiß genau, wie sie sich fühlt. Ich sehe ihr angespanntes Gesicht und höre, wie sie sagt, sie sei nicht hungrig, sie brauche nicht zu essen. Ich weiß, was sie durchmacht. Ich erlebe, wie sie Stunden mit ihren Schularbeiten zubringt. Ich weiß, daß sie sich nicht konzentrieren kann und daß sie immerfort an Nahrung denkt, wie sehr sie sich auch bemühen mag, und darum dauert es Stunden, ehe sie ihre Arbeit beenden kann. Ich litt selbst darunter.«

Doch heute war es für Ida unvorstellbar, daß sie erwartet hatte, sie könne durch Hungern, durch den Versuch, übermenschliche Verpflichtungen zu erfüllen, ihre Rolle in der Welt verändern. Nach ihrem Empfinden kam es zum ersten Durchbruch, als sie anfing, hier zu essen und dort zu naschen, und als ihr aufging: »Das ist überhaupt nicht so schrecklich. Die kleinsten Dinge waren die größten Luxusgüter. Dann kam eine lange Periode, in der ich mich fragte, wie andere Leute damit umgehen, wie es kommt, daß nicht jedermann fett ist. Und dann fiel mir auf, daß manche Leute gewisse Dinge hinausschieben und sie nicht sofort tun.

»Dann kam die nächste Periode, und da ging es mir wirklich besser. Der wirkliche Wechsel trat ein, als ich aus dem Käfig herauskam, als ich anfing, das Leben ein wenig mehr zu genießen und mehr zusammen mit anderen tat. Es begann mit dem Gefühl: ›Du kümmerst dich einfach nicht um die Leute, ob sie nun zustimmen oder wie sie sich auch immer verhalten.‹ Mir wurde klar, daß die Leute einfach so sind, wie sie sind, daß dies ihre Sache ist und daß ich hier bin und es auf meine Art mache. Dann fing ich an zu denken, daß die Leute faszinierend sind, und erst dann begann ich mich für sie zu interessieren. Bis dahin hatte ich auf Leute nur deshalb geachtet, weil ich mich mit ihnen vergleichen wollte, doch nicht aus Interesse an ihnen. Als ich mich zuerst für Männer interessierte, sprachen wir noch über Theater und Politik, doch dann ging alles bergauf. Heute fällt es mir schwer, mir die totale Selbstversenkung in der Zeit zuvor in Erinnerung zu rufen. Ich muß in jener Zeit schrecklich unbeliebt gewesen sein. Ich erinnere mich, daß Mädchen gegen Ende meines zweiten Jahres erklärten: ›Wir haben dich erst in den letzten Monaten kennengelernt.‹ Ich hatte nur höflichen Verkehr, ›guten Morgen‹ und ›gute Nacht‹. Ich war wirklich wie ein Schatten. Ich weiß nicht, warum, aber es war sicher seltsam.«

Sie erinnerte sich an den Sommer nach ihrem ersten College-Jahr, als sie mit einer kleinen Studentengruppe nach Europa gereist war, sich jedoch zu niemandem näher hingezogen gefühlt hatte. »Der Reichtum meines Lebens bestand zu jener Zeit aus Gedanken, nicht aus konkreten Dingen und gewiß nicht aus Menschen. Ich legte Wert darauf, ›unabhängig‹ von der Welt zu sein, sozusagen.« Sie erkannte nun, daß schwere Isolierung und echte Unabhängigkeit nicht das gleiche sind.

»In gewissem Sinne war ich nicht darauf vorbereitet, daß der Reichtum der Welt, wie ich jetzt weiß, in der Attraktion von Menschen liegt. Gedanken sind hübsch, doch sie sind nicht wesentlich. Irgendwie muß ich gefühlt haben: ›Sie gehören mir, man kann sie mir nicht wegnehmen.‹ Nur langsam machte ich mir klar, daß man mit den Menschen manche Dinge gemeinsam hat, daß man wie sie bestimmte Dinge fühlt. Davon hatte ich mich ausgeschlossen gefühlt, und so glaubte ich, wenn mein Leben in eine andere Richtung läuft, nun, dann hätte ich eben in eine andere Richtung zu gehen. Zu jener Zeit habe ich gedacht, zu unserer Arbeit hier gehöre, daß ich anfinge, in der Lage zu sein, solche Beziehungen mit Menschen auf einer menschlicheren, gefühlsmäßigen Ebene zu haben. Doch ich wollte dafür nicht alles aufgeben. Im Gegensatz dazu glaube ich nun ganz fest, daß Menschen wichtig sind. Ich mag Kameradschaften. Ich gehe gern in die Studienklassen, denn das ist viel lebendiger als nur ein Buch für sich selbst zu lesen. Vorher war es nicht so, ich wollte keine Freunde haben, denn ich hatte das Gefühl, jeder sei nur an dem interessiert, was er selbst tat, und so war ich es auch. In gewisser Weise war Freundschaft für mich so etwas wie eine gemeinsame Isolierung. Ich konnte mir wirklich keine Freundschaft vorstellen, zu der auch triviale Dinge gehörten: einfach Spaß miteinander haben. Ich konnte mir nicht vorstellen, etwas hinauszuschieben. Das Gespräch mit Menschen war für mich wortwörtlich vergeudete

Zeit. Nun rede ich eine Menge und ich betrachte es nicht als vergeudete Zeit.«

Bei der Betrachtung der Entwicklung ihrer Krankheit hatte Ida das Gefühl, sie habe bereits eine ganze Weile vor der Zeit begonnen, als der Gewichtsverlust einsetzte. »Es begann damit, daß ich alles in Frage stellte, und damit, daß ich sehr, sehr verwirrt war. Ich kann nicht sagen, warum ich so verwirrt war, doch es hatte auch mit dem Tod meines Vaters zu tun. Er hat dazu beigetragen, daß ich noch verwirrter wurde. Ich finde es interessant, daß auch die Freunde, mit denen ich heute spreche, Gedichte lesen und so, verwirrt gewesen sind. In meinem Fall war besonders verhängnisvoll, daß ich meine Verwirrung keinem anderen Menschen mitteilte. Mein Bruder hatte kein Interesse an mir.« Sie hatte das Gefühl, der einzige Mensch, mit dem sie sich aussprach, sei ihr Vater gewesen, und in gewisser Weise hatte sie ihn am Leben gehalten, um weiterhin mit ihm sprechen können.

Die Genesungsschritte untersuchten wir in vielen Gesprächen. Ida erinnerte sich: »Nun, der erste Schritt, den ich tat, war die Bereitschaft, neugierig zu sein, zu sehen, ›wie es anders sein kann‹. Das war tatsächlich die Zeit, in der ich noch in vielerlei Hinsicht sehr herablassend war. Doch bei all meiner Herablassung wurde mir doch auch klar, daß es noch ein anderes Leben gibt: ›Nun, mach eine Weile so weiter und finde heraus, was überhaupt daran ist.‹ Das war meine Einstellung, als ich Sie zum erstenmal aufsuchte. Ich hatte nach wie vor das Empfinden, das sei irgendwie lustig, denn ich war in meinem Denken sehr gespalten. Auf der einen Seite hatte ich das Gefühl, daß ich beobachte, wie ich mich ändere, und auf der anderen Seite ging mir plötzlich auf – es war die Zeit, in der ich Angst davor hatte, zuviel Gewicht zu verlieren –, ich glaube, ich konnte nicht zusehen, wie ich mich änderte, und mich dann doch nicht ändern. Es war noch viel komplizierter. Mir wurde klar, daß ich nicht immer und ewig schauspielern konnte. Ich dachte gewöhnlich: ›Oh, ich kann daran vorbeikomen, wenn ich Kompromisse schließe.‹ Ich geriet dann in Panik, weil mir klar wurde, daß ich nicht bis in alle Ewigkeit Kompromisse schließen konnte. Ich mußte irgend etwas vorweisen. So nahm ich ein wenig zu, dann nahm ich wieder ab und anschließend wieder zu. Die Frage, wieviel ich wiegen könnte, lautete: ›Was wäre das Minimum, das ich zu kaufen brauchte, um psychologische Behandlung zu erhalten?‹ Weil ich eine Menge zu reden hatte, denn vorher habe ich mit niemandem gesprochen, und das war schön, und ich wollte, daß es so bliebe.«

Sie war unsicher, als ich sie fragte, wann die Änderung eingetreten sei; sie hielt sich nicht bei der oberflächlichen Zustimmung auf, die den Hintergedanken verdeckt hätte: »Aber ich weiß besser, daß es nicht so ist.« »Irgendwann während der Behandlung – ich weiß nicht, wie es geschehen ist. Doch mir wurde klar, daß ich etwas unternehmen mußte, ich konnte nicht nur einfach dasitzen und warten, bis etwas geschieht. Mir ging auf, daß ich etwas versäumt hatte, daß ich einen besseren Anfang brauchte. Zuweilen geriet ich in Angst, daß ich mich nicht änderte oder daß ich eine Menge Dinge versäumte oder versäumt hatte, denen ich keine Bedeutung zugemessen hatte, und daß ich jetzt erkannte, daß sie wichtig waren. Lange Zeit war Dünnsein für mich ein und alles. Das änderte sich, als ich entdeckte, wie schön es sein konnte, mit Leuten zusammenzusein, mit ihnen zu sprechen oder herauszufinden, daß sie nicht dachten, ich sei dumm und uninteressant.«

In diesem Zusammenhang äußerte sie echte Dankbarkeit gegenüber ihrer Mutter, weil sie erkannt habe, daß ihre Tochter krank war und daß dagegen etwas unternommen werden müsse: »Sie rief Sie an. Sie hat damals alles getan. Irgendwie ließ ich es geschehen, doch ich bemerkte es nicht.«

Während der letzten Behandlungsphase fühlte sie sich gefeit gegen einen Rückfall in anorektisches Verhalten, doch sie hatte immer noch Zeiten des Selbstzweifels, des Gefühls, leer zu sein, oder der Beunruhigung durch die Frage: »Wer bin ich?« Die Angst, sie könne nicht gut genug sein, wenn sie sich gehenlasse, kehrte in mancherlei Formen zurück, doch jetzt nicht mehr als überwältigendes Gefühl des Zweifels, sondern als Empfinden, das der neuerlichen Einschätzung zugänglich war. Sie konnte erkennen, daß sie sich so lange an irgendwelche unrealistischen Ziele klammerte, als sie sich von Angst beherrschen ließ, sie sei nicht gut genug. Sie räumte ein, daß jeder neue Schritt vorwärts in ihr die alte Furcht weckte, enttäuscht zu werden, so wie sie sich in ihrer Familie, in der sie niemand beachtete, wenn ihr elend zumute war, immer enttäuscht gefühlt hatte. »Ich fühlte genau, daß ich ein heuchlerisches Leben führte, um die Angst vor dem Versagen zu verdecken.« Sie erkannte diese Selbstentwertung als das Wesen der Krankheit, von der sie sich nur befreien könnte, wenn sie ihr echtes Selbst als gut genug für sich annähme, so unterentwickelt es auch sein mochte. Gegen Ende der Behandlung äußerte sie dies mit den Worten: »Man gibt, was man zu geben hat, und nicht, was man nicht hat.«

Trotz der Schmerzen und Leiden, welche die *Anorexia* mit sich gebracht hatte, hatte sie doch nach ihrem Empfinden eine positive Rolle in ihrem Leben gespielt, ohne die sie womöglich ihre über-abhängige Einstellung zur Familie niemals hätte ablegen können. Der andere positive Aspekt war, daß die Krankheit sie zur Therapie geführt hatte, die ihr geholfen hatte, echte Unabhängigkeit und Selbstachtung zu entwickeln. Auf die Frage nach dem alten Bild vom Spatzen in einem goldenen Käfig erklärte sie, der Gedanke, in einen Käfig eingesperrt zu sein, sei immer noch vorhanden, doch sie habe jetzt das Gefühl, sie selbst habe den Käfig geschaffen. »Wenn Sie sich selbst erst einmal ein Lebensmuster gegeben haben, dann wollen Sie so leben, wie Sie denken, daß andere es von Ihnen erwar-ten. Dieses künstliche Lebensmuster wird zum Käfig, der die Leute beeindrucken soll.« Ida hatte das Gefühl, die Behandlung habe ihr geholfen, den Käfig einzureißen, und sie habe die Gedanken hinter sich gelassen, die diesen Käfig errichtet hätten.

Erinnerte Gespräche
Eine frühere Patientin und ihre Mutter erinnern sich
an Hilde Bruchs Einfluß auf ihrer beider Leben

Die Patientin: »Sie gab mir Hoffnung für die Zukunft«
Zum erstenmal bin ich Dr. Bruch Mitte der siebziger Jahre begegnet,
als meine Eltern und ich zu einer Konsultation zu ihr nach Houston
reisten. Meine Situation war typisch für die in diesem Buch dargestellten: ein Teenager, der in dem anscheinend undurchdringlichen
Gestrüpp der *Anorexia nervosa* gefangen war. Als mir zwei Jahre
zuvor die Diagnose gestellt worden war, hatte ich das Wort bis dahin
noch nie gehört, und obwohl ich mehrere Anläufe unternahm, mich
einer Psychotherapie zu unterziehen, blieb mir die Krankheit im
großen und ganzen ein Geheimnis. Die anderen Ärzte, die ich aufgesucht hatte, konnten mir nur wenig helfen; sie schienen durch mein
verzerrtes Denken und durch mein abwegiges Verhalten genauso
blockiert zu sein wie ich. In ihrer Verzweiflung schrieben meine
Eltern an Dr. Bruch, die anerkannte Autorität auf diesem Gebiet und
der einzige Mensch, der uns vielleicht Rat und Hilfe geben konnte.
Wir gingen in die Konsultation, ohne zu wissen, was uns erwartete.
Ich wurde für eine medizinische Behandlung hospitalisiert und anschließend für eine langdauernde Therapie angenommen.

Bei meiner ersten Begegnung mit Dr. Bruch war ich jung, veräng-
stigt und von Gefühlen der Hoffnungslosigkeit erfüllt. Ich war überrascht über ihr Alter (sie war älter, als ich vermutet hatte), über ihre
Art zu sprechen (deutlich, gütig und warmherzig) und über die ru-
hige Art, wie sie die Situation beherrschte. Nach den Unsicherheiten
der früheren Therapeuten flößte ihre Autorität ausstrahlende Gegenwart ein Gefühl der Sicherheit ein. Sie war reserviert, verschlossen
und methodisch, aber es konnte auch geschehen, daß sie ein Funkeln
in die Augen bekam und ihre Stimme Erregung zeigte. Es war dieser
menschliche Anteil, ihre Empathie und das Eingehen auf ihre Patientinnen als Individuen, die die Grundlage der Therapie bildeten.

Als ich dieses Buch las – und die Lektüre viel von meinem eigenen
Leben enthüllte –, erinnerte ich mich an die anderen Patientinnen, die
ich gekannt hatte, und an die Arbeit von Dr. Bruch mit uns. Ihre
besondere Gabe war eine einzigartige Fähigkeit, zu kommunizieren.

Sie rettete das Leben anderer – nicht dramatisch, sondern vielmehr durch die langsame Entwicklung einer wirksamen Psychotherapie. Die *Anorexia* ist eine Methode, Ordnung in sein eigenes Universum zu bringen, ist ein Versuch, Zeit und Beziehungen einzufrieren. Indem Dr. Bruch uns allmählich dazu verhalf, uns selbst zu verstehen, unsere Welt und unsere Krankheit, half sie uns gleichzeitig, Individuen zu werden, die sich den Lebensaufgaben stellen und die sich langsam und mühevoll in den Lebensstrom wagen konnten.

Dr. Bruch konzentrierte sich auf die Entwicklungslinien unserer Krankheit und auf die fundamentalen Aspekte der Selbstidentität statt nur auf das Gewicht. Ihr methodischer Ansatz findet sich in ihrem früheren Buch »Eating Disorders«. Ich habe das Buch am zweiten Tag in Houston gelesen und war erstaunt: Es beschrieb meine Situation, meine Verwirrungen und die Antworten, die ich in meinem anorektischen Verhalten suchte. Zum erstenmal hatte ich das Gefühl, jemanden gefunden zu haben, der meinem Leben einen Sinn geben, der mein Verhalten deuten und mir Hoffnung für die Zukunft geben konnte.

Ihr letztes Buch illustriert auf schöne Weise Hilde Bruchs interaktive Therapiemethode. »Aktive Teilnahme« war eines ihrer Lieblingsworte. Ihr Ziel war es, daß wir aktive Lebensteilnehmer würden, doch sie wandte das Diktum auch auf sich selbst wie auch auf die Therapiesitzungen an. Darin unterschied sie sich sehr von anderen Therapeuten, die sich in Schweigen hüllen, weil sie der Ansicht sind, der Patient solle sich selbst seine Problemlösungen erarbeiten. Ich schrieb in mein Tagebuch: »Sie *wußte*, worüber sie sprach, und sie erklärte es auch oder beschrieb die Symptome anderer Patientinnen, die für unser Gespräch wichtig waren... Ich konnte ihre Beispiele hören, akzeptieren und erkennen, obgleich ich nicht in der Lage war, die Konzepte so knapp und klar darzustellen wie sie.«

In allen Tagen und Wochen der Behandlung bot Dr. Bruch Führung, Beständigkeit und unermüdliche Geduld. Die Therapie war keine leichte oder schnelle Sache: Gewicht zuzulegen und gleichzeitig die unter den Jahren der *Anorexia* begrabenen Ängste, Motive und Fragen des Reifens und Erwachsenwerdens zu erforschen – das war eine ungeheure Herausforderung. Doch sie gab nicht auf, und sie erlaubte auch nicht, daß wir es taten. Sie war nicht immer und in jedem Fall erfolgreich; das ist niemand. Patienten sind genauso Individuen wie ihre Therapeuten, und effektive Kommunikation zwischen den beiden ist von ausschlaggebender Bedeutung. Zum Glück für mich war sie der Mensch, für den ich empfänglich war und der mein Inneres in der Tiefe anrühren konnte.

Während unserer Reise der Entdeckungen, des Wachstums und Wandels war Dr. Bruch Führerin, Helferin und Ratgeberin. Sie ging professionell und methodisch vor. Doch wenn sie mit ihren Patientinnen zusammen war, kam ihre Menschlichkeit ans Licht. Sie kannte uns, jeden einzelnen von uns als Individuum, das jeweils seinem eigenen Weg folgte, um aus der emotionalen und verbalen Isolierung herauszufinden und uns selbst und unsere Welt zu verstehen und zu akzeptieren. Sie ging voraus und mit uns; sie war unsere Führerin und unsere Begleiterin, die uns dabei half, Lebenssinn und Lebensfreude zu erfahren.

Ein Jahr vor ihrem Tod besuchte ich Dr. Bruch während einer Reise nach Houston zum letztenmal. Sie hatte gerade erfahren, daß sie Krebs hatte, und sie wußte, daß die ihr verbleibende Zeit kurz war und daß die Monate bis dahin mit den erschöpfenden Einzelheiten der medizinischen Behandlung und des herannahenden Todes ausgefüllt sein würden. Dennoch konzentrierte sie sich weiterhin auf die Arbeit an diesem Buch. Ihre Aufmerksamkeit war bis zum Schluß nach außen gerichtet: Sie verwandte viel Zeit darauf, für die künftigen Leser Transkripte, Fallgeschichten und eine Instruktionsmethode zusammenzutragen. Die Publikation dieses Buches ist ein Tribut an Dr. Bruch, an ihre Würde, ihren Rang und an ihre Träume. Ich fühle mich geehrt, daß ich ihr ein letztes »Dankeschön« sagen kann. Ich möchte auch ihrer Familie, den Ärzten am *Baylor College of Medicine*, den Herausgeberinnen Danita Czyzewski und Melanie Suhr und den Mitarbeitern des Verlags Basic Books dafür danken, daß wir – ihre Freunde, Patienten und Landsleute – die Gelegenheit erhielten, ihr letztes Werk zu vollenden.

Die Mutter: »Sie zu kennen, war ein großes persönliches Privileg«

Obwohl ich nur wenige Kontakte zu Dr. Bruch hatte, denke ich an sie nicht nur mit Respekt und Dankbarkeit, sondern auch mit Zuneigung. Sie beeindruckte uns, die Eltern, sofort durch die sichere Art und Weise, wie sie an die Probleme der *Anorexia* heranging, besonders wenn man dies mit den wohlmeinenden, aber umhertastenden Bemühungen anderer Therapeuten vergleicht.

Dem ersten Treffen sahen wir mit großer Nervosität entgegen, und unsere Tochter protestierte derweil lauthals, sie brauche keine

»Autorität«. Dr. Bruch war höflich und freundlich, aber sie ließ entschieden keinen Zweifel daran, wie sie vorzugehen gedachte und welche weiteren Schritte wir zu unternehmen hatten: ein Interview mit meinem Mann und mir allein, ein Interview mit unserer Tochter allein und schließlich ein Treffen, in dessen Verlauf wir Anregungen geben konnten.

Mein Mann fragte, ob sie unser Kind als Patientin annehmen wolle, doch Dr. Bruch erwiderte, ihre Tage seien bereits randvoll mit Lehren, Schreiben, Begegnungen mit Patienten und Konsultationen ausgefüllt. Einen Handlungsrahmen könne sie erst dann vorschlagen, erklärte sie, wenn sie die Ergebnisse einer körperlichen vollständigen Untersuchung vorliegen habe und wenn unsere Tochter das Krankenhaus aufsuche und dort bleibe, bis die Hungersymptome bei ihr nicht länger im Vordergrund stünden. Wir billigten diesen Plan, denn wir waren überzeugt, daß, wenn überhaupt jemand etwas tun könne, Dr. Bruch dies sei.

Wochen vergingen, und plötzlich erschien unsere Tochter bei uns zu Hause, um ihre Sachen zu holen, und erklärte, sie ziehe in ein College in Houston um, wo die Behandlung unter Dr. Bruchs Aufsicht fortgesetzt werde. Wir erfuhren nie, warum Dr. Bruch sie als Patientin angenommen hatte, und wir fragten auch nicht danach. Wir waren nur dankbar dafür.

In den folgenden Jahren habe ich mich jedesmal darüber gefreut, daß Frau Bruch mich wissen ließ, wann sie in unsere Stadt kam, um einen Vortrag zu halten, und ich wurde von ihr auch eingeladen, an Vorlesungen teilzunehmen, die sie vor Fachleuten gab. Als mein Mann starb, schrieb mir Dr. Bruch einen warmherzigen, mitfühlenden Beileidsbrief.

Als meine Tochter acht Jahre nach jener ersten Begegnung die Berufsschule abschloß, erwies ihr Frau Bruch die große Freundlichkeit, uns zu einem Festessen in den *Faculty Club* einzuladen. Obwohl es ihr aufgrund ihrer Parkinsonschen Krankheit große Mühe bereitete, in unser kleines Auto zu steigen, tat dies ihrer Freundlichkeit und Güte keinerlei Abbruch. Ich betrachte dieses Festessen und ihre Beziehung zu uns als Familie als ein großes persönliches Privileg.

September 1987

Namen- und Sachregister

Geist und Psyche
Begründet von Nina Kindler 1964

Psychoanalyse

Fischer Taschenbuch Verlag

Geist und Psyche
Begründet von Nina Kindler 1964

Psychoanalyse

Peter Kutter
**Psychoanalyse
in der Bewährung**
Band 42263

Peter Kutter/Jörg K. Roth
**Psychoanalyse an
der Universität**
Band 42228

Stavros Mentzos
**Neurotische
Konfliktverarbeitung**
Band 42239
Hysterie
Band 42212
Angstneurose
Band 42266

Humberto Nagera (Hg.)
**Psychoanalytische
Grundbegriffe**
Band 42288

Horst Petri
Angst und Frieden
Band 42294

Theodor Reik
**Die verschlungenen
Wege des Selbst**
Band 42235

Jürgen vom Scheidt
Der unbekannte Freud
Band 42292

Harold Stern
Die Couch
Band 42308

D. W. Winnicott
**Von der Kinderheilkunde
zur Psychoanalyse**
Band 42249
**Reifungsprozeß und
fördernde Umwelt**
Band 42255
**Familie und
individuelle Entwicklung**
Band 42261

Anton Zottl
Otto Rank
Band 42229

Fischer Taschenbuch Verlag

fi 350/8b

Geist und Psyche
Begründet von Nina Kindler 1964

Große Psychologen

Eric Berne
**Was sagen Sie,
nachdem Sie
»Guten Tag« gesagt
haben?**
Band 42192
**Struktur und Dynamik
von Organisationen
und Gruppen**
Band 42201

Bruno Bettelheim
Aufstand gegen die Masse
Band 42217
Die Geburt des Selbst
Band 42247

Anna Freud
**Das Ich und die
Abwehrmechanismen**
Band 42001
**Einführung in die
Technik der
Kinderanalyse**
Band 42111

Georg Groddeck
Der Mensch als Symbol
Band 42174

Karen Horney
**Neurose und
menschliches Wachstum**
Band 42143
Unsere inneren Konflikte
Band 42104
**Neue Wege in der
Psychoanalyse**
Band 42090
**Der neurotische Mensch
unserer Zeit**
Band 42002
Die Psychologie der Frau
Band 42246

C. G. Jung
Welt der Psyche
Band 42010

Melanie Klein
**Frühstadien des
Ödipuskomplexes**
Band 42268
**Ein Kind
entwickelt sich**
Band 42222

Fischer Taschenbuch Verlag

Geist und Psyche
Begründet von Nina Kindler 1964

Große Psychologen

Melanie Klein
Die Psychoanalyse des Kindes
Band 42291

Fritz Morgenthaler
**Homosexualität,
Heterosexualität,
Perversion**
Band 42285

Fritz Morgenthaler,
Florence Weiss,
Marco Morgenthaler
**Gespräche am
sterbenden Fluß**
Band 42267

Erich Neumann
**Tiefenpsychologie
und neue Ethik**
Band 42005
**Ursprungsgeschichte
des Bewußtseins**
Band 42042
**Zur Psychologie des
Weiblichen**
Band 42051

Paul Parin, Fritz Morgenthaler,
Goldy Parin-Matthey
Die Weißen denken zuviel
Band 42079

Carl R. Rogers
Encounter-Gruppen
Band 42260
**Die klientenzentrierte
Gesprächspsychotherapie**
Band 42175
Die Kraft des Guten
Band 42271
**Die nicht-direktive
Beratung**
Band 42176
Partnerschule
Band 42236
Therapeut und Klient
Band 42250

D. W. Winnicott
**Von der Kinderheilkunde
zur Psychoanalyse**
Band 42249
**Reifungsprozesse und
fördernde Umwelt**
Band 42255
**Familie und individuelle
Entwicklung**
Band 42261

Fischer Taschenbuch Verlag

Geist und Psyche
Begründet von Nina Kindler 1964

Psychologische Ratgeber

Gordon W. Allport
**Werden der
Persönlichkeit**
Band 42127

Raymond Battegay
**Psychoanalytische
Neurosenlehre**
Band 42279

Hellmuth Benesch (Hg.) u.a.
Psychologie-Lesebuch
Band 42310

Gerd Biermann (Hg.)
**Handbuch der
Kinderpsychotherapie**
Band 42299

Robert Bossard
Traumpsychologie
Band 42301

Leon Chertok
Hypnose
Band 42102

Gion Condrau
**Einführung in die
Psychotherapie**
Geschichte, Schulen,
Methoden, Praxis
Ein Lehrbuch
Band 42115

Maurice Dongier
Neurosen
Band 42241

Hans Driesch
Parapsychologie
Band 42030

John Eccles / Hans Zeier
Gehirn und Geist
Band 42225

Viktor E. Frankl
Ärztliche Seelsorge
Band 42157

Anna Freud
**Einführung in die
Technik der Kinderanalyse**
Band 42111

Fischer Taschenbuch Verlag

fi 356 / 5 a

Geist und Psyche
Begründet von Nina Kindler 1964

Psychologische Ratgeber

Gesellschaft für
wissenschaftliche
Gesprächstherapie
**Die klientenzentrierte
Gesprächspsychotherapie**
Band 42149

Herbert Goetze /
Wolfgang Jaede
**Nicht direktive
Spieltherapie**
Band 42262

Gustav Hans Graber
Pränatale Psychologie
Band 42123

Martin Grotjahn
**Kunst und Technik
in der Analytischen
Gruppentherapie**
Band 42270

Tilmann Habermas
Heißhunger
Historische Bedingungen
der Bulimia nervosa
Band 42330

Annelise Heigl-Evers /
Franz Heigl
**Gelten und Geltenlassen
in der Ehe**
Band 42128

**Lieben und Geliebt-
werden in der Ehe**
Band 42118

Robert Heiss
**Allgemeine
Tiefenpsychologie**
Band 42088

Werner W. Kemper
**Der Traum und
seine Be-Deutung**
Band 42184

Christa Kniffki
**Transzendentale
Meditation und
autogenes Training**
Band 42197

Fischer Taschenbuch Verlag

fi 356 / 7 b

Geist und Psyche
Begründet von Nina Kindler 1964

Kinderpsychologie

Hans Aebli
**Über die geistige Ent-
wicklung des Kindes**
Band 42321

Gordon W. Allport
Werden der Persönlichkeit
Band 42127

Bruno Bettelheim
Die Geburt des Selbst
Band 42247

Gerd Biermann (Hg.)
**Handbuch der
Kinderpsychotherapie**
Band 42299

John Bowlby
Trennung
Band 42171
Bindung
Band 42210
Verlust
Band 42243

Urie Bronfenbrenner
**Die Ökologie der
menschlichen Ent-
wicklung**
Band 42312

Dorothy Burlingham
Labyrinth Kindheit
Band 42256

Anna Freud
**Einführung in die Technik
der Kinderanalyse**
Band 42111

Herbert Goetze /
Wolfgang Jaede
**Nicht-direktive
Spieltherapie**
Band 42262

Hans Gustav Graber
Pränatale Psychologie
Band 42123

Klaus E. Grossmann (Hg.)
**Entwicklung der Lern-
fähigkeit in der
sozialen Umwelt**
Band 42177

Fischer Taschenbuch Verlag

Geist und Psyche

Begründet von Nina Kindler 1964

Kinderpsychologie

Fischer Taschenbuch Verlag

fi 347/8b

Geist und Psyche

Begründet von Nina Kindler 1964

Gruppenpsychoanalyse

Eric Berne
**Struktur und Dynamik
von Organisationen
und Gruppen**
Band 42201

Bruno Bettelheim
**Aufstand gegen
die Masse**
Band 42217

Gesellschaft für
wissenschaftliche
Gesprächstherapie
**Die klientenzentrierte
Gesprächspsychotherapie**
Band 42149

Martin Grotjahn
**Kunst und Technik
in der Analytischen
Gruppentherapie**
Band 42270

Peter Kutter/
Jörg K. Roth
**Psychoanalyse
an der Universität**
Band 42228

Joseph Luft
**Einführung in
die Gruppendynamik**
Band 42316

Horst Petri
Angst und Frieden
Band 42294

Hans G. Preuss
Ehepaartherapie
Band 42277

Harald Puhl
**Angst in Gruppen und
Institutionen.** Band 42304

Carl R. Rogers
Encounter-Gruppen
Band 42260
**Freiheit
und Engagement**
Personenzentriertes
Lehren und Lernen
Band 42320
Lernen in Freiheit
Band 42307
Partnerschule
Band 42236

Hans Strotzka
Macht
Ein psycho-
analytischer Essay
Band 42303

Ronald Wiegand
**Gemeinschaft
gegen Gesellschaft**
Band 42274

Fischer Taschenbuch Verlag

Geist und Psyche
Begründet von Nina Kindler 1964

Carl R. Rogers

Carl R. Rogers, 1902 in Oak Park in den Vereinigten Staaten geboren, war Schüler des Freud-Schülers Otto Rank. Er ist der Begründer der »klientenzentrierten Gesprächspsychotherapie«, die weltweit Anerkennung gefunden hat. Seine in viele Sprachen übersetzten Bücher sind internationale Bestseller.

Die klientenzentrierte Gesprächstherapie
Client-Centered Therapy. Band 42175

Lernen in Freiheit
Zur inneren Reform von Schule und Universität
Band 42307

Die nicht-direktive Beratung
Counseling and Psychotherapy. Band 42176

Partnerschule
Zusammenleben will gelernt sein –
das offene Gespräch mit Paaren und Ehepaaren
Band 42236

Therapeut und Klient
Grundlagen der Gesprächstherapie. Band 42250

Encounter-Gruppen
Das Erlebnis der menschlichen Begegnung
Band 42260

Freiheit und Engagement
Personenzentriertes Lehren und Lernen
Band 42320

Die Kraft des Guten
Ein Appell zur Selbstverwirklichung. Band 42271

Fischer Taschenbuch Verlag

Psychoanalytische Grundbegriffe
Eine Einführung
in Sigmund Freuds Terminologie und Theoriebildung

Herausgegeben von Humberto Nagera
Unter Mitarbeit von
S. Baker, A. Colonna, E. Dansky, R. Edgcumbe, E. First,
A. Gavshon, A. Holder, G. Jones, M. Kawenoka, L. Kearney,
E. Koch, M. Laufer, C. Legg, D. Meers, H. Nagera (Hg.),
L. Neurath, P. Radford und K. Roes

Mit einem Vorwort von Anna Freud,
Literaturverzeichnis, Gesamtbibliographie der veröffentlichten
Schriften Sigmund Freuds, Stichwortverzeichnis
Band 42288

»Eine Untersuchung der Geschichte psychoanalytischer Grundbegriffe von ihrem ersten Auftauchen in den frühen Schriften Freuds
bis zum letzten Band seiner gesammelten Werke« – so charakteri-
sierte Anna Freud den Inhalt des vorliegenden Handbuches, das von
Professor Dr. Nagera und seinen Mitarbeitern im Rahmen eines mehr-
jährigen Forschungsprogramms an der von Anna Freud geleiteten
Hamstead Child Therapy Clinic erarbeitet wurde. In übersichtlichen
Kapiteln werden alle wesentlichen psychoanalytischen Konzepte,
die Sigmund Freud in einem langen Forscherleben entwickelt und
vielfach modifiziert hatte, im historischen Zusammenhang vorgestellt.
Ziel des vorliegenden Bandes ist es, dem Fachmann wie dem an Psychoanalyse interessierten Laien den Zugang zum umfangreichen Freud-
schen Gesamtwerk zu erleichtern und gleichzeitig Mißverständnisse
oder gar Falschdarstellungen durch isoliertes Herausgreifen von Einzelheiten zu verhindern. In der wissenschaftlichen Öffentlichkeit
wird das Handbuch als »unschätzbare Hilfe« bezeichnet.

Fischer Taschenbuch Verlag